组织觉醒

8步构建企业文化生态体系

叶云峰　冯南石

著

中华工商联合出版社

图书在版编目(CIP)数据

组织觉醒：8步构建企业文化生态体系 / 叶云峰，冯南石著. — 北京：中华工商联合出版社，2025.6.
ISBN 978-7-5158-4296-7
Ⅰ. F279.23
中国国家版本馆 CIP 数据核字第 2025XG7995 号

组织觉醒：8步构建企业文化生态体系

作　　者：	叶云峰　冯南石
出 品 人：	刘　刚
责任编辑：	胡小英
装帧设计：	周　琼
排版设计：	水京方设计
责任审读：	付德华
责任印制：	陈德松
出版发行：	中华工商联合出版社有限责任公司
印　　刷：	北京毅峰迅捷印刷有限公司
版　　次：	2025年6月第1版
印　　次：	2025年7月第1次印刷
开　　本：	710mm×1000mm　1/16
字　　数：	295千字
印　　张：	18
书　　号：	ISBN 978-7-5158-4296-7
定　　价：	78.00元

服务热线：010—58301130—0（前台）
销售热线：010—58302977（网店部）
　　　　　010—58302166（门店部）
　　　　　010—58302837（馆配部、新媒体部）
　　　　　010—58302813（团购部）
地址邮编：北京市西城区西环广场A座
　　　　　19—20层，100044
http://www.chgslcbs.cn
投稿热线：010—58302907（总编室）
投稿邮箱：1621239583@qq.com

工商联版图书
版权所有　侵权必究

凡本社图书出现印装质量问题，请与印务部联系。
联系电话：010—58302915

[序言]

在商业丛林中，每家企业都经历过生死存亡的考验。当我们剖析那些基业长青的百年企业，总能发现其血脉中流淌的文化基因；回望轰然倒塌的商业帝国，往往能在废墟中寻见溃败于价值观崩塌的痕迹。这不禁令人深思：为何无数中小企业将"使命、愿景、价值观"挂在墙上却未植入骨髓？为何企业家们热衷追逐商业模式的创新，却对真正决定企业生命长度的文化根基视而不见？

这正是本书提出"组织觉醒"的根本动因——当企业主们仍在将文化建设等同于标语张贴、年会口号时，那些真正具备战略眼光的企业家早已意识到企业文化不是锦上添花的装饰，而是决定组织存亡的免疫系统。数据显示，中国中小企业平均寿命不足3年，而存活超过10年的企业中，92%建立了系统的文化体系。这印证了看不见的价值观竞争，实则是企业生死场的终极较量。

"组织觉醒"意味着企业家必须穿透经营表象，洞见文化建设的本质逻辑。那些宣称"业务为王"的企业主往往陷入这样的认知陷阱：将短期业绩增长等同于组织生命力，把员工执行力简单归结为管理制度成效。殊不知，当企业遭遇重大危机时，维系组织凝聚力的不是KPI考核，而是深入人心的价值共识；当面对市场剧变时，驱动创新突围的不是流程管控，而是文化土壤中孕育的创造基因。华为在芯片断供危机中的绝地反击，阿里巴巴在互联网泡沫中的涅槃重生，无不印证文化基因才是企业真正的"诺亚方舟"。

当前中小企业普遍陷入三大文化迷途：认知上将文化建设等同于文体活动，执行中将价值观提炼异化为文字游戏，评估中将文化成效局限在员工满意度。这种流于形式的"伪文化建设"，本质上暴露了组织进化阶段的集体无意识，真正的文化建设是从企业家认知觉醒开始的系统工程。

本书提出的"8步构建企业文化生态体系"，正是破解文化虚化困局的系统方案。从认知工程、萃取工程、阳光工程、流程优化工程等逐一展开。这套方法论经过近200家企业的实践验证，形成了可测量、可迭代的文化生态构建模型。

数字化时代的来临更凸显组织觉醒的迫切性。当新时代年轻员工将价值观契合度作为择业首要标准，当社交媒体让企业价值观接受全民监督，当AI技术重构组织协作模式，文化建设已从"重要不紧急"转变为"关键生存能力"。那些仍将文化视为"务虚工程"的企业，正在不知不觉中消耗着最宝贵的组织资本。

企业家需要清醒地认识组织觉醒不是阶段性的管理升级，而是持续的文化进化。本书呈现的八大工程不仅包含顶层设计的思维框架，也提供了落地工具，更揭示了文化生态自我生长的内在规律，能助力组织文化的实践工作。

目录 Contents

第一章　认知工程

第一节　企业文化是什么，不是什么　　002
第二节　企业文化如何形成　　007
第三节　企业文化建设的四大体系　　010
第四节　企业文化建设的十个模块　　016

第二章　萃取工程

第一节　企业文化的萃取　　024
第二节　萃取企业愿景、使命、价值观　　028
第三节　如何萃取企业精神与企业作风　　037
第四节　如何萃取倡导行为和反对行为　　041
第五节　如何萃取领导干部行为准则　　044
第六节　如何萃取员工行为规范　　048
第七节　如何编制企业文化手册　　056

第三章　传播工程

第一节　企业文化传播工程概念　　062
第二节　企业文化建设启动会设计　　070
第三节　一把手讲文化活动设计　　074
第四节　"我谈企业文化"征稿活动设计　　083

第五节　企业文化知识竞赛活动设计　　　　　　　　　093
第六节　企业文化公众号运营设计　　　　　　　　　　101

第四章　榜样工程

第一节　企业文化榜样工程概述　　　　　　　　　　　112
第二节　如何塑造企业的英雄　　　　　　　　　　　　114
第三节　企业文化官　　　　　　　　　　　　　　　　120
第四节　企业文化大使　　　　　　　　　　　　　　　125
第五节　企业文化之星评选活动设计　　　　　　　　　133
第六节　企业文化案例集编制　　　　　　　　　　　　136

第五章　阳光工程

第一节　阳光工程介绍　　　　　　　　　　　　　　　140
第二节　董事长面对面活动设计与实施　　　　　　　　146
第三节　董事长接待日活动设计与实施　　　　　　　　153
第四节　董事长信箱活动设计与实施　　　　　　　　　156
第五节　 敬业度评估与改进活动设计　　　　　　　　　159
第六节　企业社会责任报告撰写　　　　　　　　　　　164
第七节　企业反腐倡廉工作　　　　　　　　　　　　　169

第六章　企业文化赋能工程

第一节　赋能工程介绍　　　　　　　　　　　　　　　174
第二节　企业管理提案活动设计与实施　　　　　　　　178
第三节　创新大赛活动设计与实施　　　　　　　　　　185
第四节　岗技符合（专业能力）活动设计　　　　　　　193
第五节　岗技符合（领导能力）活动设计　　　　　　　196

第七章　流程优化工程

第一节	流程优化工程介绍	204
第二节	流程优化大赛活动设计与实施	215
第三节	新员工价值观行为面试评估	223
第四节	员工价值观考核评估	228
第五节	职位晋升价值观考核评估	234
第六节	领导干部价值观民主评议	237

第八章　核心价值观主题建设工程

第一节	核心价值观主题建设工程介绍	242
第二节	客户价值观建设	248
第三节	创新价值观主题建设	257
第四节	品质价值观主题建设	262
第五节	诚信价值观主题建设	266
第六节	团队价值观主题建设	270

参考文献	277
后记	279

第一章

CHAPTER 1
组 织 觉 醒 ： 8 步 构 建 企 业 文 化 生 态 体 系

认知工程

物质资源终会枯竭，唯有文化生生不息。

那么什么是文化？文化的"文"本是古通假"纹"，指"纹刻纹划"，把相同的纹"纹"在每个人身上，标志着我们是一家人，引深意"记录""承继""传承"之意。"化"为会意字，本意是"改变，变化"。19世纪末，西方思想传来，翻译者把"文化"一词用来说明英文的culture一词，culture一词在拉丁语和中古英语中，指耕种土地的意思，类同于文化之"教化"之一。因为文化修养和种庄稼一样，必须经过辛勤地耕耘，才能获得丰硕的果实。如今，现在"文化"已成为一个内涵丰富、外延宽广的多维概念。

要建设好企业文化，首先要认知企业文化。企业文化是什么？是企业的文化，还是企业家的文化？抑或"企业"+"文化"？对于企业来讲，企业文化反映了一种致力于物质生产的精神气质，一种企业经营哲学和自我超越的生活态度。无数的企业实践证明，企业文化是企业核心竞争力的源泉，要推动企业不断地高质量发展，要建设企业百年基业，就需要借助企业文化的力量。企业文化不仅仅是"纹"在身上，更重要的是"化"在心里，让心有变化，有共鸣。"化"在灵魂深处，"化"在企业员工日常的工作和生活中。

第一节 企业文化是什么，不是什么

一、企业文化是什么

（一）企业文化概念的提出

"企业文化"这一概念的提出源于二战后日本经济的发展奇迹。日本引进美国现代管理方法，实现了经济的腾飞，甚至有赶超美国的态势。美国学者针对国际经济竞争中美国企业的竞争力每况愈下，日本企业咄咄逼人的形势，进行了美日两国企业管理比较，注意到日美企业管理模式以及文化的不同对企业管理和经营业绩的影响，并提出了"企业文化"的概念。

从20世纪80年代起，美国接连出现多部企业文化方面的专著，以《Z理论——美国企业如何迎接日本的挑战》《日本企业管理艺术》《企业文化》《追求卓越——美国管理最佳公司案例》为代表，这四部著作被称为企业文化"四重奏"，奠定了企业文化科学体系的基础。

这些著作认为强有力的文化是支撑企业不断发展，并取得成功的"软实力"。这些早期出版的一系列有重要影响的企业文化著作，让"卓越"和"文化"成为管理科学研究的新视角。

美国哈佛大学教育研究院的教授泰伦斯·迪尔和麦肯锡咨询公司顾问艾伦·肯尼迪在对80家企业进行研究后，用丰富的例证指出杰出而成功的企业都有强有力的企业文化。企业文化是自然约定俗成的，而非书面的行为规范，被全体员工共同遵守，而且企业不断宣传、强化这些价值观念的仪式和习俗。企业文化影响着企业的决策、人事任免，以致员工们的行为举止、衣着爱好、生活习惯。书中指出在两个其他条件都相差无几的企业中，由于其文化的强弱，对企业发展所产生的后果完全不一样。研究成果形成了《企业文化——企业生存的习俗和礼仪》一书，成为企业文化研究的经典之作。

（二）我国对企业文化的关注

企业文化理论对我国企业管理学界也产生了巨大影响。我国企业在管理中除了借鉴与学习国外先进的企业管理理论之外，也把我国优秀的传统文化融入企业文化之中。早在五六十年代，我国企业在实践操作上早已形成了自己独特的企业文化，"鞍钢宪法""铁人精神"等，都是我国企业在企业文化方面的雏形和开创之作。

随着改革开放，我国企业逐步引入现代企业管理制度，20世纪80年代中期，企业文化理论研究开始传入我国，国内企业界掀起了塑造企业精神的热潮。成立于1984年的万科企业股份有限公司，明确提出了企业的使命，即参与城市生长和城市文化建设的进程，坚持对城市负责、对后代负责的使命和理想。企业始终坚持诚信经营的核心价值观，在早年的企业文化中占据重要地位，成为企业发展的基石。万科要求员工在工作中保持诚信，与客户、合作伙伴和员工建立互信关系，为企业的长期发展奠定了坚实的基础。此时，我国陆续出现各种介绍和研究国内企业文化的作品，涌现了一批有较大影响的企业文化研究成果。企业文化才真正地开始融入企业管理之中，并经过大量的实践，逐渐受到重视并发挥重要作用。

20世纪90年代，我国经济得到快速发展，企业开始重视文化建设和文化管理，不再局限于传统的政治思想教育，而是更加注重企业文化的多元性和包容性。20世纪90年代中后期，网易、搜狐、新浪、百度、京东、阿里巴巴、腾讯等一大批互联网企业先后创立，他们借鉴西方的企业文化建设与管理思路，结合我国优秀传统文化，形成了一批具有自身特色的企业文化。

新世纪，中国还有一大批优秀的企业，他们成长迅速，形成了自己的企业文化。我国这些优秀企业的文化建设，对于企业发展管理，对于全球企业文化建设具有重要的研究与借鉴价值。

（三）企业文化的概念与定义

先进的企业文化能够凝聚人心、激发员工潜能，使组织协调一致，引导其实现组织目标。那如何给企业文化下一个定义呢？

"企业文化理论之父"，组织心理学的开创者和奠基人——埃德加·沙因《组织文化与领导力》（1992）中给出了这样的定义："组织文化，是群体（企业）在解决外部适应性与内部整合的问题时，习得的一组共享的基本假设，因为它们运转得很好，而被视为有效，因此传授给新成员，作为当遇到这些问题时，如何去直觉、思考及感觉的正确方法。"

如果给企业文化下一个定义，我们可以这样认为，企业文化是企业及社会组织通过生产经营等社会实践所形成的并为全体成员遵循的共同意识、价值观念、职业道德、行为规范和准则的总和。企业文化是社会文化与组织管理实践相融合的产物，它是现代企业在市场经济条件下生存与竞争，发展与壮大所拥有的重要的精神财富。

二、企业文化不是什么

（一）企业文化不是老板文化

老板（企业家）在企业文化形成和建设过程中，发挥着重要的作用。一方面，老板（企业家）是企业文化的设计师。虽然企业文化的形成是企业所有人共同创造的结果。但主导信念都是先在上层确定形成，然后逐级传递。所以老板（企业家）无论是有意或是无意都在对企业文化进行塑造。另一方面，老板（企业家）在企业文化中往往扮演着传道者的角色。他们在企业文化建设过程中起着潜移默化和推波助澜的作用。当然，如果仅仅说企业文化就是老板文化，那就以偏概全了，有的老板创办几家企业，但各企业文化不完全相同，就是因为企业还受所在行业、地域、企业发展战略、企业经营模式、企业员工和企业发展历史等多方面的影响。

企业文化不是老板文化，企业文化是企业为解决生存和发展问题而形成的，被组织成员认可的，并共同遵守的基本信息和认知，其本质上是一种组织文化。组织文化是一种共性与个性相统一的，是组织成员的共同价值体系和行为规则的文化，它使组织独具特色并区别于其他组织。一个有生命力的组织不是靠财富来支撑的，最终支撑组织生命力的是文化。从参与度来讲，企业文化是全员参与的结果，它反映了整个组织的共同价值观和行为准则。所有员工都可以对企业文化的形成和发展作出贡献。而老板文化则是以老板或企业领导者为中心，其他员工的参与度相对较低，决策和行为往往由老板单方面决定。企业文化的形成需要时间和共同努力，它可以超越个人的意愿和偏好，成为组织的核心价值。而老板文化则更多地受限于老板个人的决策和偏好，其影响范围相对较窄。此外，企业文化是一个长期存在的文化系统，它在组织内部形成并得到传承和发展。企业文化在老板变更或离职后继续存在，并对组织产生影响。而老板文化更容易受到个人的变动和变迁的影响，随着老板的离职或变更而发生较大的变化。

（二）企业文化不是文体活动

不少企业的宣传画册编排，前面是历史沿革，后面是产品、技术介绍等，一到企业文化部分，就是员工在跳舞、体育等文体活动的介绍。这就是把企业文化降低了维度，当成了员工的文娱、文体、文艺活动，文化建设基本成了工会活动。当然，并不是说文体活动和企业文化一点不沾边。一个企业可以通过这些文体活动来展现企业关心员工生活，还可以通过过生日、给员工家人颁发"支持工作奖"等形式营造大家庭的氛围，这是文化理念的一种表现形式，但它不是企业文化的核心内涵。

企业文化，从本质上讲，是通过核心价值观、思维模式、言行准则，反映出的一种生产关系设计和组织建设，目的是在内部形成一种良好的生产关系，促进企业生产力和竞争力的提高，管理水平的提高，高绩效的实现。在外部涉及一个企业和投资者、和顾客、和员工、和政府、和社会之间关系的处理原则，都是非常重要的管理问题。而不仅仅是员工去玩一玩、跳跳舞、唱唱歌、比比赛就能做好文化建设。企业文化是严肃的，不是嬉戏的；是权威的，不是纯民主的；以组织目标为导向的，不是从个人爱好出发的。

（三）企业文化不是社会文化

企业文化是特定的微观组织文化，而社会文化是由各种组织形成的地域文化，比方说中国文化、美国文化等就是以国家为边界的社会文化。作为地域辽阔的中国来讲，中国文化又太复杂，还可能分为齐鲁文化、华南文化、客家文化，以及各种商帮文化等，它们都是企业所处环境中的社会文化，而不是企业文化。

企业文化和社会文化的不同在于"企业文化是统一性的，社会文化是多样性的"，企业文化是围绕组织目标形成和运转的，社会文化则是由很多不同性质和不同目标的组织形成的多种文化的混合体，在世俗层面很难找到一个大家都高度认同的统一的东西。把社会文化标准拿到企业文化来用，在某个地方很适合，如果放到其他地方的企业，可能大家会有意见：孝敬父母和我在企业做干部，完成组织目标有关系吗？何必非要把家庭关系扯进来？所以，怎样去处理社会文化和企业文化的关系，如何利用好外在环境文化资源，需要因地制宜，因时制宜。

企业文化中可以融入一些社会文化，或者许多企业提倡将中华优秀传统文化融入企业文化建设之中，这是非常有必要的。中华优秀传统文化内涵丰富、形态多样，皆可运用于企业文化之中。因此，我国企业大多强调以集体利益为重，个人利益要服从集体利益，强调民族主义和爱国主义等。我国企业注重培养员工的团队意识和集体主义精神，倡导爱岗敬业的价值观念，鼓励员工将个人成长目标和企业长期发展战略相结合，定期对员工进行培训教育，提倡学习型组织，不断提升员工的综合业务素质，以增强企业的凝聚力和竞争力，这些都是有益的。

（四）企业文化不是用来给员工洗脑

经常看到有一些企业，每天喊口号，老板天天给员工洗脑，他们把这当作他们的企业文化，其实这是对企业文化认知的偏狭。一般来说新员工加入公司，要接受岗位培训，一定有一个融入的过程。这个融入不仅包括了解行业、了解业务，也包括了解企业，了解企业内部流程、规则。企业文化与企业所在的行业、规章制度、发展规划等密切相关。员工融入新公司的过程，就是自发了解企业文化的过程。员工如果能自发认同企业文化，而不是被动接受，才说明企业文化是经得起考验、非洗脑性的企业文化。真正的企业文化应该是全员参与和共同塑造的结果，它应该体现组织的核心价值观、共同的目标和行为准则。企业文化应该是一种内外一致的文化氛围，通过员工的共同努力和实际行动来体现。

企业文化的建立和发展需要时间和共同努力，它应该是一种深入人心的理念，而不是简单的口号或宣传标语。企业文化应该在日常工作中得到体现，通过员工的行为和决策展现出来。当企业文化被真正融入组织的各个方面，包括组织结构、管理体系、员工培养和奖惩机制等，它将成为组织的核心竞争力和可持续发展的基础。因此，企业文化不应该被简单地用来洗脑员工或作为一种宣传工具，而是应该成为组织内部共同的价值观和行为准则的体现。它应该是全员参与和共同塑造的结果，通过实际行动和日常工作中的体现来得以巩固和发展。

（五）企业文化不是包治百病

企业文化不是目的，而是手段，这个手段还不是某些中医所说的包治百病、药到病除的手段。从逻辑上讲，虽然说任何一种结果可能有三个以上的原因，但一个原因不可能产生无穷的结果。不能说企业文化，一抓就灵！在现实中有很多企业，文化搞得风生水起，但最终企业难逃破产命运。

企业管理是一系列复杂的活动，从职能上讲有计划、组织、指挥、激励、协调、控制，从要素上讲有人、财、物、知识、时间、空间等，从手段上讲有金钱、名誉、地位、机会、制度、文化等，文化只是实现企业目标的多种手段之一。尽管有企业在一定时期会把文化手段提到极其重要的位置，但管理者不应只抓文化，不及其余。

第二节　企业文化如何形成

企业文化解决的是企业文化核心理念是如何形成的问题，客观上决定了一个企业是否具有符合自身实际情况的文化理念的问题，这个问题解决不好，会直接影响企业文化的落地工作。那么到底是谁在企业文化建设的过程中发挥着作用呢？

一、企业领导者

企业领导是企业文化的倡导者与推动者，也是企业文化的践行者。可以说企业领导是企业文化建设过程中最重要和关键的要素之一。一个企业的领导对该企业的文化形成具有最直接和最大强度的影响力，以致其文化价值追求，或多或少会体现领导人的思想主张，也会印刻在领导人的日常言行之中。

企业文化的形成，同时主要取决于灵魂人物（创始人、CEO、一把手等实际掌权者）的性格和价值观。它的形成是自上而下的，而不是自下而上的。这是因为一个企业，无论是初创期、稳定期，企业内部用人；无论是内部晋升，还是外部招聘，关键的岗位、重要的人员，一把手在选拔过程中，肯定会优先选择在价值观、工作思路、对企业认可度上，尽量与自己一致的人，这样才有利于提高企业执行力、工作效率，更好地达成企业目标。

二、母公司和子公司

在大型集团企业中，母公司的企业文化对子公司有着不同程度的影响和引导作用。如何有效地管理这种文化传承与塑造，已经成为高层管理者关注的重要议题之一。母公司对子公司文化的管理方式往往取决于多个因素，包括但不限于持股比例、主营业务的相关性，以及战略契合度等。从管控模式来划分，可以分为集权、部分集权、基本分权、分权四大类。一般来说，确定了集权程度之后，就可以确定子公司和母公司在子公司文化建设方面的各自责任和权力，并依据其进行母子公司文化管理。

在企业集团通过并购实现快速扩展的过程中，新加入的子公司可能携带与其原有文化差异显著，甚至对立的文化特质，有时会导致所谓的"文化冲突"。在这种情况下，子公司的文化不仅不会立即适应母公司的文化，反而可能对其产生重要的影响。面对这种情况，集团公司往往需要认真考虑如何促进母子公司之间的文化融合，以确保整体文化的和谐与一致。

当并购的企业拥有独特的文化元素时，这些元素可能会对集团的既有文化构成挑战，同时也提供了丰富和发展集团文化的机会。因此，处理好这种双向互动，对于维护集团内部的统一性和凝聚力至关重要。集团管理层必须积极应对这一挑战，探索有效的策略来整合不同文化，从而支持企业的长期健康发展。

三、经营管理与企业战略

企业的经营管理状况是其企业文化最直观的体现。通过运用各种科学分析方法，可以揭示企业当前管理中存在的问题，而这些问题往往能够追溯到特定的文化根源。深入剖析这些文化因素，有助于识别出对企业文化建设至关重要的元素，进而构建起完善的企业文化体系。

在构建企业文化体系时，不仅要回顾过去和审视现状，还需前瞻未来的发展方向。随着企业战略的调整与转型，原有的企业文化可能会面临新的需求和挑战。为了适应和支持这些变化，有必要引入有利于未来发展的新文化元素，即使它们可能与现有的某些方面存在冲突。因此，在保留核心价值的同时，适时地更新或调整部分文化元素，确保企业的运作模式及员工的思想行为始终与战略目标保持一致。

一旦确立了科学合理的文化体系，最关键的是将这套理念付诸实践，融入日常管理和员工的行为准则中。这一体系应成为指导企业发展和运营的指南针，帮助企业在竞争激烈的市场环境中取得持续成功，并引领企业迈向更加辉煌的未来。

四、企业发展历程

一个企业在其生存与发展过程中，必然要面对市场变化、技术革新、竞争压力等多重挑战，正是在解决这些问题的过程中，逐渐形成了独特的企业文化。这种文化不仅体现在企业对外的形象塑造上，更重要的是它深植于企业的内部运作机制、管理风格、员工行为准则等方面。比如，一家初创企业可能因为资源有限而强调团队合作与创新精神，这些初期为求生存而形成的特质，随着企业规模的扩大，逐渐转化为企业核心竞争力的一部分，成为企业文化和价值观的重要组成部分。再如，企业经历的重大事件，如危机处理、重大项目的成功实施等，都会对企业文化产生深远影响，这些经历不仅丰富了企业的历史，也成为新员工培训、企业文化传承的宝贵素材。因此，可以说，企业发展历程中所积累的经验、教训及其背后体现的精神面貌，构成了企业文化不可或缺的源泉，对于指导企业未来发展方向、增强员工归属感、提升品牌形象等方面发挥着至关重要的作用。

五、行业特征与地域文化

每个行业都有其独特的属性，这些属性不仅塑造了行业内所有企业和员工的行为模式，还在很大程度上决定了它们的成功要素。随着行业发展阶段的变化，关键成功因素也会相应调整。通过深入研究和分析行业的基本特征，特别是那些表现卓越的标杆企业，我们可以识别出在当前宏观经济背景下推动该行业成功的文化要素。这些文化要素往往是企业健康发展的重要驱动力之一。

此外，企业所处的城市或地区，尤其是那些拥有悠久历史或独特特色的地点，其地理环境、气候条件，以及人文习俗都会深刻影响企业和员工的行为习惯。这种地域文化的影响通常是深远且根深蒂固的，短期内难以改变，并可能对企业的战略转型和组织变革构成挑战。因此，理解和融入地域文化成为企业文化建设不可或缺的一部分，需要进行深入的研究和提炼，以确保企业文化能够与当地的文化背景和谐共生，从而更好地支持企业的长远发展。

第三节　企业文化建设的四大体系

我们在谈论企业文化建设时，经常会听到人们谈企业文化建设的"四大体系"，那分别是哪四大体系呢？主要是理念体系、组织领导体系、宣贯渠道体系、考核评价体系。这四大体系是企业文化从理念的提出，到企业文化的实施、宣贯、落地考核的全过程。

一、理念体系

企业文化建设的标志性工作是塑造核心价值观，而价值观建设是理念体系建设的核心内容，它是企业主导的价值意识，是企业在经营管理活动中共同遵守的，为全体员工所认同的，具有企业特色的价值观念，是企业理念体系的基础和灵魂。

（一）战略理念层

战略理念层是企业基于战略思考所形成的基本理念，阐释的是企业存在的根本目的和追求的远大目标。战略理念是企业文化理念体系中必不可少的基础部分，是价值理念和经营管理理念的方向指引。战略理念部分主要有企业使命和企业愿景。

（1）企业使命。企业使命是企业的存在理由，是企业一种根本的、最有价值的、崇高的责任和任务，是企业终极意义的理想境界。企业使命是企业对社会提供的产品或服务的一种抽象描述，它回答的是"我们要做什么"和"为什么这样做"的根本动机问题。

（2）企业愿景。企业愿景是企业一种意愿的表达，概括了企业的未来目标，描述的是对企业未来发展的一种期望和大胆假设，体现了企业家的立场和信仰，是企业最高管理者头脑中的一种概念，是这些最高管理者对企业未来的设想。是对"我们代表什么""我们希望成为怎样的企业？"的持久性回答和承诺，是企业永远为之奋斗并最终希望实现的理想蓝图。

（二）价值理念层

价值理念层阐述的是企业为完成使命和实现愿景必须持久坚持的基本信仰和道德伦理。价值理念是企业文化理念体系中承上启下的支柱部分，是战略理念和经营管理理念的有力支撑。价值理念与战略理念都属于全局性的企业文化理念，具有持久性。价值理念包括以下四大要素：

1. 核心价值观

核心价值观是企业在经营活动中所坚持的核心价值观念和行为准则，它代表了企业对于道德、伦理、责任和行为规范的理念和承诺，回答了企业"我们是谁"的问题，是企业及其每一名成员必须共同信奉、不懈追求的持久信仰和价值判断标准，集中反映了企业对如何有效经营企业的基本看法。企业核心价值观通常包括诚信和道德、客户导向、创新和卓越、员工发展、社会责任等内容。

2. 企业精神

企业精神指企业员工所共同具有的内心态度、思想境界和精神追求，是企业在长期的经营管理实践中不断总结提炼并逐渐形成的，是现代企业意识与企业个性相结合的一种群体意识，是企业核心理念的概括反映和体现。与核心价值观侧重解决企业经营的思想境界问题不同，企业精神侧重解决的则是企业团队的精神状态和整体风貌。

3. 企业伦理

企业伦理（又称为企业道德），是企业以合法手段经营时应遵循的伦理规则，是企业处理企业内部员工之间、企业与社会、企业与顾客之间关系的行为规范的总和，其基本准则主要有公平、公正、诚信、负责等。

企业伦理的内容可以分为对内和对外两部分。内部的伦理包括：劳资伦理、工作伦理、经营伦理，外部的伦理可以包括客户伦理、社会伦理、社会公益等。如果一家企业只考虑追求利润，而不考虑企业伦理，则企业的经营活动越来越为社会所不容，必定会被时代所淘汰。2001年11月，安然公司向美国证券交易委员会递交文件，承认做了假账，并于12月正式向法院申请破产保护，破产清单的资产高达498亿美元，成为美国历史上最大的破产企业。

4. 企业作风

企业作风是指企业的整体氛围、风气，甚至习惯，是企业在核心价值观的指导下、在实现目标过程中所表现出来的一贯态度和行为处事的风格，是企业精神的彰显和外化，影响着企业的经营行为和发展方向。

（三）执行理念层

执行理念回答的是"如何做"的问题，阐述的是企业在经营管理的各个系统必须遵循的行为原则。执行理念是企业文化理念体系的血肉部分，是以战略理念为基础、以价值理念为支柱而具体落实到企业经营管理上的应用理念。执行理念包括经营理念和管理理念。

经营理念是指企业在一切有关企业核心价值链的经营活动中所应该具有和遵守的做事理念。经营理念具体可细分为投资理念、市场研究理念、研发理念、采购理念、生产理念、营销理念和客户服务理念等要素。

管理理念是指企业围绕企业核心价值链的运营过程中，在辅助价值链每一个环节时应该具有和遵循的做事理念。管理理念具体可细分为战略管理理念、决策理念、人力资源管理理念、财务管理理念、资本运作理念、技术管理理念、知识管理理念、质量管理理念、安全管理理念和行政管理理念，以及学习理念、创新理念、沟通理念等。

二、组织领导体系

企业文化是管理者倡导的文化，管理者在企业文化建设中发挥着他人无法代替的主导作用。因此，要建立企业文化组织领导体系，一般需要从以下几个方面来加强：

一是企业高层领导的重视与参与。高层领导在企业文化建设中起着至关重要的作用，他们的态度和行为直接影响到企业文化的形成和传播。因此，高层领导应亲自参与企业文化战略的制定，明确企业文化建设的目标和方向，并通过言谈举止向全体员工传递企业文化的核心价值观。

二是文化建设领导小组的设立。一般企业文化建设领导小组通常由企业高层领导、文化建设部门、人力资源部门以及其他关键部门的负责人共同组成。小组负责审定企业文化建设的整体方案，制定具体的实施计划和措施，监督执行进度，确保企业文化建设的顺利进行。

三是企业文化建设部门的设立。设立专门的文化建设部门或团队，负责企业文化建设的日常管理和维护工作。部门应具备专业的文化建设和传播能力，为企业文化建设提供有力的支持和保障。部门需要建立和完善与企业文化相关的各项制度，如员工行为规范、奖惩制度等，确保企业文化的有效落地。

四是各部门之间的协作与配合。企业文化建设需要企业内部各部门的紧密协作和配合。各部门应明确各自在企业文化建设中的职责和任务，共同推动企业文化的发展。这就需要建立有效的沟通机制，确保各部门之间的信息共享和协调配合，及时解决企业文化建设中遇到的问题和困难。

五是持续监督与评估机制。企业需要建立企业文化建设的监督机制，定期对企业文化建设的进展情况进行检查和评估。根据评估结果，及时调整和优化企业文化建设的策略和措施，确保企业文化始终与企业的发展战略保持一致。

三、宣贯渠道体系

企业文化建设的落地重点在执行，关键在宣贯。要让企业的文化理念成为员工的理念，成为社会广为人知的理念，宣贯非常重要。建立宣贯渠道的实质是形成强大的文化力，进而用文化力促进生产力的发展，使企业文化建设"落地"。企业文化宣贯渠道体系是一个多元化的体系，旨在通过多种渠道和方式让企业文化理念深入人心，确保每位员工都能深刻理解并践行企业文化。主要有内部宣贯渠道和外部宣贯渠道。

内部宣贯渠道包括企业文化手册、内部刊物与网站、内部培训与讲座、内部沟通与反馈机制等。外部宣贯渠道包括社交媒体与新媒体、行业会议与展览。

企业文化手册一般包含企业的使命、愿景、核心价值观、行为规范等内容，是员工了解企业文化的重要途径。通常，企业会制作精美的企业文化手册，并分发给每位员工，要求员工认真阅读并学习。也有一些企业鼓励员工投稿，分享自己的企业文化感悟和实践经验，在企业内部刊物、网站等平台发布企业文化相关的文章、案例、活动报道等，增强员工对企业文化的认同感。企业会组织企业文化相关的培训和讲座，邀请企业领导或外部专家进行授课，帮助员工深入理解企业文化的内涵和精髓。企业会设立企业文化意见箱、开展员工座谈会等方式收集意见，建立畅通的内部沟通渠道，鼓励员工就企业文化建设提出意见和建议；建立快速响应机制，对员工的合理建议进行采纳和实施，对企业文化建设进行持续改进。

外部宣贯渠道的新媒体一般指企业利用微博、微信、抖音等社交媒体平台，以及企业官网、APP等新媒体渠道，定期发布企业文化相关的内容，如企业故事、员工风采、社会责任等；与粉丝互动，向外界展示企业的文化理念和品牌形象，增强品牌影响力和美誉度。

企业参加行业内的会议、展览等活动，通过展板、宣传册等方式展示企业的文化理念和产品服务，积极与参会者交流互动，扩大企业的知名度和影响力。一些企业还会定期举办客户交流会，传递企业的文化理念和价值观，客户对企业文化的理解和认同，能增强彼此之间的信任和合作。

企业文化建设是一个长期的过程，建立完善的宣贯渠道体系，能够树立起"以人为本"的管理理念，培养团队精神，在制度与文化相辅相成的双重作用下，使得企业文化建设得到落地。

三、考核评价体系

考核评价体系是企业文化建设的一个主要组成部分，承担着企业文化建设过程中总结、提炼和创新的主要职责。考核评价的过程，也是对企业文化建设的认识、实践、再认识、再实践的过程，因此，它必须坚持科学性、客观性、系统性、有效性的原则，才能建立起企业文化建设考核评价体系。

首先要建立考核评价体系的步骤。要确定评价目标，确定企业文化建设的总体目标和具体指标，确保评价体系与企业文化建设的方向一致。然后根据企业文化建设的核心要素，设计科学合理的评价指标。这些指标应涵盖精神文化、行为文化、制度文化和物质文化等多个方面。接下来要采用定性和定量相结合的评价方法，如问卷调查、面谈、数据分析等，确保评价结果的客观性和准确性。要明确考核的周期，在一个周期内要达到什么样的目标，确定考核的时间、参与人员、考核流程等，按照考核计划，收集相关数据和信息，进行统计和分析，得出评估结果，确保考核工作的有序进行。考核结果的应用是将评估结果反馈给相关部门和员工，共同探讨问题和改进方案，并根据评估结果制定改进措施。

其次是明确考核的内容。企业文化建设的考核内容通常包括企业文化宣传与传播、企业文化价值观贯彻、企业文化活动开展、企业文化建设成果等内容。

在评估企业文化宣传的广度和深度，包括宣传渠道、宣传内容和宣传效果等方面，考核指标可能包括宣传渠道的多样性、宣传内容的创新性、宣传效果的评估等。在评估企业价值观在员工行为中的贯彻时，考核指标的内容是员工对企业价值观的理解程度、价值观在员工行为中的贯彻情况等。在评估企业组织的文化活动的数量和质量，包括员工参与度和活动效果等方面。考核指标就包括活动的数量、员工参与度、活动效果等。在考核企业文化建设成果和效果时，包括企业形象、员工满意度和企业绩效等方面。考核指标往往设定为企业形象的提升情况、员工满意度的调查结果、企业绩效的改善情况等。

建立企业文化建设的考核评价体系是一个持续优化的过程，需要企业根据自身实际情况和战略目标不断调整和完善。通过科学合理的考核评价体系，企业可以及时发现企业文化建设中的问题，并采取有效措施加以改进，从而推动企业文化建设的深入发展，提升企业的核心竞争力和可持续发展能力。

第四节　企业文化建设的十个模块

企业文化建设是一个长期的工程，不是一朝一夕就能完成，因此，需要企业文化建设者从业者深刻了解企业的历史、未来的规划及发展战略，要结合企业发展战略，来加强企业文化建设。那么，到底怎么建设？围绕什么来建？一般来说，要从以下十个模块着手。

一、企业文化氛围

企业文化氛围建设是企业的物质文化建设。它是一种无形的精神特质，体现了企业所倡导的独特传统、习惯和行为模式。这种氛围以一种潜在的方式影响着每一位企业员工，使他们感受到企业共同追求的价值观和精神目标，从而激发内在的思想升华和自发的行动意愿。

企业文化氛围虽然无形，但它对企业成员的精神层次和个性风格的形成起着至关重要的作用。在一个积极健康的文化氛围中，员工不仅能体会到企业的整体精神导向，还能在这种环境的影响下，逐步塑造出符合企业价值观的个人品质和工作态度。良好的企业文化氛围对于提升团队凝聚力、促进员工个人成长，以及推动企业的长远发展都具有不可忽视的重要性。一般来讲，企业文化氛围又分为环境氛围、精神氛围和制度氛围。

环境氛围是指企业通过直观的、看得见摸得着的、外显的环境所反映出来的风格和情调。它可以通过企业厂房和办公室的环境布置、装饰效果展示出来，"文化上墙"也是最为常见的形式。此外，员工的服饰、生活设施、文化设施也能展现。

精神氛围是企业文化的重要内容，是指企业从企业家到普通员工所表现出来的整体精神风貌、理想追求、价值取向，包括员工对待日常工作的基本态度，员工之间进行交流的方式，企业对员工的满意度，员工对企业的忠诚度等。

制度氛围是企业文化强制性的集中体现，它是指企业各项政策、规章制度及贯彻执行方式，它虽然体现了一定的强制性，但在企业文化的管理过程中，其强制程度随着员工价值理念的逐步强化而减弱。制度氛围往往表现在企业员工的流程之中。

企业环境氛围、企业精神氛围、企业制度氛围是企业文化氛围的三要素，在这三要素之中精神氛围占主导地位，其他二者通过影响人的精神间接地强化员工的价值理念，它们辅助精神氛围。三要素的有机结合和相互统一形成了企业的文化氛围。

如何营造浓厚的企业文化氛围？当一家企业确定了核心价值观后，就可以进行企业文化宣传。

二、文化大讨论

企业文化大讨论，就是企业内部组织的一种企业员工广泛参与、深入交流的活动。一是参与人员的覆盖范围广，参与人员多，上到领导者，下到基层；二是讨论问题深，大家围绕企业文化进行深度的思考；三是开展的时间长，至少半个月，一般有时达一个月，形成企业文化月。有时在几个月以上，甚至半年。通过集体讨论、分享和反思，进一步强化企业的核心价值观、使命、愿景，以及与之相关的行为规范、信仰追求等。这一过程不仅限于管理层，而是全体员工积极参与，共同为企业文化的发展贡献力量，这样才能保证企业文化落地生根。

三、企业文化手册

在企业文化建设中，很多企业都要编制《企业文化手册》，这是因为《企业文化手册》是企业文化塑造和设计的最终成果，是企业经营者多年经营企业的心血和智慧结晶，凝结着复杂而又艰辛的创造性劳动，是企业创造的宝贵文化财富。提炼和编制企业文化手册，就是将潜在的文化进行文字化、系统化。它将在以后相当长的时间里，指导企业的文化实施活动，推动企业的发展。而企业的不断发展也为企业文化手册不断提供丰富的文化素材。

一般来说，《企业文化手册》主要由来历、发展历史、光荣传统、获得的主要荣誉、文化理念、基本通用类管理制度等几部分组成。它浓缩性地客观、真实记录了企业的发展历史、光荣传统、社会荣誉，展现了积极、优良、先进、科学的文化理念，从规范管理、科学管理的角度，向所有员工示范性地提出了基本的规范要求。

四、文化建设队伍

有了企业文化的蓝本，就需要对企业文化进行宣贯。一些企业设置了企业首席文化官、企业文化培训师、企业文化官、企业文化大使、企业文化专员等岗位，聘用了相关的人员来建设，这些统称为企业文化建设队伍。

企业首席文化官（Chief Cultural Officer，简称CCO）是企业文化管理制度建立与执行的中心人物，承担着制定和建立符合企业发展战略的企业文化体系，塑造、提炼和推广企业的愿景、共同价值观和使命。

企业文化培训师（Corporate Culture Trainer），是在企业经营管理活动中从事企业文化价值理念塑造及其转化的工作人员，其职责是制定和建立符合企业发展战略的企业文化体系，塑造、提炼和推广企业的愿景、共同价值观和使命。具体工作内容包括：指导人力资源部门搭建人力资源战略框架；通过CIS系统设计推广企业形象；推行企业文化体系建设。企业文化培训师需要对本企业的文化有宏观设计能力，能够为企业领导在文化建设上出谋划策，能够推行调研、文本建设、全员化推广、长效管理，每年还要对企业文化建设效果进行考核。

企业文化官有专职人员，也是兼职人员。专职企业文化官协助领导进行企业文化的提炼，负责全面推动企业文化系统和制度的建设工作和企业各项文化活动的策划、组织、宣传及落地，确保企业文化在员工中深入人心。企业文化官还负责重大事项及会议、先进典型的采访及宣传工作，提升企业的社会形象和知名度，创造良好的舆论环境。

企业文化专员是专门负责企业文化建设与宣广工作的人员，他们主要负责企业文化建设、媒体宣传、广告宣传、演出策划及具体演出任务，塑造企业形象以及企业文化活动方案的制定与组织实施。企业文化专员还经常组织各项员工活动，促进企业文化的传播，组织专题宣传活动，支持企业业务和管理方面的创新与变革，不断更新企业文化宣传内容，参与企业文化方面的培训工作。

其他，还有一些企业设置企业文化大使、企业文化使者、企业文化之星之类的兼职或者名誉人员，这些人是企业文化模块一支重要的协助团队，能够让企业文化更加形象化，更有利于推广企业文化的理念。

五、故事传播

没有故事的企业文化是干枯的。很多企业的文化都是通过故事传播的。讲故事是企业文化实战中强而有力的工具，是企业文化的重要载体。一般来说，故事来源于企业员工的工作和生活，简单、形象且生动，辅之以有意识地刻画和引导，具有相当大的感染力和渗透力；再借助正式的和非正式的渠道传播，影响范围大且快。如海尔砸冰箱传播质量理念，徒步背冰箱传播其客户理念，十七小时故事传播其创新理念。总之，用一本生动的企业文化故事手册来传播企业文化，可以起到事半功倍的效果。

六、树立"企业英雄"

企业所推崇的价值观不应仅停留在书面或口号层面，而需要通过实际行动来验证和体现。这一过程离不开那些在企业内部被树立为"企业英雄"的员工，他们是企业价值观和精神的具体化身。"企业英雄"不仅是其他员工学习的榜样和尊敬的对象，他们的言行举止更直接反映了企业的核心价值。这些"企业英雄"作为企业文化的人格化象征，包括创始人、劳动模范或是任何一位表现卓越的员工。他们以自己的实际行为诠释了企业的信念与追求，赋予了抽象的价值观以实质意义。通过表彰和宣传这些企业英雄的事迹，企业不仅能够强化自身的文化认同感，还能使价值观更加具体可感。

树立"企业英雄"是企业文化理念人格化的必要手段，发挥榜样的作用是建设企业文化的一种有效方法。中国的企业有很多自己的英雄。提起倪润峰，大家就想到"长虹"；提起张瑞敏，大家就想到"海尔"；提起柳传志，大家就会想到"联想"。中国很多成功企业的背后都有一位叱咤风云的英雄人物，他们是企业的一种标志，为企业的创办和发展做出了卓越的贡献。通过发现、挖掘、培育和塑造，可以以英雄事迹带动企业文化理念的深入贯彻。

七、文化仪式

通过各种仪式来固定、强化企业文化。企业的各种文化仪式活动是企业文化的具体外显形式，具有文化角色体验作用。因此，企业仪式的组织者应精心策划这些仪式的场景和要贯穿其中的主题，营造良好的仪式氛围，通过把文化戏剧化为具体的仪式，使员工在感受企业文化的同时，充当其中的一个角色，获得一种心理体验，在思想情感上得到陶冶，从而产生认同感、使命感和自豪感。

企业文化仪式的形成，离不开企业领导、员工的自觉提倡，也离不开反复执行、历代相传、积久而成的自发力量。企业经常举行的仪式主要有教育仪式、关爱员工仪式、工作仪式、管理仪式、重大事件庆典仪式、节日庆典仪式等。有些企业还设立了奖惩仪式，如绩效沟通会、诫勉谈话、先进表彰会等。

八、主题活动

结合企业文化理念体系，策划企业文化主题活动，如企业文化节、企业文化实践年、企业文化知识竞赛、文化故事演讲比赛等。企业还可以结合自己的核心价值体系，提出具体的主题活动，如核心理念是诚信、责任、团队、创新型企业，以理念的四个关键词为主题，每季度重点围绕一个主题来策划活动，召开学习汇报会，组织主题讨论会，开展主题演讲、知识竞赛，评选跟主题实践有关的先进人物，举行典型报告会等，挖掘跟主题有关的企业文化案例。通过案例进一步把企业文化形象化。

开展践行企业文化的公开承诺活动。推荐用撰写岗位格言的办法进行，组织各部门各个岗位的员工，撰写岗位格言。岗位格言的文字表述，要准确、生动、精练、朗朗上口、通俗易懂、富有新意、利于传播。每条格言以不超过20字为宜。通过岗位格言撰写活动，形成规范的岗位工作标准，进一步使员工个人的思想和工作与企业文化都发生紧密联系。

九、形象塑造

通过树立形象目视管理系统，全面塑造企业形象。首先是企业视觉识别系统的规范应用。全面推动实施企业视觉识别系统。通过对企业环境、办公用品、着装、礼品、宣传册、橱窗、宣传栏等的统一规划，在视觉上达到整洁一致。另外，可通过确定企业吉祥物，企业歌曲演唱比赛，服务品牌推广，建立企业文化长廊，设立企业形象展览室、荣誉室等，对企业文化形象进行全面塑造。

十、成果评价

在企业文化建设进行一段时间后，根据企业的实际情况和企业文化建设的进度，需要适时地对企业文化建设成果进行评价。

在评估企业文化成果时，应当依据其内在结构进行分层分析，并在每一层的评价过程中关注基本构成要素。企业需要按照各层级之间的功能关系，从精神层面开始，逐步深入到制度层面，最后延伸至物质层面来进行全面考量。实际操作中，我们要思考如何利用企业文化理论来指导管理实践和文化建设，确保这些努力能够促进企业经济和社会目标的实现。同时，评估还需探讨什么样的企业文化最有利于企业发展，以及怎样建设一种优秀的企业文化，使之不仅符合当前需求，还能适应时代的变迁和发展，持续对企业产生正面影响。企业可以更好地理解自身文化的现状及其对运营的影响，从而制定出有针对性的文化建设和改进措施，确保企业文化始终与企业的长远发展目标保持一致。通过客观评价，进一步找出企业文化建设中应该加强和改进的地方，从而使企业文化能够更好地促进企业经济效益目标与综合社会目标的实现。

第二章

CHAPTER 2

组织觉醒：8步构建企业文化生态体系

萃取工程

企业文化起源于企业内部的文化基因，不仅有从企业领导人自上而下的有意为之，也有从业务和基层由下而上的自发生成。每一个企业在建立和发展的时候就有自己的企业文化，那为什么企业文化没有发挥出相应的作用呢？而且在发展的过程中，很多后来加入的管理者或者员工越来越觉得自己的企业好像没有什么文化呢？这中间有很重要的一环，就是没有将企业文化萃取出来。

第一节　企业文化的萃取

企业文化体系建设中一项最核心、最重要的工作便是企业文化核心理念，即企业的使命、愿景、核心价值观、企业精神、企业作风等内容的萃取工作。企业文化理念的萃取不是随意的，而是有着明确的要求和行之有效的方法。

一、什么是企业文化的萃取

萃取本意是指通过物质在两种互不相溶（或微溶）的溶剂中溶解度或分配系数的不同，使溶质物质从一种溶剂内转移到另外一种溶剂中的方法。经过反复多次萃取，可以将绝大部分的化合物提取出来。简单来说，就是提纯。

而企业文化的萃取，则是指通过多种手段，把企业内部的价值观、信念、行为准则等文化元素提炼和总结的过程。从而明确所在企业的核心价值观和经营理念，这一过程就是企业文化的萃取。

二、企业文化萃取的要求

企业文化核心理念的萃取，具有较高的复合性设计要求，要兼具历史延展性、系统结构性、分析严谨性、艺术创造性的要求。

（一）历史延展性

企业文化理念的萃取一定是基于全面的企业文化诊断，将企业的历史文化脉络、优秀文化基因、企业当前管理现状、外部环境发展趋势、未来战略要求等内容进行多角度分析，从而萃取出核心的企业文化要素。要确保核心文化要素具有较好的历史承接性、延展性。要能够适应企业当前及未来的发展要求，要能被企业员工普遍接受和认可。

（二）系统结构性

系统结构性是指企业文化建设要基于使命、愿景、核心价值观、企业精神、企业作风、专项理念等相对明确的系统性构架去展开设计，要确保各细分企业文化理念表述兼具差异化和一致性的特点。此外，还要确保企业文化核心理念的内涵、诠释具有较强的层次性，能够让企业全体员工能够快速、清晰、准确地理解企业文化核心理念。

（三）逻辑严谨性

逻辑严谨性是指企业文化理念的形成过程一定要有严谨、明确的分析程序和标准，要有严密、清晰的分析逻辑。能够确保企业文化创建团队按照科学、有效的工具、方法、模型，将海量的基础信息进行有效的分析、归纳、演绎，并形成有效的输出。这一过程最好能够有相对成熟的工作方法论和工具包来支撑创建团队的工作。

（四）艺术创造性

艺术创造性是指企业文化理念的萃取过程，除了靠必要的文化诊断、架构设计、工具分析，还有很大成分需要创建团队具有良好的艺术创造的素质和灵感，往往是在大量基础信息诊断扫描、逻辑构建、量化分析后，通过头脑风暴、独立思考、开放创作的方式，对企业文化核心理念进行酝酿、初成及最终输出。

三、企业文化萃取"六步工作法"

在大量的企业文化咨询工作中，我们总结了企业文化核心理念萃取的"六步工作法"，具体来说，就是基础调研及文化要素萃取、文化要素主辅分类定位、文化细分理念要素归集、一体化研讨及初步萃取、核心理念意见征询及二次诠释、核心理念定稿及持续完善等六个工作步骤（详见图2-1）。

调研 → 定位 → 归集 → 研讨 → 征询 → 定稿

图2-1　六步工作法流程图

第一步：调研

第一步基础调研及文化要素萃取，主要是通过中高层访谈、员工座谈、问卷调查、内部资料研究、诊断模型评估、外部标杆对照等多种调研的方式，对企业的历史优秀文化基因、企业文化现状要素、未来发展匹配要素等内容进行系统地研究和分析。在此基础上，萃取、归纳可能涉及的文化要素，要将相关文化要素尽可能地全面进行罗列，允许把相近和同类的要素用词进行同时呈现。文化要素的罗列过程中，文化理念创建团队可通过独立思考、集中研讨、头脑风暴等方式进行，确保关系信息交流的充分、务实、有效。

第二步：定位

文化要素主辅分类定位重点是在已经萃取的文化要素基础上，对文化要素的提及频次、重要程度、要素逻辑关系进行标记和初步判定。明确哪些要素是核心要素，哪些要素是辅助要素；明确哪些必须体现的，哪些要素是可能会体现的，哪些要素是没必要体现的。这一过程，实际上是对已经萃取的文化要素进行二次筛选和定位，为后续的文化理念建设提供输入信息准备。

第三步：归集

文化细分理念要素归集是指对企业使命、愿景、核心价值观、企业精神等核心文化理念所涉及文化要素进行归集。在实际操作中，企业文化创建团队往往会出现对文化核心理念的定义认识不清、属性认知不清的情况。因此，这个阶段，首先要对各细分文化理念的基本定义和属性进行清晰地认知，这是进行要素归集的重要前提条件。此基础上，对第二步筛选的文化要素与使命、愿景、核心价值观、企业精神等核心文化理念进行初步对应和划归，明确哪些要素要在使命中予以体现，哪些要在愿景中予以体现、哪些要在核心价值观中予以体现等，从而为后续细分文化理念萃取提供支撑。

第四步：研讨

第四步是一体化研讨及初步萃取，这是企业文化创建团队通过集中酝酿、思考、研讨、创作等工作，一次性提出企业使命、愿景、核心价值观、企业精神、企业作风等核心文化理念的具体内容和诠释。这一过程，要对企业文化核心理念表述的系统性、概括性、精准性、吻合性、独特性进行综合把握。同时，要保证各细分文化理念能够覆盖前述所萃取的所有关键文化要素，确保企业文化核心理念有相对清晰的逻辑内涵和主线，有充分的基础信息支撑。一体化研讨和创作的过程，需要根据实际情况，组织多次沟通，要确保沟通的充分性。当然，也要注重沟通的节奏把握，不能太慢，也不能操之过急。要充分用活要素信息，充分激发创建团队，充分营造研讨氛围，确保核心理念一体化研讨和初步萃取的质量。

第五步：征询

在完成核心理念的初步萃取后，很重要的一步就是要与企业的股东层、管理层、员工层进行充分的意见征询和研讨。最终的目的是通过讨论和意见征询，达成一致的共识，形成全体员工所接受的文化理念和价值主张。基于前期的预热和思考，可通过内部研讨会、意见征询会、高层闭门会、线上意见征询等多元方式搭建信息沟通平台，方便全员针对企业文化核心理念进行充分的讨论、互动和意见交换。组织各层级、各部门、各团队人员进行充分沟通，并随时听取讨论成果，进行归纳，指出差异与核心问题，引导讨论走向深入并最终达成共识。在以上工作的基础上，将初步归纳、萃取形成的企业使命、愿景、核心价值观、企业精神等内容进行二次诠释和精修，形成企业文化核心理念的修订完善版本。

第六步：定稿

在对企业文化核心理念进行深入挖掘和二次诠释之后，通过精心提炼与优化，企业需经过最高管理层的严格审议与最终决策，正式确定企业文化的核心理念及其详细解释。这一过程不仅为后续文化手册的设计、文化理念的广泛宣传与培训，以及整个文化体系的有效推广奠定了坚实的基础，同时也确保了企业文化能够在组织内部得到一致的理解与认同。一旦核心理念确立，其在一定时期内的稳定性至关重要，这有助于保持企业文化的连贯性和一致性，避免因频繁变动而导致员工困惑或抵触。然而，稳定并不意味着停滞不前。随着企业外部环境的变化和内部发展的需求，定期对文化理念的运行效果进行评估，并根据实际情况作出适时调整和持续改进，是保持企业文化活力、适应性与竞争力的关键。这样的动态管理机制，既能确保企业文化始终贴近企业战略目标，又能促进企业内部形成积极向上的学习氛围，从而推动企业不断向前发展。

第二节 萃取企业愿景、使命、价值观

企业文化理念可分为核心层和扩展层,其中,核心层包括企业使命、愿景、价值观三项基本内容。企业文化在萃取时,可与外部咨询公司进行合作,有利于更好地达到目标。此外,有的企业已有文化理念,需要升级,可以自身为主进行讨论和萃取,在碰到问题时,也可以适当借助外脑。

一、企业使命的萃取

企业使命是指企业存在的价值和意义,阐述了"我为什么活着",是企业发展和存在的理由,是企业最根本、最有价值、最崇高的任务和责任,影响着经营者的决策和思维。

(一)企业使命萃取的"四度法则"

企业的使命在萃取时,不宜追求大而全,要力求精练和准确,能够让人有非常直观的认知。企业使命在萃取时,一般从"价值度、空间度、回报度和贡献度"来进行萃取,我们称之为"四度法则",从而确保企业使命能够得到员工、客户和社会的认可。

1. 价值度

"价值度"是指企业使命必须能够为客户提供最大的价值。客户是企业成功的关键因素,如果客户对企业使命不能认同,那么企业使命也就失去了意义。因此,企业使命的萃取必须围绕客户需求展开,围绕企业所提供的产品或服务能够满足客户的期望和需求,从而为客户提供价值,为社会创造价值。

比亚迪公司的业务涵盖电子、汽车、新能源和轨道交通等领域,并在这些领域发挥着举足轻重的作用,比亚迪为客户从能源的获取、存储,再到应用,全方位构建零排放的新能源整体解决方案。比亚迪的企业使命就是"用技术创新,满足人民对美好生活的向往"。

2. 空间度

"空间度"强调企业使命要为行业、渠道商或员工搭建最广阔的平台。因此,企业使命的萃取要体现对员工的关怀和支持,确保员工能够在企业中看到自己的发展前景和成长空间。比如我国浪潮集团作为云计算、大数据服

务商，旗下拥有浪潮信息、浪潮软件、浪潮国际三家上市公司，已为全球一百二十多个国家和地区提供IT产品和服务，它的企业使命是"为客户创造价值，为企业增加效益，为员工谋求福祉"。

3. 回报度

"回报度"则关注企业是否能为股东带来最大的收益。企业的发展离不开股东的支持，股东最关心的是利润。因此，企业使命的萃取需要考虑如何通过有效的经营和管理，为股东带来稳定的回报。

4. 贡献度

"贡献度"要求企业使命必须为社会做出最大的贡献。企业的发展离不开社会的支持，取之于社会，用之于社会。企业使命的萃取需要考虑如何通过自身的发展，为社会做出积极的贡献。比如万达集团的使命：产业报国、奉献社会、服务人民、造福员工。

国内外的大小企业都有自己的企业使命，我们可以参考一下知名企业的企业使命，详见表1。

表1 知名企业的企业使命所体现的四度

企业名称	企业使命	所体现的四度
耐克电器	用我们的产品和服务丰富大众生活，并以此使股东价值最大化	回报度
三星电子	为人类社会作贡献	贡献度
苹果	推广公平的资料使用惯例，建立用户对互联网之信任和信心	价值度
惠普	为人类的幸福和发展做出技术贡献	贡献度
通用	成为全球领先的交通产品和服务供应商	空间度
麦肯锡	帮助杰出的公司和政府更为成功	价值度
可口可乐	为公司股东创造价值，不断改变世界迪士尼	回报度
迪士尼	使人们过得快活	价值度

（二）使命萃取的关键问题法

要想萃取企业的使命，就要学会提出三个关键问题并进行回答，分别是"企业是做什么的"（即企业的主要产品和服务）是做什么的？企业的客户是谁？企业的价值是什么，进而清晰地阐述：企业使命，即：用什么？为谁？实现什么？

"用什么"，企业要汇集运用了哪些核心技术、新材料、新产品、新文化。

第二章 萃取工程

"为谁",企业的顾客到底是谁?如果所有的人都是自己的顾客,就等于你没有顾客。企业的顾客定位和市场细分,定位越准确,企业创造的价值越大。

"实现什么",企业为顾客实现什么价值。通过对顾客需求的准确分析,企业经过研发制造适合顾客的产品,实现产品的顾客价值和企业的社会价值。

最后需要把三个关键问题结合起来,用一定的格式来定义企业的使命,这个基本的功能模式是:

致力于以(用什么)的技术和服务,为(谁)实现(目标)。

二、企业愿景的萃取

愿景是对企业或组织未来发展的期望和理想的描述,是对未来的宏伟蓝图的描绘。它是一个长远的目标,反映了企业或组织的价值观、文化和理念。企业的愿景并不是一成不变的。比如,华为之前的愿景是"丰富人们的沟通与生活",而现在的愿景是"将数字世界带入每个人、每个家庭、每个组织"。为什么愿景会发生变化?这是因为华为在发展早期的目标是要和国外通信设备巨头"三分天下"。现在成为全球领先者之后,愿景也随之升级了,面向未来的数字世界,面向每个人、每个家庭、每个组织。从愿景上可以看到华为的业务重心从原来的B端市场转移到C端市场。愿景就是通过一个简短、具有启发性和激励性的陈述,激发员工的热情和动力,引导企业或组织在未来的发展中不断追求卓越。

(一)企业愿景萃取"五要法则"

1. 语言要清晰

语言清晰是指企业愿景的表述信息要明确、明晰、容易辨认。信息传达过程中,清晰的信息通常具有明确的轮廓、细节和辨识度,使人能够准确地观察、感知或理解其中的内容。在语言传递交流中,愿景表述清晰可以使人们思考方式简洁明了、不含糊,能够让别人更好地理解。

2. 内容要有责任感

在企业愿景的制定过程中,融入强烈的社会责任心和使命感是至关重要的。这意味着企业不仅仅追求经济利益的最大化,更重视自身在社会进步中的角色与贡献。一个有社会责任感的企业,会将保护环境、支持社区发展、促进公平贸易、关爱员工福祉等纳入其长期发展目标之中，视之为企业不可推卸的义务。此外，企业还会致力于创造一个包容、平等的工作环境，保障员工权益，鼓励员工个人成长与发展。这种积极主动的态度，不仅能够提升企业的公众形象，增强消费者信任度，还能激发员工的归属感和自豪感，进而提高工作效率和创新能力。

3. 表述要有特色

愿景萃取要具有独特性和独创性，能够区别于其他企业的愿景陈述。企业愿景表述不仅需要具有特色可以吸引消费者的注意和兴趣。在竞争激烈的商业环境中，一个与众不同的愿景可以让企业脱颖而出，并吸引更多的关注和支持，还需要更好地区别竞争对手，当企业在愿景表述中展示出独特的理念、观点或目标时，它们能够在市场上建立起自己的品牌形象，与其他竞争对手形成差异化，还可以吸引投资者和合作伙伴的兴趣。当企业具备独特和有吸引力的愿景时，它们更有可能获得投资者的支持和资源，并与合作伙伴建立长期的合作关系。

4. 要体现企业的追求

萃取企业愿景时，所提炼的内容应展示出企业的雄心壮志，表明企业追求更大、更具挑战性的目标。它可以传达出企业想要在行业中取得重要地位或领导地位的追求。此外，还可以强调企业对创新和突破的追求、对持续发展的追求、对用户价值和满意度的追求以及对社会责任的追求，这些表述传递出企业为了实现更大目标和卓越成就而不断努力的精神。它们将激发员工的动力和创造力，引领企业追求卓越，并在市场竞争中取得成功。

5. 要给人激情

一个好的愿景应该能够激发企业所有人员的激情和动力。萃取的愿景应该具有吸引力、激励性和启发性，能够激发人们的热情和奋斗精神，能够激发人们的内在动机，让他们感到有意义和价值。当员工看到企业愿景的挑战性时，他们将更有动力去追求这个愿景，并投入更多的精力和创造力去实现愿景所设定的目标，对愿景充满激情时，他们会更加投入，并愿意承担风险，为实现这个愿景不断付出努力。

（二）企业愿景萃取"六角度法"

1. 从市场定位角度萃取

萃取企业的愿景要考虑企业自身的定位，就是企业或组织在市场中的位置和角色，是企业或组织在市场竞争中的定位和差异化竞争策略。因此，萃取愿景的定位要体现竞争性和差异化竞争策略，需要考虑到竞争对手的存在和市场环境的变化。需要企业或组织有自己的定位点和市场目标，以便在市场中形成差异化竞争优势。还需要根据市场需求和消费者需求来确定，以便更好地满足消费者的需求。一个好的愿景需要体现出行业特点和企业定位。

我们看下面两个愿景，哪一个是有效的愿景，哪一个是无意义的愿景？

第一个，成为行业内的全球领导者；

第二个，成为消费者和雇员心目中最棒的零售商。

在第一个愿景并没有划定行业范围，体现行业的特点，也没有表明清晰的定位。第二个愿景给出了清楚的定位，就是行业内零售商的定位。第二个愿景提出消费者和雇员是公司最重视的对象，企业要在硬性指标上做到最棒，也要在服务层面上做到最好。第二条就是沃尔玛的公司创始人提出的愿景。沃尔玛一直以来向着这一愿景努力，最终如愿成为零售业巨头。

2. 从客户价值角度萃取

企业愿景要明确表达对于客户价值的追求，要反映企业希望为客户创造什么样的价值和体验。因此，在萃取企业愿景时，可以将企业与客户的利益、需求和期望紧密联系起来，定义共同的目标。企业愿景应该引领企业致力于满足客户的需求。通过愿景，企业可以明确自己在市场中的定位和竞争优势，并以此为基础开发产品、提供服务，以实现客户价值的最大化。

3. 从企业产品业务角度萃取

企业产品业务是企业提供的产品或服务，以满足市场需求并实现盈利的活动。产品业务通常是企业运作的核心，涉及产品开发、生产、市场推广、销售和售后服务等各个环节。企业想要激发企业人员的动力，让企业内部不断改进产品或服务的质量、功能、价格等方面来满足消费者的需求，并与竞争对手进行差异化竞争。因此，愿景萃取时，要用一句话来概括企业所追求的长期发展目标和理想状态，反映企业对未来的期望与追求，激励和引导企业的决策和行动，并为员工提供明确的方向。

4. 从质量和技术的角度萃取

企业愿景还可以从质量和技术的角度萃取，表明企业能为客户提供高质量的产品或服务，以满足客户需求并建立良好的品牌声誉。企业愿景还可以表明自己追求在技术上的创新和领先地位，表明企业愿意积极投资于研发和创新，不断推动新技术的应用和商业化，以提供更具竞争力和创造力的产品或服务。

创维集团有限公司成立于1988年，主要从事多媒体业务、智能系统技术业务、智能机器业务、现代服务业业务等四大业务，连续多年位列中国电子百强企业前列，已成为家喻户晓的世界级家电品牌。创维集团的愿景是"成为具有全球竞争力的智能家电和信息技术领军企业"。该愿景用"成为一家什么样的企业"的句式，中间用了一个"和"字，说明该企业主要注重的是"智能家电""信息技术"两个领域，前面的"全球竞争力的"是一个定语，表明企业参与的不是区域性、全国性的企业，而是面向全球市场的企业，其产品已销售全球。

5. 从企业公民责任的角度萃取

有的企业愿景很关注社会福祉和可持续发展，意味着企业将社会影响视为一项重要责任，表明企业通过产品或服务的提供、就业机会的创造、社区参与以及慈善捐赠等方式，积极推动社会进步、改善人民生活质量，并在经营过程中尽力减少对环境的负面影响。有的企业愿景从诚信经营、遵循商业伦理、保护消费者权益、维护员工权益等方面的承诺，表达对公正和透明经营的追求，建立良好的企业声誉和信誉。还有的企业愿景可关注可持续发展和环境保护，或者他们从事的主要业务也与此相关，因此在产品设计和生产过程中考虑环境影响，采取节能、减排、循环利用等措施，以降低对环境的负面影响，并为构建可持续未来作出贡献。

比如超威集团创立于1998年，是一家专业从事动力型和储能型蓄电池研发、制造、销售的高新技术企业。2010年在香港主板上市，在全球拥有108家子分公司和2万多名员工，连续多年领跑我国电池行业，是全球领先的新能源制造商、运营商、服务商。超威集团以"立志成为全球新能源行业伟大公司"的愿景目标，凭借在"新技术、新材料、新产品"领域的领先优势，已搭建起"铅（锂）蓄电池、新型电池、能源存储与管理、循环经济"等于一体的新能源产业集群。

6. 从企业营运绩效角度萃取

企业愿景的萃取还应该考虑到盈利的可持续性，即长期稳定地盈利能力。一个健康企业的愿景应该注重发展具有竞争优势的产品或服务，以满足市场需求，并确保在竞争激烈的商业环境中保持盈利能力。因此在萃取这样的企业愿景时，要强调成本控制和效率提升，通过降低生产成本、提高生产效率、优化资源配置等措施，企业可以提高盈利能力并实现更好的财务表现。或把投资回报和股东价值纳入愿景之中，从企业盈利的可持续性、创新和市场份额增长、成本控制与效率提升、市场定位和品牌建设，以及投资回报和股东价值等方面。企业愿景应该既关注短期的盈利目标，又着眼于长期的发展和价值创造，以最大程度地实现企业的盈利潜力。

三、企业核心价值观的萃取

核心价值观回答的是企业怎么干？它是整个企业文化的核心，是企业必须拥有的最终极信念，是企业哲学中起决定性作用的重要组成部分，是企业在进行经营管理活动时依据的是非标准、遵循的行为准则。

（一）"五个有利于"法则

1. 有利于企业文化的形成

企业核心价值观反映了一个企业的基本信念和原则，代表了企业文化和行为准则的核心。因此，萃取的核心价值观与企业的长远目标相符，帮助企业形成一种积极、合作、创新的企业文化。反过来，企业核心价值观形成的企业文化，又有助于吸引和保留具有共同价值观的人才，促进团队合作和员工的提升，增强组织内部的凝聚力和认同感，促进员工能够在共同的价值观指导下紧密合作，追求共同的目标，从而增强团队合作和整体绩效。

2. 有利于员工理解、记忆与传播

核心价值观萃取应该以简洁明了的方式表达，易于员工理解和记忆。简单易懂的核心价值观能够让员工更容易理解和内化，使其能够在日常工作中加以应用。此外，简单易懂的核心价值观也便于与利益相关者进行沟通和传播，从而传递企业的价值观和承诺。当核心价值观清晰明确时，每个员工都能够在工作中明确自己的目标，并采取符合价值观的行动。

3. 有利于转化为员工的行为

企业价值观萃取后要能够清晰地回答以下问题："什么事很重要""什么事不重要""信奉什么""该做什么"。核心价值观落实到行为上，养成行为习惯，是企业文化建设核心中的核心。企业文化的价值观需要落地实践，才能真正发挥其作用。行动规范是价值观落地实践的具体形式。企业应该根据自身的核心价值观，制定相应的行动规范和行为准则，以指导员工的

具体行为和业务实践。例如，企业的核心价值观是"诚信、创新、共赢"，则行动规范可以是"诚信经营、勇于创新、共赢共进"，并通过制定相关的考核和奖惩机制，来推动员工的行为符合企业的核心价值观。

4. 有利于获得外界的认可与建立信任

当企业的领导层和员工真正按照企业核心价值观行事，言行一致，并且诚实地与利益相关者沟通，他们能够获得外界、政府、经销商、渠道商以及媒体的信任。这种信任是企业在市场竞争中赢得客户忠诚度、吸引投资者和合作伙伴的关键。如果企业只是将核心价值观悬挂在墙上而不去实际贯彻落实，员工很难相信并践行这些价值观。

5. 有利于体现企业的个性

企业文化核心价值观应该具有独特性，能够区别于其他企业，体现企业的个性和特色。我国企业的核心价值观一般包括服务客户、敬人、敬业、创新、高效、求实奉献等。深圳大疆公司的核心价值观包括：创新、品质、服务、团队和共享。大疆始终坚持以创新为企业的核心动力，不断研发新技术、新产品，推动行业发展。致力于为用户提供高品质的产品和服务，以赢得客户的信任和口碑。提供全方位的服务，包括售前咨询、产品培训、售后支持和维修保养等，以提升客户满意度和忠诚度。大疆重视团队建设，鼓励员工充分发挥自己的才能和价值，为企业的持续发展贡献力量。大疆倡导资源共享，推动行业，与全球多家知名企业建立了战略关系，通过资源共享和合作，大疆不仅推动了无人机技术的发展，还拓展了市场渠道，提升了企业竞争力。正是因为核心价值观，使得大疆在无人机领域得到深厚的发展。

（二）萃取"五字法"

1."梳"字法——梳理企业文化发展历程

核心价值观的萃取过程需要对企业的文化发展历程进行梳理。这包括对企业文化发展历程的回顾，重视地域文化和行业文化因素的影响。梳理企业档案：包括成立文件、历年年报、会议记录、重大事件记录等。梳理企业关键时期或者历任领导人访谈，与企业创始人、历任高管进行深入访谈，了解他们的创业初衷、经营理念及对企业文化的看法。广泛收集员工对企业文化的感受和认知，特别是老员工，他们往往能提供更多关于企业历史文化的细节。梳理企业所在的地域文化的特点，创始人或者主要领导人与地域文化的关系，梳理行业文化的特点以及发展趋势。

2. "盘"字法——盘点整理企业文化中的重要因素

盘点整理是企业文化和企业核心价值观的重要方法。盘点时要注意几点：一是企业发展的阶段与脉络，二是注意从企业文化发展历程中提炼出那些被反复强调、广泛认同且对企业发展具有关键作用的价值观要素。要筛选出对企业文化发展具有重要影响的关键事件，如重大决策、技术创新、市场突破、管理变革等，分析这些事件如何塑造了企业的核心价值观和行为规范。无论采用哪种盘点方法，所盘点的内容，不能仅限于对现有文化的识别和诊断，也要考虑后面的工作，即塑造未来的文化。比如，问卷或访谈的问题，也要问一下：员工期望什么样的价值观，员工对企业核心价值观有什么建议等。

3. "提"字法——提炼企业核心价值观的要素

通过盘点，从各类企业文化资料中，问卷调研中提炼出那些被反复强调、广泛认同且对企业发展具有关键作用的价值观要素。包括通过全员企业文化大讨论活动，进行价值观的挖掘、梳理与总结。在企业内部通过员工访谈、问卷调查和资料阅读等方法，全面了解企业的历史发展、经营环境和管理层经营思想，从而提炼出核心的企业文化要素。与企业领导人进行访谈，总结提炼价值观要素。参考同行业其他企业的发展趋势进行提炼分析，列出所在企业核心价值观的要素，有的企业达到十几条，有的还达到二三十个以上。

4. "征"字法——广泛征求员工的看法和建议

发放调研问卷，或者通过组织讨论会、员工大会等形式，广泛征求员工对企业核心价值观的看法和建议，确保核心价值观能够反映员工的共同心声。开展员工座谈会，或者发放调研表，让员工选取最能代表企业核心价值的几条要素，并且说出原因。

5. "定"字法——确定最终的企业核心价值观

通过将提炼出的核心价值观要素进行整合和精炼，形成简洁明了、易于传播的表述方式，并且征求广大员工的意见与建议，从而形成企业核心价值观的主要因素。在最终确定之前，要参考这些征选的投票，但不能局限于投票。

此外，萃取企业核心价值观还需要遵循历史延展性、系统结构性、逻辑严谨性和艺术创造性的要求，是从基于全面的企业文化诊断，将企业的历史文化脉络、优秀文化基因、当前管理现状、外部环境发展趋势和未来战略要求等内容进行多角度分析，确保核心文化要素具有较好的历史承接性和延展性，能够适应企业当前及未来的发展要求。在萃取企业核心价值观时，还突出企业的特色和优势，同时具有一定的普适性和包容性。比如美团公司的核心价值观是"以客户为中心、正直诚信、合作共赢、追求卓越"。

第三节　如何萃取企业精神与企业作风

企业精神是指企业基于自身特定的性质、任务、宗旨、时代要求和发展方向，并经过精心培养而形成的企业成员群体的精神风貌。企业精神是企业文化的核心，在整个企业文化中起着支配的地位。企业精神以价值观念为基础、以价值目标为动力，对企业经营哲学、管理制度、道德风尚、团体意识和企业形象起着决定性的作用。

企业作风则是企业在长期的运营实践中逐渐形成的行为准则和工作态度，它是企业内部特质的一种外部展现。这种作风体现在企业日常运作中的每一个决策和行动中，反映了全体员工在企业成长历程中共同积累的精神面貌和行为模式。企业作风是企业精神的具体化，是员工在执行任务时展现出的一致性和连贯性的行为特征。

一、企业精神的萃取

在企业的发展历程中，一定会沉淀一些支撑员工思想的理念和精神，隐藏在一些关键事件之中。如何把企业的精神萃取出来？一般有四个步骤：讲述企业故事、整理企业故事、复述企业的故事、从企业故事中萃取。

（一）讲述企业故事

讲述企业故事是萃取企业精神的基础。让管理人员或者基层员工从亲身经历中选取那些能够体现公司核心价值观和精神的关键事件。通过面对面交流或书面记录，捕捉这些故事中的情感、挑战、决策过程和结果。讲述者应注重故事的真实性和细节，让听众感受到故事背后的精神力量，从而激发共鸣和认同感。

（二）整理企业故事

由企业文化负责人员对收集到的故事进行系统性地分类和归纳。首先确定哪些故事最能代表企业的核心价值和文化精髓。然后按照主题、时间线或重要性排序，并去除冗余信息。这一过程中，可以利用图表或流程图来帮助可视化故事间的联系，确保故事连贯且易于理解，为后续的复述和分析做好准备。

（三）复述企业的故事

复述企业故事不仅仅是简单的重复，而是要以更生动、更具感染力的方式重现那些关键事件。选择合适的场合和形式，如内部会议、培训课程或企业年会等，用演讲、视频或戏剧表演等形式分享。重点在于突出故事中的英雄行为、克服困难的过程，以及取得的成功。通过这种方式，不仅传递了信息，还强化了企业文化，使员工更加深刻地记住并内化这些精神。

（四）企业故事中萃取

最后一步是从企业故事中萃取精神是将故事转化为可操作的企业文化和行为准则的过程。深入分析故事中的元素，识别出反复出现的价值观、信念和行为模式，从中提炼出支撑企业发展的核心精神。制定明确的行为指南或口号，以便员工在日常工作中遵循。最终，萃取出的精神应该成为企业决策、创新性发展的重要指导原则，推动企业持续进步。

二、企业作风的萃取

（一）观察记录法

通过观察企业内部的工作环境、员工互动，以及管理层的行为和决策，可以发现一些优秀的作风和实践。记录下这些值得借鉴的细节和经验，有助于理解和分析企业的优良作风。

在观察记录时，工作人员要明确观察目标和内容，明确要萃取的企业作风的具体方面，是工作态度、团队合作，还是沟通方式、创新精神等。然后根据作风的具体内容，设计相应的观察指标，确保能够全面、客观地反映企业的作风情况。

在观察员工工作作风的时候，要制定观察计划，从员工中选取具有代表性的员工、团队或部门作为观察对象，确保观察结果的普遍性和可靠性。根据观察目标和内容，选择合适的观察时间和地点，确保能够观察到真实的工作场景和作风表现。准备好观察记录表、相机、录音笔等工具，以便详细记录观察到的信息和数据。

在观察时，工作人员要亲自到工作现场，对员工、团队或部门的工作状态、行为表现等进行直接观察。记录观察到的具体事实、行为和现象等内容，同时还要善于使用观察记录表等工具，详细记录观察到的信息和数据。记录内容包括观察对象、观察时间、观察地点、观察内容、观察结果等，可以使用一张表格的形式，全部列出所有需要观察的要素，填写观察表，这样就不会缺失。此外，还可以结合拍照、录音等方式进行辅助记录，详见表2。

表2　观察记录表

序号	观察对象	观察时间	观察地点	观察内容	观察结果	备注（观察方式，记录方式）
1	...					
2	...					
3	...					

观察记录之后，再将观察到的信息和数据进行整理和分析，提炼出企业作风的共性和特点，根据整理的结果，将企业作风归纳为不同的类型或模式，如积极向上型、团结协作型、创新进取型等，并对每个作风类型或模式进行详细地描述和总结，提炼出其核心特征和表现形式。

运用观察记录法，萃取的过程中要尽量减少主观干扰和偏见，确保观察到的信息和数据的真实性和客观性。观察内容要全面覆盖企业作风的各个方面和环节，同时要注重深入观察和了解员工、团队或部门的真实想法和感受。在观察过程中要尊重员工的隐私和权益，避免对员工造成不必要的干扰和负担。同时，要确保观察到的信息和数据不会泄露给员工或外部人员造成不良影响。

（二）访谈法

运用访谈法来萃取企业作风也是一种常用的手段。一般来讲，访谈的人员大多是企业的关键人员，包括高级管理人员、团队领导和优秀员工等。通过对他们的访谈，了解他们对于企业优良作风的看法和体会，从而初步揭示他们在工作中所奉行的价值观、行为准则，以及成功的核心原则。

访谈要确定访谈的主要目标，即了解企业的哪些作风特征，如团队合作、创新精神、工作态度等。最为重要的是设计访谈大纲，包括开场问题、核心问题、引导性问题、开放性问题等，访谈大纲问题设计应具有逻辑性和层次性，能够引导被访谈者逐步深入分享。

在选择访谈对象时，如果做不到全面性，就必须有代表性，至少要选择具有代表性的员工、中层管理者和高层领导作为访谈对象，以确保从不同角度全面了解企业作风。同时还要兼顾考虑员工的岗位、工作年限、工作表现等因素，确保访谈对象的多样性，保证每一种类型的员工都要有。确定访谈后，与被访谈者沟通，确定合适的访谈时间和地点，选择双方合适的时间，在会议室或者单独办公室进行访谈，确保访谈过程不受干扰。

访谈中还要特别注意提问的方式和语气，避免引导性或暗示性问题。作为访谈者要认真聆听被访谈者的回答，注意观察其表情、语气和肢体语言等非语言信息。适时提出跟进问题或澄清问题，以确保理解准确。

访谈完成后便进行萃取，可依据大家共同提到的作风表征进行分类，从而萃取企业作风的核心特征和关键要素，形成对企业作风的准确描述。在萃取时要注意区分积极作风和不良作风，为后续的改进和提升提供依据。

（三）调研学习法

企业作风，作为企业文化的一部分，是企业在长期发展过程中形成的一种相对稳定的行为规范和工作态度。它不仅影响着企业的内部运作效率，还直接关系到外部市场的形象和竞争力。为了提炼出适合自身的企业作风，企业可以采取一系列深入的调研和学习活动，从行业内其他企业的成功案例中汲取经验。

例如，华为公司以其"以客户为中心、以奋斗者为本"的核心价值观而闻名。这种作风使得华为能够快速响应客户需求，并且在技术研发上保持高强度投入，不断推出创新产品和服务。华为重视员工的努力和贡献，提供了一个公平的竞争环境，让有能力的人得到应有的回报，这激发了员工的积极性和创造力。阿里巴巴集团倡导"六脉神剑"文化——客户第一、团队合作、拥抱变化、诚信、激情、敬业。这样的作风鼓励员工之间紧密协作，共同面对市场挑战；同时，也强调个人的责任感与专业精神，促使每位成员都能为实现公司的目标全力以赴。

当一个企业想要调研学习企业作风时，要考虑：谁是行业标杆。选择几个同行业中具有良好声誉和业绩的企业作为研究对象，了解它们如何建立和维持特定的企业作风。在管理方式上，要考察这些企业的领导风格、决策流程，以及沟通机制等，看哪些方面值得自己效仿或改进。在考察中，要观察对方是如何营造积极向上的工作氛围、培养员工归属感和认同感的。要研究那些高效能企业的奖励体系，包括物质奖励（如奖金、股票期权）和非物质奖励（如培训机会、职业发展规划），确保员工的工作动力得到持续激发。

因此，调研后，要结合企业自身的实际情况和发展战略，制定一套切实可行的企业作风建设方案，并逐步实施和完善。

第四节　如何萃取倡导行为和反对行为

有些企业中，一些员工主动工作，每天多做一点，他们从来不会去抱怨工作的多少，工作是没有分内分外之分的，在面对急难险重的任务时，他们挺身而出，勇挑重担。在面对问题、出现失误时，他们不掩饰、不找借口，主动承认错误并分析失误原因，这些行为是提倡的。然而在另一些企业，一些干部官本位严重、一言堂、弄虚作假、员工上班摸鱼、互相推诿，这些行为企业当然是反对的。

一、什么是倡导行为，什么是反对行为？

企业倡导行为是指企业在组织内外倡导和践行的一种行为方式和准则。它是企业文化的一部分，旨在引导员工在工作中遵循一定的价值观和行为准则，并在与外部利益相关者的互动中展现出积极的形象和责任感。

企业倡导行为通常包括遵守法律和道德规范、履行社会责任以及强化顾客导向、合作与团队精神、创新与持续学习等行为。倡导这些行为，企业可以树立良好的企业形象，增强员工的归属感和认同感，提高组织的竞争力和可持续发展能力。同时，企业倡导行为也有助于建立积极的工作环境和文化，促进员工的个人成长和幸福感。

企业反对行为是指企业对某些行为或价值观的否定或反对。它可以表现为企业不支持或不赞同特定的行为、决策或价值观。企业反对行为可能是出于道德、法律、商业或其他方面的考虑。企业可能会采取措施来阻止或抵制这些行为，例如制定相关政策、提供培训或教育、制定处罚措施等。企业反对行为的目的是维护企业的价值观和利益,并确保员工在工作中遵守相关规定和准则。

二、倡导行为和反对行为的内容

企业倡导行为和反对行为涉及的主要内容有以下几个方面:基本礼仪、工作纪律、道德准则、倡导与反对、企业高压线、仪式或活动等。

(一)基本礼仪

礼仪不仅体现对人际交往对象的友好与尊重,还体现个人的素养和企业的形象。因此,任何企业都有一些基本的礼仪要求,外加一些匹配特定场景的个性化礼仪规范,这些要求是需要倡导的,包括仪容仪表、言谈举止、通行礼仪、电话与微信、拜访与接待、餐宴与会议等。

(二)工作纪律

工作纪律是为了让工作正常开展所必须严格遵守的行为约束。没有规矩,不成方圆,任何一份工作,任何一家单位,都有自己的工作纪律。这些纪律涉及作息、保密、工作状态等方面的要求。

工作纪律的内容就要从企业文化讨论资料所筛选的行为描述中萃取,哪些行为不能做、哪些不可违反等。工作纪律与工作本身的特性相关,不同公司的工作纪律要求也是不一样的。因此,拟定工作纪律,不能照搬其他公司,要结合本公司的实际情况来进行。

(三)道德准则

道德准则,一般也称之为"道德规范""商业道德行为准则""商业行为规则"等,是员工行为规范中不可容忍的行为底线。道德准则包括员工行为和企业行为。

道德准则的企业行为,主要对应企业道德的具体内容。一般企业道德至少包含三个方面的内容:一是诚信经营,童叟无欺;二是合规守法,正道成功;三是回馈社会,造福百姓。

(四)倡导与反对

倡导与反对,就是对应企业价值观的具体行为描述,不光告诉员工应该怎么做,还告诉员工不能怎么做。相当于是手把手指导员工如何践行价值观。撰写倡导与反对的内容,应以最通俗易懂的语言,进行最简单直白的阐述,并不需要讲究文辞的华美。

在企业文化塑造阶段，通过全员企业文化大讨论，搜集了员工从实际工作中所总结的该怎么做、不该怎么做的具体描述，这才是最宝贵的第一手素材，也是员工最能听得懂的语言，以此为基础，撰写行为层描述，才是最贴切的。

企业的倡导行为与反对行为与企业核心价值观或企业精神是一脉相承、逐渐细化的过程，价值观是"道"，是立法思想；行为规范是"礼"，是行为指导。只有这样，才有利于员工记忆与践行。

（五）企业高压线

企业高压线是员工行为规范中，不可碰触的行为底线。比如，触犯国家法律、违背企业道德、违反公司纪律、与企业文化背道而驰等行为。企业高压线不容碰触，一旦触及，公司与之解除劳动合同关系，情节严重者，公司保留追究其法律责任的权利。

（六）仪式或活动

仪式或活动指组织内部长期形成、约定俗成的典礼、仪式与企业文化活动等。如何确定企业的仪式与活动？可通过梳理企业层面或部门级经常组织的一些有助于企业文化建设或落地、加强员工关怀、促进团队协作、创造员工交流机会等的活动，选取其中受欢迎的活动或仪式，进行流程梳理、内容优化，使之固化下来，形成传统。同时，还可以通过向外部企业学习，以适应自己的企业、促进企业文化建设与交流为原则，引入其他企业广受好评的活动，经尝试后逐渐改进，最终形成自己的传统。

比如苏州汇川技术有限公司是中国工业自动化控制与驱动技术的领导者、新能源汽车领域的创新者、国家"双碳"目标和智能制造战略的践行者、新型国际化企业的探索者。公司设有四大活动，名为"幸福四叶草"，包括公司年会、家庭日、中秋晚会及马拉松；成立了十四个协会，包含足球、篮球等，最大程度丰富职工生活，力求让员工"愉快地玩耍"。公司全年累计举行活动50余次，保证每个月都有不同的活动，让员工可以充分参与其中。

三、萃取倡导行为和反对行为的流程

倡导行为和反对行为属于企业的行为层文化，就是将企业的精神层文化细化描述成为一个个可执行的行为准则。通过倡导行为和反对行为，加强企业行为文化建设，有助于企业建立良好的声誉、遵守法律和道德要求、增强员工忠诚度和参与度，以及适应变化的商业环境。这些都是企业长期成功和可持续发展所必需的因素。其基本的流程包括筛选→拟定→完善→颁布。

（一）筛选内容

筛选阶段是筛选出文化讨论阶段所整理资料中的行为描述内容。在企业文化大讨论中，积累了很多员工对行为描述的素材，对于这些素材，先进行筛选，然后将其按照上述的类目进行归类，如此，就完成了行为层文化倡导行为和反对行为的基础搭建。这些来自岗位上员工最直观的描述，才是最贴近企业实际行为情况的描述。

（二）萃取内容

在这一阶段，就是在归类好的行为层文化各个模块的原始描述基础上，进行文字优化。其间可借鉴优秀企业的行为规范描述。不同企业的行为层文化，也存在许多通用的地方，只要也适应于公司，都可以拿来借鉴或查漏补缺。萃取完成后，先组织管理层评审，评审通过后再行公示。

（三）讨论完善

将拟好的企业倡导行为和反对行为由公司企业文化领导小组进行讨论，邀请各相关的部门进行研讨，甚至邀请部分员工代表参加，如果员工的意见被采纳，要给予奖励，以激励员工勇于提出意见或建议。

（四）定稿颁发

将最终定稿的行为层文化全公司颁布，可更新到《企业文化手册》或《员工手册》中，也可以直接印制单独的《员工行为规范》手册。

第五节　如何萃取领导干部行为准则

对于组织的领导者来说，想要通过有效领导来建立企业的成熟文化，其基础在于领导者必须能够全身心投入整个组织的运营之中。领导并非只是重视战略性的工作，也不仅仅是运用构想去和股东、投资人谈话交流。无论战略还是交流，都是领导力的重要组成部分，而领导者更应该看到自己身体力行融入企业运营中的重要性。只有做到身体力行投入执行，才能做到对企业、对员工，以及对内外的环境能有全面了解。同时，这样的了解也并非能被其他人代行，因为对于企业这样的组织来说，必须有领导者的带领，才能真正打造出优秀的执行文化，并帮助领导者更好地带领企业。

一、什么是领导干部行为准则

企业领导干部行为准则是一份规范和指导企业高层管理人员行为的文件或准则。它旨在确保企业领导干部在履行职责、决策和管理过程中遵循一定的道德、行为准则和价值观。企业领导干部行为准则是确保高层管理人员在决策和管理过程中具备良好的道德品质、高尚的职业操守，以及对组织和利益相关者负责任的态度。通过遵循这些准则，企业可以建立公正、透明和可持续的经营环境，树立企业形象，增强员工和社会的信任，推动企业的长期发展。

二、领导干部行为准则主要内容有哪些？

领导干部行为准则主要有遵守法律法规、保持廉洁和诚信、履行职责和义务、公平公正和平等待人、保护企业利益和机密、诚实透明和信息披露、建立良好的工作环境等内容。

领导干部必须严格遵守国家的各项法律法规，确保所有决策和行动都在法律框架内进行，包括劳动法、合同法、反垄断法、环境保护法规等内容。领导干部是企业的主要决策者，他们依法行事不仅是保护自身和企业，也是维护社会秩序和公共利益的责任体现。

廉洁是领导干部的基本操守，意味着拒绝任何形式的贿赂和不当利益交换。诚信则要求在工作和个人生活中都保持诚实无欺的态度，做到言行一致、承诺必践。廉洁诚信的行为有助于树立良好的个人品牌和企业声誉，赢得同事、客户和社会的信任。

领导干部同时还应明确自身的岗位职责，并以高度的责任感认真履行每一项任务。这不仅仅是完成日常工作，还包括积极参与战略规划、风险管理、危机处理等相关工作。最为重要的是领导要担起对下属指导、培养和发展方面的责任，帮助他们成长并实现职业目标。

在对待员工、合作伙伴及竞争对手时，领导干部要做到公平公正，不偏袒任何一方。这意味着在评估绩效、分配资源、晋升机会等方面要依据客观标准来决定，而不是基于私人关系或其他非正式因素。同时也要尊重每个人的独特价值，营造出包容和谐的工作环境。

保护企业的合法权益不受侵害是领导干部的重要使命之一。这涉及了解并遵循商业秘密保护制度，防止敏感信息泄露给外部第三方；积极防范知识产权侵权行为；采取措施避免内部舞弊事件的发生。对于掌握的关键技术资料、财务数据等机密信息，更需特别小心保管。

在与股东、投资者、监管机构以及其他利益相关者沟通时，领导干部应当提供真实准确的信息，确保报告内容没有虚假记载、误导性陈述或重大遗漏。对于社会来说，透明度高的信息披露可以增强外界对企业管理的信心，也便于及时发现问题，并作出相应调整。

每个领导者还有一项不可推卸的责任就是创建一个健康、安全且充满活力的工作场所，他们通过制定合理的规章制度、改善办公设施条件、促进团队成员间的交流互动等方式，可以有效提升员工满意度和工作效率。另外，关注员工的心理健康同样重要，鼓励开放式的对话渠道，让每个人都能感受到被重视和支持。

三、萃取《领导干部行为准则》的"五项准则"

（一）必须真正了解企业和员工

领导者必须对自己的企业进行全面了解和体验。作为高层，有些领导更习惯于通过下属的报告来获得一些信息，而这些信息则必然是间接的——经过了下属个人的看法过滤。即使没有被有意过滤，领导者自己也会因为其工作重点、个人倾向等因素而影响对信息的看法。在这种情况下，领导者就难以真正投入对企业战略规划的思考、制定和实施上，也就难以从整体上做到全面而综合地认识企业。同样，他的下属们也就对这些领导者做不到真正了解。

作为一名企业领导者，必须采取适合的方式去参与到实际的企业运营中，而不能采取可有可无的态度看待企业的一线工作。员工更会因此而确认领导者对其工作表示的关注。相信大部分员工喜欢的还是重视自己的老板，因为对企业和对员工主动进行了解，也是领导者对员工表示欣赏的一种方式。

（二）坚持将事实作为领导依据

尊重事实是领导力作用的核心。然而，在许多企业，员工们总是或多或少地掩盖或者逃避事实。这是因为尊重事实的态度，很可能让组织面对的现实让人难以接受。而员工为了避免这样的情况出现，就拖延时间或者对错误进行掩盖来应对。如果企业领导者没有表现出对事实的尊重，就会纵容员工的这种习惯，这样，员工们就会希望谈论好消息，没有人想要成为不幸者。

实际上，不少领导者自己都忽视了事实的重要性。企业领导者必须保证自己在运用领导力的时候，能够始终坚持实事求是的工作态度，同时将这种工作态度变成基础，推广到整个组织中。

（三）必须坚持奖惩分明的原则

如果领导者希望员工能够及时完成具体任务，就有必要对员工进行应有的奖惩。这一准则看起来是常识，但很多企业的领导者并没有发现这一点。与之相反，在他们的领导下，有所贡献的员工并没有得到应有的奖励，不管是实际收入还是股票期权的分配，都没有体现出奖惩分明的特点。

想要让领导力真正产生效果，必须懂得奖惩分明的重要性，并且确保这样的原则通过领导者的行为传递到整个企业上下层。这样，企业才能拥有良好的执行文化，而领导力才有可能发挥的空间。

（四）必须善于培训员工

作为企业的领导者，要善于培训员工，提升整个团队的能力，因此，对员工进行及时指导是优秀领导者避免成为单纯发令者的关键，通过这样的方法，能够循循善诱地提高下属的能力，把握好改变他们综合素质的机会。

在工作中，企业领导干部要仔细观察员工的行为，综合评价其行为带来的收益或影响。要向员工提供具体的、有益的反馈，而在进行指导的同时，应该先指出对方工作中的不足，再给出具体的例子，或者进行示范，借此让员工明确哪些工作表现是正面积极的，哪些工作表现是需要进行改进的。在工作中还可以采用小组讨论的方式，尤其是企业或者部门中进行业务或组织研讨的时候，领导者可以提醒大家找到学习的机会，并通过带领员工对问题进行分析，从而积极探求解决方案，并做出能够让绝大多数员工都可以接受的决策。

（五）必须了解自己的岗位与能力

企业组织的领导者要有充分的自知之明，对于提升领导力尤为如此。如果领导者没有正确的情感态度、自我评价能力，也就谈不上去真诚地面对自己，更不会客观地看待企业、组织和事业的现实。正确的情感认识来自对自我发现和自我超越的能力。

领导者应该具有下面四个情感强度特质：一是真诚，能够做到言行一致、表里如一；二是客观评价自我，知道自己行为上的不足、情感上的缺陷，从而采取正确方法来克服这些不足；三是自我超越，能够克服自身缺点，并对自身行为负责，当领导者拥有这样成熟的力量后，就能够伴随环境变化并超越自身的缺点；四是谦虚，领导者对自己的认识越是清楚，就越是能够采取积极务实的态度来解决问题。

企业领导者的行为是他们在自身工作过程中的一切所作所为的整体，是他们在不同情境、不同任务需要的不同态度的综合表现。但这样的行为并非短时间内就会结束，更非只是和领导者个人有关，而是会最终变成影响企业现状的行为。因此，从某种意义上来说，调整好并坚持领导者个人行为的准则，对于整个企业文化的建设都是大有裨益的。

第六节　如何萃取员工行为规范

行为规范是企业文化的重要支撑和保证，行为规范的执行力却是其灵魂，强调行为规范就是要突出建设行为规范执行力，以达到整体提高员工素质，使其能够为企业文化真正地保驾护航。

一、什么是员工行为规范

员工行为规范是指企业员工应该具有的共同的行为特点和工作准则，它带有明显的导向性和约束性，通过倡导和推行，在员工中形成自觉意识，起到规范员工的言行举止和工作习惯的效果。

二、制订《员工行为规范》的重要价值

制订《员工行为规范》对企业具有重要的意义和价值，它能够指导员工行为、建立统一文化、维护企业声誉和信誉、提升组织效率和稳定性、促进公平和公正，并确保员工遵守法律和法规。

（一）指导员工行为

员工行为规范为员工提供了明确的行为准则和行为期望。它们定义了组织对员工行为的期望和标准，并澄清了不可接受的行为。这有助于指导员工

在工作中表现出符合组织价值观和道德标准的行为。

（二）建立统一文化

员工行为规范有助于建立和塑造组织的文化。通过明确和传达共同的价值观和行为准则，规范可以帮助形成积极、合作和高效的工作环境。这有助于加强团队合作、增进员工之间的互信，形成共同的工作态度和行为方式。

（三）维护企业声誉和信誉

员工行为规范可以帮助保护企业的声誉和信誉。当员工按照规范要求行事时，可以避免潜在的违法行为或不道德行为，从而减少组织面临的法律风险和声誉损失。规范也可以提高客户、供应商和其他利益相关者对企业的信任度。

（四）提升组织效率和稳定性

规范有助于提升组织的效率和稳定性。当员工清楚地知道他们所期望的行为，他们可以更好地履行职责并遵守内部和外部规则。这有助于减少冲突，提高工作效率，增强组织的稳定性和可持续发展能力。

（五）促进公平和公正

员工行为规范可以确保在组织内部建立公平和公正的环境。规范中应当包含反歧视、平等机会和尊重多样性的原则，以确保所有员工受到公平和平等地对待。这有助于营造一个公正的工作氛围，增强员工的满意度和忠诚度。

（六）确保员工遵守法律和法规

员工行为规范可以帮助组织确保员工遵守适用的法律法规和行业标准。规范中包括合规要求，确保组织及其员工遵守法律义务，并避免违反法律规定所带来的潜在风险。制定企业《员工行为规范》，企业可以形成积极的工作环境，增强员工满意度和忠诚度，为组织的可持续发展打下坚实的基础。

三、员工行为规范萃取的主要内容

（一）仪容仪表

仪容仪表指对员工个人和群体外在形象方面的要求，它可再具体分为服装、发型、化妆、配件等几个方面。仪容仪表构成了企业员工行为规范的基础部分。新员工在企业的成长过程是从外在形式上的"形似"逐步向内在品质的"神似"转变的过程。最终要将一名新员工培养成企业团队的一员，最基础且最容易实现的要求就是仪容仪表的规范化。

一般来讲，出于安全考虑，企业需遵循法规政策，为员工提供必要的劳动保护措施，确保工作环境的安全性。

此外，不同行业对质量的严格要求也体现在员工的仪容仪表上。例如，在制药、食品加工和餐饮等行业，为了维护卫生标准，员工必须穿着工作服并佩戴卫生口罩；而在微电子和精密仪器制造等领域，为了保证产品的高精度，对工作环境及着装有着更为严格的规定，以防止任何可能影响产品质量的因素。

仪容仪表对于塑造企业形象至关重要。每位员工都是企业对外展示的窗口，而第一印象往往来自他们的外在表现。统一规范的仪容仪表有助于树立独特的企业形象，增强客户的信任感，并提升企业的整体凝聚力。通过这些具体措施，企业不仅能够展现其专业性和责任感，还能促进内部文化的形成和发展。

（二）岗位纪律

岗位纪律一般是员工个体在工作中必须遵守的一些共性的要求，其目的是保证每个工作岗位的正常运转。岗位纪律一般包括以下几个方面。

一是作息制度。一般企业都要求员工不得迟到、早退和中途早退，这是企业最基本的纪律。有的企业作风涣散，往往就是没有严格的作息制度，或不能严格执行作息制度造成的。

二是请销假制度。这是根据国家规定，对病假、事假、旷工等进行区分，并就请假、销假做出规定，以及对法定节假日的说明。如果缺乏这些要求，可能导致个别员工钻空子而影响整个企业制度的严肃性。

三是保密制度。每个企业都有属于自己的技术、工艺、商业、人事、财务等方面的企业秘密，保守这些企业秘密是企业的一项重要纪律，绝大多数企业都对此有严格的规定。此外，在一些高新技术企业，还对知识产权保护作出了具体规定。

四是工作状态要求。这是对员工在岗位工作中的规定，除肯定的提法"工作认真""以良好精神状态投入工作"等之外，一般用"不准""严禁"的否定形式来进行具体要求，如"不准聊天""不准看与工作无关的书报杂志""不准用计算机玩游戏""不准打私人电话"。

五是特殊纪律。这是根据企业特殊情况制定的有关纪律。例如，某家企业率先在员工行为规范里写入"工作日中午严禁喝酒"的规定。纪律是胜利的保证，严格合理的工作纪律是企业在严酷的市场竞争中不断取胜、发展壮大的根本保证。

（三）工作程序

工作程序是对员工与他人协调工作的程序性的行为规定，包括与上级、同事和下属的协同和配合的具体要求。工作程序是把一个个独立的工作岗位进行关系整合、使企业成为和谐团结的统一体，保证企业内部高效有序地运转。工作程序一般包括以下内容。

1. 接受上级命令。做一名合格的员工，首先应从正确接受上级指令开始，如果不能正确领会上级意图，就无法很好地加以执行。

2. 执行上级命令。主要是要求员工迅速、准确、高效地加以执行，发现问题或出现困难时积极应对，执行结束后以口头或书面向上级复命，这些要求都不是可有可无的。

3. 独立工作。对员工独立承担的工作（包括岗位日常工作程序、出差等），一般要作出"按企业有关制度"进行或其他程序性的规定，以保证每一名员工的工作都能够成为企业总体工作的有机组成部分，为总体的成绩作出贡献。

4. 召集和参加会议。企业内部的会议是沟通信息、协调利益、取得一致意见的重要形式，是企业工作的一个有机组成部分。对于召集会议，事先通知、明确议题是非常重要的；对于参加会议来说，做好准备、按时出席、不随便请假等规定也是最基本的要求。

5. 和同事配合工作。企业许多工作都需要不同岗位的多名员工配合完成，对这方面也应提出一些具体要求，以保证在共同工作中各司其职、各显其能，发挥"1+1>2"的作用。

6. 尊重与沟通。尊重是凝聚力的基础，沟通是凝聚力的保证，有许多企业工作中出现的矛盾和冲突，主要是尊重和沟通方面存在问题。这方面的要求是建立高效有序工作秩序的基本保证，特别是在一些科技含量较高的企业，更应强调尊重与沟通的必要性。

7. 报告的要求。书面或口头报告有关情况是企业信息沟通、正常运转的重要途径，有些企业也因此把怎样进行报告以规范的形式加以明确。

（四）待人接物

现代企业越来越多地受外部环境的影响，企业对外交往活动的频率、形式和内容都因此有较大的增加，对员工待人接物方面的规范性要求不仅是塑造企业形象的需要，而且也是培养高素质员工的必要途径之一。待人接物规范涉及的内容比较复杂，主要包括基本礼节、礼貌用语、电话礼仪、接待客人、登门拜访等方面。

1. 基本礼节。待人接物的基本礼节包括坐、立、行的姿态及表情、手势、握手、秩序等。于细微处见精神，员工在这些细节方面是否得体将在很大程度上影响外界对企业的看法。

2. 礼貌用语。文明首先是语言文明。语言美是待人接物最起码的要求。在一个文明的企业里，"您""请""谢谢""对不起""没关系"等应该成为员工最习惯的用语，而脏话、粗话应该是被禁止使用的；在一些正式场合，口头禅、俗语等也应被禁用。

3. 电话礼仪。电话是现代企业与外部交往的一个重要渠道和形象展示的窗口，电话礼仪因此成为员工待人接物需要十分注意的一个方面。

4. 接待客人。这里的客人包括客户、关系单位人员、一般来访者，尽管其来意不同、对企业的重要性不同，但接待的要求却应该是一致的，首先是要热情、礼貌。一些企业还根据实际，作出了许多更具体的规定。

5. 登门拜访。企业为了推销产品、售后服务、争取资源、协调关系，就需要登门拜访。登门拜访的对象可能涉及用户、潜在用户和政府、社区等重要关系者，是待人接物的重点之一。登门拜访，第一是要提前预约，避免成为不速之客；第二是要做充分的准备，以保证在有限的时间内达到拜访的目的。根据不同目的，企业可以对此有相应的规定。

（五）环卫与安全

企业在环境保护方面对员工提出一定的要求，不仅有利于营造和维护企业的良好生产、生活环境，而且对于塑造良好的企业视觉形象有直接帮助。保护环境规范主要有办公室、车间、商店、企业公共场所方面的清洁卫生及保护水源、大气、绿化等要求，需要根据企业的实际需要而定。

（六）素质与修养

提高员工的技术水平、工作能力和全面素质是企业的重要目标之一。企业除了采取短训班、培训班、研修班、讲座、进修等措施，建立必要的培训制度之外，还必须激发广大员工内在的学习提高的积极性。因此，许多有远见的企业在员工提高自身素质与修养方面做了相应的规定，并将其纳入员工行为规范之中。

四、员工行为规范萃取的"七条法则"

制定员工行为规范的方法可以根据组织的特定需求和目标进行调整，为此，我们在大量的企业文化咨询的基础上，提出了员工行为规范萃取的"七条法则"。

（一）领导层参与法

领导层参与企业员工行为规范的萃取与制订，能确保其符合组织的价值观和战略目标。

领导层参与能提供指导和方向，领导层应明确组织的核心价值观和期望的行为标准，并提供对员工行为规范制定的指导和方向；领导层可以与人力资源或相关团队合作，共同策划员工行为规范的制定计划。领导层可以积极参与制定过程中的讨论和决策环节，就关键问题提出建议和观点，并与其他参与者进行交流和合作。领导层可以负责向全体员工传达制定员工行为规范的重要信息和原因，以增加员工的理解和认同，促进规范的有效实施。领导层应该树立良好的行为榜样，积极践行员工行为规范，并通过自身的行动来展示对规范的重视和承诺。领导层需要定期审查和评估员工行为规范的实施情况，对关键问题进行监督，并及时作出必要的调整和改进。

（二）员工参与法

鼓励员工参与规范制定过程，使其拥有发言权和所有权感，提高员工对规范的认同度，对企业的认同感，对企业文化的理解与深化。

企业可以设立专门的工作组或委员会，由员工代表参与其中，选派一些员工参与到《企业员工行为规范》制定中来，就员工行为规范的制定进行讨论、提出建议和反馈意见。企业还可以开展问卷调查、面谈或小组讨论等形式的调研活动，征集员工对员工行为规范的看法、期望和建议。通过问卷调查表的填写，企业邮箱的意见的回复，或者有的企业BBS等以论坛的形式让大家广泛讨论。

当制定完成后，企业可以组织研讨会议或座谈会，邀请员工分享自己对行为规范的认识和理解，以达成共识并推动规范的制定。员工可以就他们所面临的具体情境和挑战，提供实际案例和建议，帮助制定行为规范更贴合实际需求。《员工行为规范》通过领导审核后，职工大会通过后可以颁发实施。

（三）学习法

企业工作人员在制定《员工行为规范》时，还要深入学习该行业或地域的法律法规，以确保员工行为规范符合法律要求。当行为规范中规定的条件与劳动法不符时，应当以劳动法为准。如果雇主的规定违反劳动法，劳动者有权拒绝履行该规定，并要求雇主作出合法规定。

（四）调研借鉴法

研究同行业或类似组织的最佳实践，借鉴其成功经验，并将其与自身组织的文化和价值观结合起来。

企业可以选择与自己组织类似或同行业的企业，了解它们的员工行为规范以及与之相关的政策和实践。这可以通过查阅它们的官方网站、年度报告或其他公开资料来进行。企业还可以通过行业会议、研讨会或商业网络等平台，与其他企业的代表进行交流和互动，了解他们在员工行为规范上的经验和做法。在借鉴其他企业调研结果的基础上，将其与自身组织的特点和需求进行对比，进行评估和修订。确保最终制定的员工行为规范符合自身组织的文化、价值观和战略目标。

一些企业还通过聘请专业的咨询公司或专家来进行调研，并提供关于员工行为规范制定的最佳实践和建议。他们通常拥有丰富的经验和知识，能够为本企业提供有价值的指导。

（五）明确指定法

一些企业老板或者领导层希望员工达到企业发展所期望的行为和标准，便提出忠孝父母、诚信做人、微笑服务等具体的行为规范，或者企业确定组织的核心价值观，这些核心价值观将指导员工行为，并成为制定员工行为规范的基础。

比如，京东的员工行为准则包括了职业操守，强调员工应遵守职业道德，保密商业机密，不利用职务之便谋取私利。强调员工应以客户为中心，提供优质服务、尊重客户、耐心倾听客户需求，为客户提供满意的解决方案。以鼓励员工积极参与团队活动，主动与同事沟通协作，共同完成工作目标。倡导员工要持续学习新知识、新技能，提高自身综合素质，为企业可持续发展贡献力量。倡导员工要关注自身身心健康，积极参加企业组织的各类文化活动，保持良好的工作状态。

（六）教育培训法

企业通过培训和教育活动，向员工传达行为规范的内容和重要性，并提供实际案例和指导，以帮助他们理解并遵守规范。

培训前，企业根据员工行为规范的内容和目标，制定一份详细的培训计划。确保培训计划包含必要的课程内容、培训形式、时间安排等。根据员工行为规范的性质和组织的需求，选择适当的培训方法，比如，面对面培训、在线培训、研讨会、模拟演练等多种形式的培训。

培训时，企业要确保培训过程中充分强调员工行为规范所倡导的核心观点。通过具体的案例和场景，向员工展示规范中各项行为的正确实施方式。通过真实案例的分享，增加员工对规范的认同感，并帮助他们更好地理解规范的重要性。在培训中鼓励员工进行互动和讨论，通过小组讨论、角色扮演等方式，让员工能够积极参与，并分享对规范的理解和看法。

在培训结束后，企业进行相应的测评，以评估员工对员工行为规范的理解和掌握程度。这可以包括问卷调查、测试或实际情境评估等形式。强调持续学习的重要性。提供相关资源和学习渠道，鼓励员工自主学习和不断提升对规范的理解和应用能力。及时给予员工关于他们对规范的理解和应用的反馈。通过一对一辅导、定期回顾等方式，帮助员工克服困难并更好地应用规范。

（七）监督反馈法

企业建立有效的监督和反馈机制，例如定期审查员工行为、进行绩效评估和提供正向激励措施，以确保员工遵守规范。

企业在制定《员工行为规范》后，可以确定一些关键的评估指标，以衡量员工行为规范的实施情况。这些指标应该与规范中设定的目标和要求相对应，并能够测量员工遵守规范的程度。定期收集员工行为的相关数据和信息。这可以包括匿名员工调查、投诉举报记录、违规事件的统计等。通过收集这些数据和信息，可以得出一些定量和定性的结论，反映员工行为规范的实施情况。

企业萃取和制定了企业员工行为规范后，还要通过监督、巡视、随机抽样等方式进行定期评估，根据评估结果，给予员工个别或团体的反馈，对于遵守规范的员工进行肯定和奖励，对于违反规范的行为采取适当的纠正措施，以促进员工的行为改善。

此外，根据前期的实施过程以及实施效果的评价，对《员工行为规范》进行重新修订，确保规范能够与组织的发展和变化相适应，并准确反映现实情况和需求。

第七节　如何编制企业文化手册

企业文化手册是企业文化理念的载体，它承载和体现了企业的经营思想，是企业员工的行为纲领，是统领各项工作的基本准则。企业文化理念形成之后，分门别类，提纲划目，编印成书，这个"书"就是企业文化手册，一本浓缩概括企业文化理念的小册子。

《企业文化手册》作为企业的宝贵文化资产，对于新入职和现有员工而言，都是至关重要的学习资源。通过深入学习和理解手册中的每一项要求，员工能够全面掌握企业的发展历程、基本管理制度，并在日常工作中践行其核心价值理念，不仅有助于增强员工的归属感和自豪感，还能提升他们自觉遵守规章制度的意识，促进全体员工共同追求和谐发展的目标。

一、什么是企业文化手册

《企业文化手册》是企业文化塑造和设计的最终成果，是企业经营者的心血和智慧的结晶，凝结着复杂而又艰辛的创造性劳动，是企业创造的宝贵文化财富。提炼和编制企业文化手册，就是将潜在的文化进行文字化、系统化。企业文化的"行动化"是最为艰巨和重要的，但一个好的文本却是前提。它将在以后相当长的时间里，指导企业的文化实施活动，推动企业的发展。而企业的不断发展也为企业文化手册提供源源不断的文化素材。

二、企业文化手册的结构

（一）序言概论部分

这一部分主要阐述企业的发展历程、当前的发展态势、今后的发展规划、企业文化的重要意义。概论内容可以用前言、序言、概论或企业简介、企业荣誉、企业发展史等形式予以介绍。

（二）文化阐述部分

这一部分主要阐述独具特色的企业文化实质、企业文化层次或内容、企业文化特征、企业文化宗旨、企业文化定位、企业文化载体、企业文化模型、企业文化宣言、企业文化总纲、企业文化建设指导思想等内容。

（三）主体部分

这一部分主要刊载已经整合审定了的企业理念识别系统、企业行为识别系统、企业形象识别系统。比如，企业愿景、企业使命、企业精神、核心价值观、各类管理理念、各类经营理念、企业格言、企业VI系统、企业形象语、员工行为规范等。

（四）案例部分

这一部分主要是编写能够体现企业文化理念的正反方面的案例，一般以正面案例为主。案例之后，可以附加案例启示或意义。

（五）附则部分

这一部分主要刊载说明性条款，如执行时间、解释权、手册修订等。可以用后记或后跋的形式予以介绍。有的手册在最后，还附有"签收回执""回执"说明："我本人已学习理解本手册的全部内容，并严格遵守。"最后是持有手册的员工签名，以显手册的严肃性。

三、企业文化手册的主要类型

企业文化手册应当编入哪些内容，对此并无严格规定，企业可视自己特色和自身需求加以确定。国际上各企业的文化表达也没有统一的模式、范畴和文本表述，而是体现出了多样性和个性化。常见的企业文化手册的两种编制类型："百科全书"式与"红宝书"式的企业文化手册。

（一）"百科全书"式的企业文化手册

"百科全书"式企业文化手册包含序言或领导致辞、企业发展历史、光荣传统、获得荣誉、文化理念、基本通用类管理制度及行为规范、企业视觉识别、企业箴言，以及企业文化故事等。

如《华为企业文化手册》，介绍了华为公司的经营项目，以及辉煌的发展业绩，介绍了华为公司的决策方式，以及华为公司的目标"发展、振兴民族通信是华为的事业"。《华为企业文化手册》大量的内容是"员工守则"和"华为公司人事管理制度"，占了7000多字。管理制度规定得很详细，包括打卡出勤、休假待遇、请假审批、薪资规定、加班要求、出差、培训、调职调动、考核办法、奖惩细则等。

（二）"红宝书"式的企业文化手册

主要集中体现企业的精神层文化，并根据企业的个性需求增加其他内容，印成小册子，方便传播与学习。

四、编制企业文化手册

（一）策划名称

企业文化手册的名称非常重要。一个好的名称应该能够准确地传达企业的核心价值，并且吸引员工的关注。此外，企业文化手册的名称还可以作为一个有用的工具，帮助员工更好地了解企业的文化和价值观，从而更好地融入企业并发挥自己的优势。因此，在选择企业文化手册的名称时，企业应该认真考虑，并确保名称能够准确反映企业的核心价值观，同时易于理解和记忆。

"企业文化手册"可以作为书名的副题，除副题外再取一个贴切个性的书名正题。比如《我是海尔，我微笑》，把海尔"真诚到永远"体现出来，这就要求，作为一名海尔人，有责任有义务微笑着面对工作、微笑着面对用户、微笑着面对每一天！把微笑当作金科玉律每天奉行不悖。鼓励员工作为海尔人，就代表海尔：我的每一言代表海尔；我的每一行代表海尔；我的微笑代表海尔；我的服务代表海尔；我是海尔，我微笑！

海尔提倡"微笑对用户"，但是不能简单地把"微笑"作为一种策略，而应该成为每个员工的信念，用真心真诚的微笑来真正打动顾客。

（二）确定架构

写书之前，先要确定整本书的架构，全书分为几篇几章几节？每一个篇章之间要有机相连，使全书成为一个整体。书的架构确定之后，往里加内容就可以了。

（三）选择图片

一部优秀的企业文化手册不仅内容丰富，而且图文并茂，能极大地提升阅读体验和审美感受。手册中穿插的图片可以是生动的插图，也可以是展示企业风貌、员工活动或企业文化建设的真实照片，每张图片都配上简明扼要的说明文字，帮助读者更好地理解其背后的故事和意义。这些视觉元素与文字相得益彰，使得手册不再局限于枯燥的文字描述，而是成为一本既具有教育意义又富有吸引力的读物。

（四）采写案例

企业文化手册添加案例，增加可读性，案例也是对企业文化理念的生动诠释，效果更好。案例要贴近理念，符合章节要求，言简意赅。主题确定后，可以在全公司范围内发起案例征集活动，鼓励所有员工分享他们亲身经历或见证过的符合企业文化的事件，以此提高员工对文化建设的参与度和认同感。收集到的故事经过筛选和整理，挑选出最具代表性和启发性的案例，言简意赅地融入手册相应章节中，既可以作为独立的小节插入正文之间，也可以作为侧边栏呈现，确保与文本内容自然衔接，共同强化同一主题思想。不仅能帮助员工更好地理解和内化企业的核心价值观，还能激发他们的共鸣，使企业文化手册成为一份既具有教育意义又富有趣味的重要工具，共同构建积极向上的企业文化氛围。同时，后续还要加入新的案例以反映最新的企业成就和个人贡献，保证手册始终充满活力并与时俱进。

（五）前序后跋

前序可以由手册的主编来写，企业高层领导或外部知名人士撰写。后跋又叫后记，简介一下手册的创作历程。

以上只是一种常见的企业文化手册内容及撰写程序，具体还要根据企业现状、需求、特点来确定。但不管什么样的内容，不管什么样的撰写流程，企业文化手册定位是不变的，那就是企业文化手册是企业内部的一面旗帜，企业外部的一扇窗口。

第三章

CHAPTER 3

组织觉醒：8步构建企业文化生态体系

传播工程

企业文化的关键在于"落地生根"。无法"落地"的企业文化只能是空中楼阁。为了更好地让企业文化能够深入人心并指导日常行为，必须通过有效的传播策略将抽象的理念转化为具体的认知和行动。企业文化的有效传播是其生命力的关键所在，它不仅是理念的简单传达，更是促使这些理念在安全生产、经营管理等各个环节中生根发芽的过程。

第一节　企业文化传播工程概念

企业文化传播工程就是统筹推进企业文化传播的系列工作。通过企业文化的传播，借助多样化的工具和渠道，有目的性和系统性地展示企业所倡导的价值观与精神风貌，可以使企业的核心价值观更加贴近员工的工作实践，增强团队凝聚力，同时也向外界展示企业的独特形象和承诺，进而对企业成长产生积极影响。

一、什么是企业文化传播工程

企业文化传播工程是指通过统筹推进企业文化传播工作，大力宣传建设和弘扬统一的企业文化的重要意义，在全公司积极营造讲诚信、讲责任、讲创新、讲奉献的良好氛围，使统一的企业文化深入人心，进一步巩固全体员工团结奋斗的共同思想基础和价值观纽带。它需要做好关键理念宣导、典型塑造和示范带动的工作。

二、企业文化传播工程的对象

（一）对内传播对象

企业文化的对内传播实质上是面向内部员工和管理层开展的文化建设活动，包括培训、教育、宣传等多形式的交流与传播。这种内部传播不仅有助于塑造和巩固企业文化，还承载着传承与弘扬企业价值观的重要使命，进而激发员工的积极性和创造力。企业文化的构建、形成和积淀均与有效的内部传播紧密相连。通过系统化的内部传播机制，可以确保新老员工都能深刻理解并认同企业的核心理念，促进这些理念在日常工作中的实践。此外，良好的内部传播还能强化团队精神，提升组织效能，使企业文化成为推动企业持续发展的内在动力。

（二）对外传播对象

企业文化的对外传播是通过外在平台，外在媒介传达企业文化，展示企业文化和价值观，可以在公众心中树立起正面的形象，进而推动企业的长远发展。从而让外界更深入地了解企业的使命、愿景和核心价值，从而建立信任和好感，增添企业的美誉度。

三、企业文化传播工程的通道

（一）对内传播的五个通道

1. 无形通道

企业文化传播中的无形通道通常指的是通过非正式的、非官方的途径传递企业文化的方式。这些途径可能不是明确规定的，而是通过员工之间的互动、组织的氛围、工作环境等隐性因素来传达和塑造企业文化。

2. 有形通道

在企业文化传播工程中，有形通道扮演着至关重要的角色，它们通过具体的物质形式，将企业文化深刻地嵌入到组织的生活和工作中。这些有形通道既包括可见的，也包括可触摸的元素，通过这些元素，企业能够生动地展示其核心价值观、使命和愿景。

在企业内部，文化用语、标语、口号被巧妙地嵌入各种物理载体中，如墙上的艺术作品、装饰性标牌、员工工作区的设计等。

企业精心制作的宣传物料，如海报、小册子和文化手册，以图文并茂的形式生动地展示了企业文化的精髓。

员工礼品和奖励的文化设计方面。企业通过将文化元素融入员工礼品和奖励中，使员工在获得物质奖励的同时，也能感受到企业文化的温暖与认可。

在办公环境的设计中，企业巧妙地融入了文化元素。无论是墙上的艺术品、办公家具的设计,还是整个建筑的外观,都体现了企业的文化特色。

企业活动和庆典的文化表达,通过举办各类企业活动和庆典,企业不仅加深了员工对文化的理解,还向外界展现了企业独特的文化风貌。

在这些有形通道的共同作用下,企业文化得以在员工和外部观察者之间广泛传播并引起共鸣。这种文化传播方式既深刻又生动,使企业文化真正成为组织生活的一部分,企业在构建独特文化的同时,也为员工提供了更加丰富和有意义的工作体验。

3. 主要通道

企业文化传播工程是企业为了塑造独特的价值观和行为规范而采取的一系列策略和方法。在这一过程中,企业管理者及其对下属的要求、个人行为以及作风等因素扮演着至关重要的角色。

企业管理者是企业文化的引领者,其言行举止直接影响着员工对企业文化的理解和认同。管理者应通过身体力行,将企业价值观融入日常工作中。他们的言辞、决策和行为应与企业文化保持一致,以树立榜样,引导员工积极参与文化传播。

企业管理者通过对下属的期望和要求传递企业文化的核心价值观。明确的目标、期望和要求可以激发员工的积极性,促使他们更好地融入企业文化。

员工的个人行为和作风是企业文化传播的细胞单位。管理者需要通过激励和奖励制度,鼓励员工展现符合企业文化的积极个人行为,形成共同的价值共鸣。

通过这些通道,企业能够在组织内部建立一种共同的文化认同,提高员工对企业价值观的认同度,促进团队的凝聚力和创新力。因此,企业管理者在文化传播中的角色至关重要,需要以身作则,引领组织朝着文化目标迈进。

4. 重要通道

企业文化传播工程旨在通过多种手段和渠道塑造企业的核心价值观,其中一项至关重要的传播通道是企业举办的一系列活动、仪式、庆典等。这些活动不仅仅是组织内部信息的传递,更是一种对内传播的重要通道。

企业举办各类活动,如培训、团建、庆功等,能够在员工中营造积极向上的氛围。通过这些活动,员工更容易理解和接受企业的核心价值观。

企业举办的仪式和庆典往往具有象征性的意义，是对重要时刻或成就的正式认可和庆祝。这些仪式传达了企业对特定价值和贡献的重视，强化了员工对企业文化的认同感。

活动、仪式和庆典为员工提供了交流和互动的平台，促进了团队之间的沟通和合作。在这些场合，员工有机会分享彼此的经验、理解企业文化的不同方面，并形成共鸣。

企业举办的一系列活动、仪式、庆典等是企业文化传播工程中至关重要的通道之一。通过这些传播通道，企业得以在员工中建立共同的文化认同，促进团队合作和员工积极参与。活动的聚焦效应、仪式的象征意义，以及交流互动平台的提供，共同构成了一个有力的文化传播体系。

5. 保障通道

企业文化的建设是组织发展中的重要一环，而其传播工程中，保障通道的建立和实施则是确保文化价值深入扎根组织的关键环节。企业文化培训、考核，以及激励机制在构建这一保障通道中有着不可或缺的作用，这些措施不仅有助于确保员工理解、接受企业的核心价值观，更促使他们在日常工作中贯彻这些价值观。

有针对性的企业文化培训是构建保障通道的首要步骤。在培训中，不仅应强调企业的使命、愿景和核心价值观，还应深入剖析企业历史，使员工更好地理解文化的演变过程。培训内容的设计应该更加贴近实际工作，引导员工思考如何在具体岗位上体现企业的核心价值观。多样化的培训形式，如线上课程、工作坊等，不仅提高了培训的灵活性，也更好地满足了员工的不同学习需求。

将企业文化纳入绩效考核体系，是构建保障通道的关键一环。这种考核机制不仅仅注重员工个人目标的实现，更强调员工在实现目标的同时是否符合企业价值观。通过定期的文化考核，可以及时获取员工对文化的反馈信息。这种反馈的分析为企业提供了调整和改进文化传播策略的有力依据，以确保文化的实际体验与企业期望保持一致。

在激励机制的制定与实施中，需巧妙地结合企业文化。制定与文化相关的奖励机制，如表彰文化使者、设立文化奖项等，能够激励员工更积极地践行核心价值观。此外，为员工提供与文化一致的职业发展机会，不仅是一种激励，更是对员工对企业文化长期承诺的认可和回报。

企业文化培训、考核和激励机制的深化与差异化构成了企业文化传播工程中的关键保障通道。通过这些深入细化的措施，企业可以确保员工不仅对企业文化有全面深入地认识，而且在日常工作中能够积极地践行和传播这一文化。这种全面保障通道的优化有助于将企业文化融入组织的核心，为组织的可持续发展提供坚实的文化基石。在未来，企业还需不断创新和调整这些保障通道，以适应不断变化的组织环境。

（二）对外传播的通道

1. 企业文化的主动输出式传播

企业文化是组织独特的核心价值观、信仰和行为准则的体现，而其传播是组织内部凝聚力和外部形象建设的重要手段。在传播的方式中，主动输出式传播是一种积极主动、有组织策划的传播模式，对于塑造积极形象、强化文化认同至关重要。

企业文化的主动输出式传播是指企业有计划、有组织地主动向内外部传递自身的核心价值观、愿景和文化理念的过程。这种传播方式强调组织的积极主动性，通过各种媒体和渠道，有意识地向员工、客户、合作伙伴，以及社会公众传达企业所倡导的文化内涵。

主动输出式传播使企业能够在外部树立积极、向上的形象。通过向公众展示自身的核心价值观，企业能够赢得社会认可，建立良好的品牌形象。通过向员工传递企业的文化理念，激发其对企业的归属感，提高员工的凝聚力和忠诚度。对于合作伙伴和供应商，企业文化的主动输出式传播可以作为一种吸引合作伙伴的策略。共享企业的价值观和文化理念有助于建立互信，推动合作关系更为顺畅。

企业可以通过多种渠道实现主动输出式传播，包括企业网站、社交媒体、内部通讯、品牌活动等。这样的多渠道传播能够更全面地覆盖不同受众群体。利用故事叙述的方式，将企业文化融入故事情节中，更容易引起受众的共鸣。通过讲述企业的发展历程、成功案例等，深入展示文化内涵。将员工作为文化传播的参与者，鼓励他们成为文化的传播者。员工的亲身经历和分享可以更真实地展现企业文化的活力和影响力。

企业文化的主动输出式传播是一种积极主动、有组织策划的传播方式，对于组织内外的形象建设和文化认同的强化至关重要。通过多渠道传播、故事叙述和员工参与，企业能够更有效地传递核心价值观，实现在竞争激烈的商业环境中的长期可持续发展。这种传播模式不仅塑造了企业的积极形象，也为建设具有活力和凝聚力的企业文化奠定了基础。

苹果一直以其独特的设计和创新而著称，其企业文化也在产品推出和品牌宣传中得到体现。苹果通过产品发布会、广告宣传和公司网站等多种方式，主动输出其文化价值观，强调对创新、卓越和用户体验的执着追求。公司创始人史蒂夫·乔布斯在苹果的演讲和公开场合中反复强调公司的设计理念和对完美的追求，进一步树立苹果的企业形象。

2. 企业文化的示范传播

企业文化是组织内部共享的核心价值观和行为准则，对于企业的长期成功和员工的凝聚力至关重要。其中，示范传播作为一种强有力的传播方式，通过领导层的行为和实际做法，向员工传递和展示企业文化的核心价值。

企业文化的示范传播是指企业领导层通过个人言行和实际行动，向员工传递、演示和弘扬组织的核心价值观和文化特征。领导层作为组织文化的代表，通过个人示范，影响并引导整个组织的文化氛围和员工行为。

在示范传播中，领导层扮演着关键的角色。领导者通过积极的行为示范，传达出对公司价值观的信仰和承诺。这可能包括在决策中考虑文化因素、与员工建立真实关系、奖励符合文化价值观的行为等。领导者的实际行动是员工学习和模仿的榜样，从而促使整个组织内部文化的一致性和强化。

企业文化的示范传播对组织有着深远的实践意义。首先，它可以提高员工的文化认同感。当领导层通过实际行动展示企业价值观时，员工更容易理解和认同这些价值观，从而建立起对企业文化的深层次认同。其次，示范传播有助于凝聚团队。领导者的示范行为能够激发员工的团队合作精神，形成共同的文化氛围，提高整个组织的凝聚力。

亚马逊公司创始人杰夫·贝索斯通过其长期的领导方式，强调顾客至上、创新和长期思维等价值观。这种文化示范不仅影响了亚马逊内部的工作方式，也在外部树立了企业的独特形象，取得了商业上的成功。

企业文化的示范传播是一种高效且深具影响力的传播方式。领导者通过个人示范，成为企业文化的引领者，塑造了员工的价值观，提高了团队凝聚力，为企业的可持续发展奠定了坚实基础。因此，组织在建设和传播企业文化时，应重视领导层的示范作用，以实现文化的内外一致性。

第三章　传播工程

（三）企业文化的交流合作

企业文化的交流合作是指企业内部通过有效地沟通和协作，共同构建、传播和实践组织的文化价值观。在现代企业中，文化的交流合作不仅是团队协作的关键要素，也是塑造企业身份认同和促进创新的关键因素。

企业文化的交流合作是指员工之间、部门之间以及领导层与员工之间通过开放、积极地沟通，共同协作以形成、传播和强化企业的文化价值观。这种合作不仅仅是信息的传递，更是共享理念、合作创新的过程。在企业文化的交流合作中，沟通起到至关重要的作用。有效的沟通可以帮助员工理解和认同企业的核心价值观，促使团队内部形成一致的文化认同。透明、开放的沟通渠道有助于减少误解，提高员工对组织文化的共鸣。

团队协作是文化交流合作的核心。当团队成员能够共同合作，分享知识和经验，就能更好地传播并实践企业文化。团队的协作能够促使员工在工作中融入文化价值观，形成共同的工作习惯和态度。文化的交流合作也是企业创新的重要动力。在一个开放、包容的文化氛围中，员工更愿意分享新思想、提出创新性的建议。通过团队协作和积极的沟通，企业能够更灵活地适应市场变化，实现文化的不断创新。

在当今竞争激烈的商业环境中，企业文化的交流合作成为推动组织成功的不可或缺的因素之一。员工通过这样的交流活动更容易理解和共鸣企业的文化理念。

许多企业的成功经验告诉我们，注重员工之间的沟通合作、倡导开放的工作环境、强调团队文化的重要性，以及定期的团队会议等方式，可以为企业打造一个充满活力、促进创新的文化氛围。这些举措不仅有助于形成共同的文化认同，也为员工提供了更好的发展平台。其他企业可以从中汲取经验，将这些成功的文化元素融入自身组织中，推动企业文化的不断进步。

四、企业文化传播工程的方法

（一）做好统筹规划工作

企业文化传播活动不应仅仅是上级指示的简单传达，也不应只是一两次短暂的动员会议。企业文化要深入每个员工心中，就必须进行全面、合理、有效的规划设计，建立起一套有效的传播机制，确保传播的可持续性和连续性。具体来说，可以从以下几个方面入手：首先，明确传播目标，确保每一项活动都能围绕企业核心价值观展开；其次，制订详细的实施计划，包括时间表、责任人、预期效果等，确保每一步都有据可循；再次，建立评估体系，定期检查传播效果，及时调整策略，以提高传播效率。通过这样的统筹规划，不仅能够确保企业文化传播工作的科学性和实效性，还能为企业长远发展奠定坚实的文化基础。

（二）强化传播的时效性

为了确保信息的及时传达，企业应建立和完善一套高效的信息传递制度。具体措施包括：利用企业网站、内刊、宣传橱窗、板报等多种渠道，第一时间将企业文化、企业基本价值观、可持续发展战略、重大举措等信息传递给全体员工。这样不仅能确保信息的透明度，还能增强员工的参与感和支持度。此外，定期召开企业文化宣讲会、组织专题培训等活动，也是提高传播时效性的有效手段。通过这些措施，企业可以确保每一位员工都能及时了解最新动态，从而更好地融入企业文化和战略目标中。

（三）构建交流平台建设

企业内部信息交流平台的建设是企业文化传播的重要支撑。企业可以采取建立和完善内部通讯网络，如企业内部网、电子邮件系统、即时通信工具等，确保信息传递的快速和准确。此外，还可以定期发布内部刊物，如企业简报、文化杂志等，通过文字、图片等形式，生动展示企业文化成果和员工风采。通过这些措施，企业可以建立起一个高效、透明的信息交流平台，为企业文化传播提供强有力的支持。

（四）搭建文化传播载体

在企业文化传播的过程中，借助有形的载体和多样化的传播方式是实现"内化于心、外化于行"的关键路径。企业文化活动作为最直观且有效的传播工具之一，能够通过丰富多彩的形式，使员工在参与中自然地接受并认同企业的核心价值观。因此，企业可以通过定期组织形式多样的集体活动，如趣味运动会、文艺汇演、团队建设拓展等，来强化员工之间的联系与合作精神。这些活动不仅营造了轻松愉快的工作环境，还为员工提供了一个实践和体验企业文化的平台，促进了团队凝聚力和个人归属感的提升。

此外，物质文化载体的构建同样重要。例如，在企业打造具有象征意义的企业雕塑、规范展示企业标识的视觉元素、创建体现企业理念的公共空间等。这些看似细微的设计，实际上都在无声地传递着企业的使命和愿景，有助于加深员工对企业文化的认知和认同，促使他们将这些价值观转化为日常行为准则，最终形成一致的行为模式，推动企业文化深入人心，并体现在实际行动中。

（五）加强对员工的教育培训

员工是企业文化传播的直接参与者和受益者，因此，加强对员工的教育培训是企业文化传播的关键环节。企业可以通过开展员工素质提升工程，大力营造企业文化氛围，一方面通过培训向员工灌输企业的文化理念，另一方面通过员工向客户和社会传播企业文化。一方面定期举办企业文化培训班，邀请内外部专家进行授课，帮助员工深入了解企业文化的内涵和意义；组织专题讨论会，让员工在交流中碰撞思想火花，深化对企业文化的认识；另一方面，可以开展案例分析，通过真实案例的剖析，让员工看到企业文化在实际工作中的应用和价值。通过这些有针对性的培训，企业可以不断提升员工对企业文化的认知度，使每一位员工都能明确企业文化的内涵、构建企业文化的重要性以及个人与企业文化的关系，从而更好地将企业文化内化为自身的行动指南。

第二节　企业文化建设启动会设计

在现代商业社会中，企业文化被认为是组织成功的关键元素之一。企业文化建设启动会是一场标志性的活动，它标志着企业正式启动一项关键性的任务——打造独特而有力的企业文化。

一、什么是企业文化建设启动会

企业文化建设启动会通常是由企业高层领导和文化建设团队共同策划并组织的。在这个仪式性的活动中，领导层会向全体员工宣告公司致力于打造一种具有明确特色的企业文化，并呼吁员工积极参与文化建设的过程。在启动会上，企业领导往往会阐述企业的愿景和使命，明确企业文化的核心价值观。这不仅有助于员工理解企业的长远目标，也为文化建设提供了明确的方向。为了激励员工的积极参与，启动会可能会设立一些文化建设奖励机制。这可以表彰个人或团队在文化建设中的杰出贡献，从而激发更多员工的参与热情。

企业文化建设的核心在于制定并传达企业的核心价值观。启动会是一个宣示这些价值观的关键时刻，领导层通过演讲、案例分享等方式，将企业所重视的价值观传递给员工，引导大家共同遵循。为了鼓励员工积极参与文化建设，启动会通常包括互动环节。这可以是小组讨论、提问环节或团队活动，旨在激发员工对新文化的兴趣，并让他们感到自己在文化演进中的重要性。

在启动会上，领导层还会介绍未来的文化建设计划，包括具体的实施步骤、时间表和相关的培训活动。这有助于员工了解文化建设的整体蓝图，明确个人在这个过程中的角色和责任。通过启动会，企业领导能够强调企业文化对企业长远发展的重要性。这有助于在员工中树立文化的权威性，使其不仅看到文化建设的紧迫性，也理解它对企业的积极影响。

企业文化建设启动会是企业文化演进中的重要节点，通过这一活动，企业能够明确文化建设的方向、强调核心价值观、激发员工的参与热情，为构建积极向上的企业文化奠定坚实基础。这不仅是一次宣誓，更是为全员提供了参与和塑造企业文化的机会，为企业的可持续成功奠定了基石。

二、企业文化建设启动会的对象

在企业文化建设启动会中，将所有员工纳入参与的范围，是为了确保文化建设的全面性和深入性。这个跨层级和跨部门的参与不仅包括高层管理人员，也包括基层员工，涵盖了组织中不同层次和职能的成员。

通过邀请全员参与，企业营造了一个共同的参与平台，使每位员工都有机会深入了解企业文化的内涵和背后的核心价值观。这种开放的参与机制有助于打破层级隔阂，让每个员工都感到自己是文化建设过程中的重要一环。

在启动会中，不仅仅是传达企业文化的理念，更是通过互动和参与，激发员工的团队合作精神。通过团队活动、讨论和分享经验，员工之间的交流促使了更深层次的理解和认同。这种亲身参与的体验，使得企业文化不再是一纸文件，而是活生生地融入每个员工的工作和生活中。

这样的全员参与不仅有助于建立共同的文化认知，也为企业文化的共同塑造打下了坚实的基础。当每个员工都能在文化建设中找到自己的角色，并感受到组织对于文化的真诚关注时，共同的文化认同就会在整个组织中形成，为企业的长远发展提供有力的支持。

企业文化建设启动会的全员参与不仅仅是一次仪式，更是组织文化传承和发展的关键一环。通过全员的深度参与，企业能够在共同理念的指引下，激发员工的积极性和创造力，从而实现企业文化的共同传播和不断进化。

三、企业文化建设启动会设计方向

在设计启动会时，首要任务是明确目标与主题。确定企业期望达到的文化建设目标，并基于这些目标制定主题。主题应能够引导整个会议的氛围，使员工能够深入理解和共鸣企业文化的核心价值。

设计启动会要激发员工的兴趣和参与度，应注重参与式互动，通过团队建设、小组讨论、角色扮演等方式，让员工亲身体验企业文化的理念，促进他们对文化价值的深度认同。以讲故事的方式传达企业文化是一种生动而有力的手段。设计启动会时可以通过高效的故事讲述和真实的案例分享，将抽象的文化理念具体化，使员工更易于理解和接受。

此外，增强员工对文化的理解，可以邀请专业培训师或讲师进行相关讲座。这有助于提供理论知识支持，同时为员工提供实用工具和技能，以在实际工作中更好地践行企业文化。在设计启动会时，要考虑建立持续反馈机制。通过员工的反馈了解启动会的效果，并根据反馈结果进行及时地改进。

四、企业文化建设启动会的设计

随着企业发展的不断深入，文化建设成为塑造组织身份认同和员工凝聚力的重要途径。为了有效推动文化建设，企业文化建设启动会的设计显得尤为重要。进行文化建设启动会的设计需要从目标明确、参与性设计、故事叙述、多元化体验、技术创新、开放式讨论和反馈、团队协作、氛围营造、实用性培训以及持续跟进等方面开展。

明确目标和主题是文化建设启动会设计的基石。通过明确文化建设的目标，可以在设计中突出强调核心价值观，使员工更加理解和认同企业的文化理念。同时，确定主题能够为整个活动提供一个统一的框架，有助于员工更好地理解文化建设的重要性。

参与性设计是设计启动会时的关键考虑因素。引入互动元素，如小组讨论、角色扮演等，能够激发员工的积极参与，从而增加他们对企业文化的投入感。通过互动设计，员工能够更深入地了解和体验企业文化，而不仅仅是被动观看。

故事叙述在文化建设中扮演着承上启下的角色。通过真实的案例、成功故事或员工经历，企业可以将文化的内涵生动地呈现给员工。这种情感化的表达方式有助于建立员工与企业文化的情感连接，提高他们对文化的认同度。

多元化体验是考虑员工多样性的重要方面。在设计中要考虑到不同背景和职能的员工，采用多元化的元素，如多语言支持、文化展示、艺术表演等，以确保每位员工都能感受到被关爱和包容。

技术创新也是现代文化建设启动会设计的一个趋势。利用虚拟现实、在线互动平台等技术手段，可以创造更具创新性和吸引力的体验。这不仅能增加活动的趣味性，还能提升员工的参与度。开放式讨论和反馈是设计中需要特别关注的环节。

通过设立开放的讨论环节，让员工有机会表达他们对企业文化的看法，并提供渠道接收反馈和建议。这种开放的沟通氛围有助于促进员工与企业之间的互动。团队协作是文化建设中不可或缺的一环。氛围营造也是在设计中需要精心考虑的因素。通过运用音乐、视觉效果、氛围灯光等元素，可以营造出积极、温馨的活动氛围。一个良好的氛围有助于让员工更好地投入文化建设的氛围中。实用性培训也应当融入设计中，因此在设计的时候，要结合实际工作需求，将文化建设与实际技能培训相结合，使员工更容易将文化理念应用到实际工作中。建立一个持续跟进和反馈的机制，以确保文化建设不仅仅是一个独立的活动，而是一个持续演进的过程。

企业文化建设启动会的设计需要在多个方面兼顾，从目标明确到持续跟进，每个环节都扮演着推动文化建设的重要角色。通过精心设计，企业可以在启动会中有效传递文化理念，提升员工的认同度和凝聚力，从而推动组织文化的深入发展。

第三节　一把手讲文化活动设计

"一把手讲文化活动"通常指的是某个组织、机构或团体的领导者或最高负责人在文化活动中的讲话或发言。这个表述在一些正式场合或重要文化活动中很常见，可以包含对文化活动的重要性、意义，对参与者的鼓励，以及对文化传承、创新等方面的思考。

一、什么是一把手讲文化活动

在许多组织、机构或团体的文化活动中，我们常常能够目睹到"一把手讲文化活动"的场景。这一独特的表述，通常暗示着该组织的领导者或最高负责人在文化活动中的发言，其内容涵盖了对文化活动的重要性、意义，以及对参与者的鼓励等方面。

在庄重而正式的场合，领导者的致辞不仅仅是一场简单的演讲，更是对组织文化的引领和启迪。领导者通过讲话表达对文化活动的高度重视，强调其在组织发展中的核心地位。这也是一个展示组织文化底蕴、弘扬核心价值观的良机。

在致辞中，领导者往往会深入思考文化活动的意义，探讨文化传承、创新等方面的理念。通过对文化活动背后的深层次思考，领导者为组织赋予了更为深刻的内涵，使得参与者能够更好地理解和认同组织的文化理念。

领导者在文化活动中的发言也常常饱含对参与者的鼓励和期望。通过表达对团队、员工或组织成员的感激之情，领导者不仅增强了团队力量，还激发了参与者的积极性和责任感。

"一把手讲文化活动"是一个展示领导者智慧、引领组织文化发展的过程。这类活动不仅在文化活动中营造了庄重的氛围，更在组织成员中树立了积极向上的文化导向，为组织的长足发展注入了强大的文化动力。

二、一把手讲文化活动的对象

文化活动中，"一把手讲文化活动"的对象明确定位，主要针对组织、机构或团体的成员。领导者的讲话在这一过程中扮演着关键角色，旨在多个层面建立共识、传递核心理念，促进深入参与，从而推动组织的文化建设和发展。

领导者的讲话主要聚焦于组织内部成员，一般包括员工、团队成员，以及其他相关工作人员。通过这种内部沟通，领导者不仅在组织内部塑造了共同的文化认同，而且激发了成员对文化活动的浓厚兴趣和深入理解。这有助于形成紧密团结的组织文化，推动组织成员朝着共同目标迈进。

其次，领导者的讲话面向外部利益相关者，如合作伙伴、客户、投资者等。通过对外部的发言，领导者展示组织的文化底蕴，传递核心价值观，以加强外部利益相关者对组织的信任和认同。这种外部沟通有助于建立积极的外部形象，为组织的可持续发展创造有利条件。

除了成员和外部利益相关者，领导者的讲话也可能直接面向公众。尤其在一些重要的文化活动或公共场合，领导者的讲话通过媒体等途径传达给更广泛的社会群体，影响社会舆论，为组织树立更为良好的社会形象。

"一把手讲文化活动"的对象涵盖了组织内部成员、外部利益相关者，以及更广泛的社会公众。领导者通过这种多层次的沟通方式，实现了对各方受众的有效传达，为组织的文化建设和发展创造了更为广泛的影响。

华为人的"罗马广场"是华为人在工作中聊天、吐槽、了解公司最新政策信息的一个内部论坛。罗马广场是古代民众广泛参与公共生活和大众监督的很好的典范，任正非希望员工们在华为的"罗马广场"上也可以畅所欲言。他多次在这个内部论坛上发表讲话。2023年9月4日，华为Mate60Pro卖爆了！关键时刻，内部论坛发布了任正非在华为高端技术人才使用工作组对标会上的讲话，又引起大家的重视。在这次讲话中，任正非全面阐述了他的"人才观"，并强调"要努力在有限的业务范围内领先世界，不是在全方位领先"。

三、一把手讲文化活动设计思路

（一）明确定位受众

在组织文化活动的过程中，领导者必须以精准的眼光聚焦于受众，这一过程涵盖了组织内部成员、外部利益相关者，以及广大公众。明晰而精准的受众定位是成功沟通的关键，因为每个受众群体都拥有独特的关切点和期望。

受众是文化活动设计的核心，而明确这些受众群体的特征和需求是成功沟通的基础。组织内部成员、外部利益相关者，以及公众各自扮演着独特的角色，因此领导者需要深刻理解这些差异，以更好地满足他们的期望。

在考虑组织内部成员时，领导者应关注员工的专业背景、职业发展需求以及对组织文化的理解。通过了解并满足内部成员的期望，领导者可以促进团队凝聚力，激发员工的工作热情。

外部利益相关者包括合作伙伴、客户、政府机构等。领导者需要理解这些利益相关者的关注点，以建立良好的合作关系。通过积极响应外部利益相关者的期望，组织可以在竞争激烈的市场中取得优势。

广大公众是组织成功与否的晴雨表。领导者需要敏锐捕捉社会趋势，理解公众的价值观和期待。通过有针对性的文化活动设计，组织可以实现与公众的深度连接，树立良好的品牌形象。

成功的文化活动设计需要更多地运用个性化的沟通手段。领导者可以通过采用多样化的沟通方式，如定制化信息、多渠道传播等，更好地满足不同受众的需求，确保信息传递更加精准和贴近心灵。

在领导者眼中，受众定位不仅仅是一个步骤，更是一项艺术。通过深刻理解组织内外的受众群体，领导者可以精心打磨文化活动，使之成为一种有力的沟通工具，为组织的发展铺平道路。因此，精准定位受众不仅是成功文化活动设计的基石，更是领导者智慧和洞察的体现。

腾讯公司一直以来致力于打造积极向上的企业文化，其创始人兼首席执行官马化腾通过一系列讲座和文化活动传达公司的核心理念。马化腾曾在公司内部组织讲座，强调创新文化的重要性。他分享了腾讯在互联网行业取得成功的经验，并强调创新是公司不断发展的关键。这种内部讲座有助于激发员工的创新意识，促使团队更好地适应变革。

作为中国领先的科技公司，腾讯注重社会责任。马化腾通过公共演讲表达了腾讯对社会的责任感，包括推动数字化普及、支持公益事业等。这种宣传不仅提高了公司在社会中的形象，也让员工更深刻地理解公司文化的社会责任维度。

腾讯一直致力于技术创新，而马化腾通过技术分享活动强调了学习文化的重要性。他鼓励员工积极学习新知识，不断提升技能。这种鼓励学习的文化有助于培养团队的技术实力，推动公司不断保持竞争力。

通过腾讯公司一把手讲文化活动，马化腾在强调创新、社会责任、技术学习和员工参与决策等方面发挥了重要作用。这些活动不仅加强了公司内部的文化建设，也塑造了积极向上的企业形象。腾讯在推动创新、履行社会责任等方面取得了显著的成就，通过这些文化活动，公司不断激发员工的激情，推动企业的可持续发展。

（二）建立共识与文化认同

在领导者的讲话中，强调共识的建立和文化认同的塑造是塑造组织凝聚力和身份认同的关键。通过深入阐述组织的核心价值观、愿景和使命，领导者能够在成员心中树立共同目标，形成一体化的文化认同。

领导者首先应当明确组织的核心价值观，并在讲话中生动而具体地表达出来。这有助于成员理解组织对价值的重视，并在文化活动中体现这些价值观。通过例证和故事，领导者能够使核心价值观更具感染力，激发成员的认同感。

在讲话中，领导者应当清晰地描绘组织的愿景和使命。愿景是对未来的美好展望，使命则是组织存在的目的和责任。透过讲述这些重要元素，领导者能够激发成员的热情，使其感受到自己在组织中的重要性。清晰的愿景和使命有助于形成成员间的共鸣，为文化认同的建立奠定基础。

在文化活动中，领导者可以通过引导共同目标的建立来促进成员的紧密合作。这可以通过强调每个成员在实现组织愿景和使命中的独特贡献来实现。领导者的讲话应当激发团队合作的动力，让成员感受到他们共同追求的目标，从而增强文化认同。

通过强调核心价值观、愿景和使命，领导者在讲话中创造了一个共同的文化框架。这个框架有助于形成统一的文化认同，使成员在组织中产生共鸣和归属感。领导者的言辞和表达方式在这一过程中起到关键作用，需要贴近成员的情感和价值观，引导他们真正融入组织的文化中。

领导者的讲话不仅仅是信息传递，更是一种文化的雕塑。通过强调共识的建立和文化认同的塑造，领导者可以引领组织朝着共同的目标前进。清晰而感人的表达方式，能够在成员中树立起共同的文化认同，为组织的稳健发展打下坚实基础。因此，领导者的讲话应当被视为组织文化建设的关键环节，通过巧妙地表达，点亮组织的文化之光。

（三）外部沟通与形象建设

在领导者的讲话中，除了内部成员，外部利益相关者也是至关重要的听众。通过强调组织的文化底蕴和核心竞争力,领导者能够在外部展示组织的独特价值,建立起信任和认同。

领导者在讲话中应当凸显组织的文化底蕴,强调其独特性。这包括组织的历史、价值观,以及在业界的独特贡献。通过生动的描述和实例,领导者可以向外部利益相关者展示组织的独特文化氛围,引发外部的兴趣与共鸣。

在讲话中,领导者应当详细阐释组织的核心竞争力。这可能涉及创新、团队协作、技术优势等方面。通过明确说明组织的独到之处,领导者能够向外部利益相关者传递组织的强项,建立起对组织能力的信任。

领导者在讲话中还应强调组织的社会责任和可持续发展理念。现代社会对于企业的社会责任感和可持续性发展越来越关注,通过在讲话中强调组织在这些方面的努力,领导者能够增强外部对组织的认同,使其在社会中更具吸引力。

讲话不仅仅是向外宣传,更是与外部利益相关者建立沟通桥梁的重要手段。领导者应鼓励双向交流,听取外部反馈,以不断优化组织的文化和运营。通过与外部建立紧密联系,领导者可以获取有价值的信息,为文化活动的调整和改进提供重要参考。

通过讲话,领导者有机会创造外部支持。这可能包括与外部利益相关者建立合作关系、吸引投资、争取合作伙伴等。领导者的言辞和表达方式在这一过程中非常关键,需要通过积极、坦诚的沟通方式激发外部利益相关者的信心和支持。

面向外部利益相关者的讲话是组织成功的关键组成部分。通过突显文化底蕴、阐释核心竞争力、展示社会责任和可持续发展,领导者可以在外部树立积极形象,为文化活动的成功创造更多机会。通过与外部建立紧密联系,创造外部支持,领导者为组织的长期繁荣打下坚实基础。

(四)社会责任与影响

在领导者的公众讲话中,无论是社交媒体上的直播,还是正式的公共场合,强调组织的社会责任成为至关重要的议题。通过文化活动产生积极的社会影响,领导者能够在公众心目中树立组织的良好社会形象。

领导者在公众讲话中应当强调组织对社会的责任感。这不仅包括遵守法规和伦理标准,更关乎组织如何以一种有益于社会的方式发挥作用。领导者可以通过分享组织的具体社会责任计划和行动,向公众展示其在社会问题上的积极投入。

领导者在讲话中应当详细描述文化活动如何产生积极的社会影响。这可能涉及支持社区发展、推动艺术和文化教育、参与环保活动等。通过实例和故事，领导者可以生动地呈现文化活动给社会所带来的实际改变，引发公众的共鸣。

通过讲话，领导者有机会塑造组织在社会中的形象。强调社会责任不仅仅是一种义务，更是对组织价值观和使命的表达。领导者应当强调组织的社会责任是其成功和繁荣不可分割的一部分，从而树立起良好的社会形象，增强公众对组织的信任。

领导者在公众讲话中需要将社会责任与公众关系紧密融合。这包括在讲话中展示组织积极参与社会活动的态度，并鼓励公众一同参与。通过与公众建立共鸣，领导者可以促使更多人认同组织的价值观，从而建立积极的品牌形象。

在公众场合，领导者的讲话不仅是传递信息的工具，更是树立组织形象的关键。通过强调社会责任，特别是通过文化活动产生积极的社会影响，领导者能够塑造组织在公众心目中的积极形象，为社会作出贡献，同时在公众中建立起强大的支持和认同。这种积极的社会形象将成为组织长期成功的基石。

四、企业一把手讲文化活动的实施

企业文化活动的建设设计是一位领导者需要精心规划和引导的关键任务。一把手的角色至关重要，因为他们是组织文化的代表和引领者。在这部分中，将探讨企业如何进行一把手讲文化活动的建设设计，以确保活动对组织发展产生积极而深远的影响。

（一）明确组织文化的核心价值

在企业文化活动的规划设计阶段，领导者扮演着至关重要的角色。为确保文化活动的成功，首要任务是一把手明确组织的核心价值观。这需要深入理解企业的使命、愿景和价值观，因为这些元素将为文化活动的设计提供坚实的基础。

深刻理解企业的使命，及其存在的目的和对社会的承诺，是建立文化活动设计的第一步。一把手需要挖掘企业为何存在，它所追求的长期目标是什么。使命不仅是企业的灵魂，也是文化活动的引导原则，确保活动的方向与企业的愿景相契合。

进一步是对未来的愿望和愿景，是企业对自身发展方向的清晰认识。领导者需要对愿景进行深入分析，以确定文化活动如何能够促进和支持企业朝着愿景的实现迈进。这种深度的理解将有助于确保文化活动不仅关注当前的组织需求，也能够为未来的发展奠定基础。

在这一过程中，对企业的价值观进行明确定义是不可或缺的。企业的价值观是组织文化的支柱，是员工行为和决策的指导原则。通过清晰地定义核心价值，一把手可以确保文化活动在传递信息、激发参与和建立共同价值观方面与组织的长远目标相一致。

因此，企业文化活动的设计应该成为使命、愿景和价值观的有机延伸。这不仅是为了实现短期目标，更是为了塑造持久、积极、具有韧性的组织文化。只有在这种深度的理解和坚实的基础上，文化活动才能真正成为组织发展的有力推动者，引领企业迈向更加繁荣的未来。

（二）建立参与式文化设计团队

在推动企业文化设计的过程中，领导者的关键角色是组建一个具有多样性和代表性的文化设计团队。这个团队的构建应该跨足不同部门和层级，旨在确保各方的声音都能够得到充分地关注和考虑。

这个文化设计团队的多样性是其成功的基石。团队成员来自不同部门，拥有不同的专业背景、技能和经验。这样的多元性有助于汇聚各种观点和想法，从而为文化活动的设计提供全面而富有创意的视角。同时，代表不同层级的成员能够为文化设计过程注入更广泛的组织视角，确保活动不仅关注高层领导层的需求，也充分考虑基层员工的期望和需求。

通过建立一个参与式的文化设计过程，一把手可以进一步激发员工的参与感和对文化活动的认同感。这种参与式设计不是传统的命令式管理，而是通过团队合作和开放性沟通来促进员工积极参与。团队成员的意见和建议应该得到认真对待，并在设计过程中得到体现，以确保文化活动是一个真正反映组织多样性和员工期望的体验。

这个多样化、代表性的文化设计团队将成为文化活动设计的创新引擎。通过各种背景和观点的融合，团队能够共同打造一个符合组织价值观、能够激励员工、促进团队凝聚力的文化活动。这样的设计不仅能满足组织的战略目标，也能创造一个令员工引以为傲的工作环境。

（三）制定全面的文化活动计划

在推动组织文化的深入发展中，一位领导者的责任之一是制定一个全面而有针对性的文化活动计划。这个计划的目标是覆盖多个层面，包括团队建设、培训课程、庆祝活动等各种文化活动。通过巧妙地设计，这些活动旨在贴近员工的需求和兴趣，从而提高员工的参与度和活动的实际效果。

团队建设活动是文化活动计划的重要组成部分。通过组织团队建设活动，可以增强员工之间的合作与协作，促进团队凝聚力的提升。这可以包括团队游戏、工作坊、户外活动等，旨在创造一个积极向上的团队氛围，激发员工的团队精神和创造力。

培训课程是提升员工技能和知识的重要途径。文化活动计划应包含有针对性的培训课程，满足员工在职业发展中的需求。这可以涵盖领导力培训、创新思维课程、职业规划等，以确保员工具备应对未来挑战的能力，并提升整体组织的竞争力。

庆祝活动也是文化活动计划的一个重要方面。通过举办庆祝活动，可以表达对员工努力和成就的认可，增强员工的归属感。这可以包括团队生日庆祝、项目完成派对、年度庆典等，为员工创造一个愉悦的工作环境，激发工作的热情和动力。

为了确保文化活动计划的成功，活动的设计必须贴近员工的需求和兴趣。这可以通过定期进行员工调查、反馈会议等方式来了解员工的期望，并根据反馈进行灵活调整。在设计阶段，应注重活动的多样性，考虑到不同群体的喜好和文化背景，以确保活动能够得到广泛地支持和参与。

一位领导者通过全面而有针对性的文化活动计划，可以有效地促进组织文化的建设。这不仅有助于提高员工的工作满意度和忠诚度，也为组织创造了一个积极、有活力的工作环境。

（四）注重沟通与反馈机制

在塑造组织文化的过程中，领导者必须特别注重建立有效的沟通与反馈机制。及时而透明的沟通是确保员工理解文化活动目的和意义的关键，同时也为收集员工的反馈意见提供了重要的途径。通过构建双向沟通渠道，一把手能够更全面地了解员工的期望，并灵活地对文化活动进行调整和优化，以更好地满足员工的需求和期待。

有效的沟通在文化活动的成功实施中起着至关重要的作用。一把手应确保沟通是及时和透明的，以便向员工清晰地传达文化活动的目的、意义以及预期的效果。透过清晰而简明的沟通，员工能够更好地理解为什么这些文化活动对组织至关重要，从而增强他们的参与意愿和活动的积极性。

建立双向的沟通渠道是确保领导者与员工之间密切互动的有效方式。领导者应鼓励员工分享他们对文化活动的看法、建议和期望。这可以通过定期的团队会议、反馈表单、在线平台等方式来实现。这样的沟通机制不仅有助于领导者更好地了解员工的需求，还能够激发员工的参与感和归属感。

反馈机制的建立对于文化活动的持续改进至关重要。一把手应当积极倡导员工提供反馈，以便及时了解活动的实际效果和员工的满意度。通过收集和分析反馈信息，领导者可以迅速发现潜在问题并采取措施加以解决，从而不断提升文化活动的质量和影响力。

文化活动的设计不应是一成不变的，而是要根据员工的反馈意见进行调整和优化。领导者在收到反馈后，应当及时采取行动，对文化活动进行灵活地调整，以确保它们能够真正地符合员工的期望和需求。这种持续的反馈循环有助于建立一个开放、共享的文化活动设计过程。领导者通过注重沟通与反馈机制，可以有效地引导文化活动的发展方向。

（五）激发员工参与的动力

在推动文化活动的讨论中，领导者在激发员工积极参与方面扮演着至关重要的角色。为了确保文化活动的成功，一把手需要采取一系列措施，包括奖励制度、卓越表现的认可，以及提供学习机会等。通过这些手段，不仅可以提高员工的参与度，还能够塑造一个充满积极活力的工作氛围。

奖励制度是激发员工参与文化活动的强大动力之一。一把手可以设计并引入各种奖励机制，例如员工月度优秀奖、团队协作奖等，以鼓励积极参与和出色表现。这样的奖励不仅能够激发员工的竞争心理，还能够彰显组织对员工贡献的重视，从而增强他们对文化活动的投入感。对卓越表现的明确认可是推动员工积极参与的重要因素。领导者在文化活动的讲述中，应当突出强调并公开表扬那些在活动中表现卓越的员工。这种认可不仅是对个体努力的肯定，也是对整个团队的鼓舞，激发更多员工积极参与并力争表现更出色。提供学习机会也是一种激发员工积极性的有效途径。一把手可以通过组织培训、研讨会或提供学习资源，为员工提供不断成长和学习的机会。这样的文化活动不仅仅是一次性的参与,更是员工职业发展的一部分,从而激发他们对活动的主动投入和长期参与的愿望。

通过采取这些激励措施,文化活动将更容易获得员工的广泛关注和积极参与。同时,这也将有助于建立一个积极向上的工作氛围,促使团队更加紧密地合作,为组织的整体发展注入更多正能量。

(六)定期评估与调整

在企业文化的塑造中,建设文化活动是一个动态且不断演进的过程。作为一把手在这个过程中扮演着关键的角色,需要保持对活动效果的定期评估,并灵活进行必要的调整。这种定期反馈与调整的机制是确保文化活动与组织发展目标相一致的关键步骤。

一把手应当牢记重新评估文化设计团队的重要性。文化活动的成功离不开一个富有创意和执行力的设计团队。定期审视团队的构成、能力和动态,确保其能够紧密配合,创造出有趣、有深度的文化活动,有时候,可能需要引入新的成员或提供培训,以适应组织发展的新需求。

改进沟通机制是确保文化活动有效传达的重要一环。一把手需要关注活动信息的传递方式,确保员工充分了解并理解活动的目的、意义,以及他们的参与方式。通过开放透明的沟通,员工更容易投入活动中,并理解活动与组织价值观的关联。

随着市场的变化,调整活动计划是适应变化环境的必然选择。市场、行业和员工需求都可能随时间而变化。因此,一把手需要敏锐地捕捉这些变化并相应地调整文化活动计划。这有可能涉及添加新的元素、调整活动频率或形式,以确保活动仍然具有吸引力且能够激发员工的参与热情。

第四节 "我谈企业文化"征稿活动设计

企业文化征稿活动是一种引导员工参与、分享和塑造企业文化的重要举措。这一活动的核心理念是通过广泛收集员工的观点、体验和创意,共同构建富有活力、共同认同的组织文化。

一、什么是"我谈企业文化"征稿活动

在当今竞争激烈的商业环境中，企业文化被认为是组织成功的关键因素之一。它不仅仅是一系列口号和价值观的堆砌，更是一种深刻影响员工行为、塑造决策模式和促进团队协作的力量。在这一背景下，企业文化征稿活动脱颖而出，成为连接组织与员工之间、激发创造力和团队凝聚力的重要媒介。

企业文化的独特性是企业竞争力的源泉。组织的价值观、信仰和行为准则形成了其独特的文化基因，使其在市场中脱颖而出。通过征集员工的观点和期望，企业文化征稿活动使组织得以深入了解自身文化的核心特征，为未来的发展奠定坚实基础。

员工的参与被视为文化建设的灵魂。征稿活动不仅仅是信息的单向流动，更是一个互动的平台，鼓励员工分享他们的独特视角和体验。这种积极参与的结果使员工不再是被动的文化接受者，而是文化塑造的积极参与者。这种转变不仅激发了员工的自我认同感，也激发了他们的创造力和团队协作精神。

企业文化征稿活动的实施能够提高组织的灵活性。组织文化并非一成不变的定式，而是应该能够适应外部环境的动态变化。通过及时收集员工的反馈和意见，企业能够更灵活地调整文化活动，使其与组织的战略目标保持一致。这种敏捷性有助于组织更好地适应市场变化，提高竞争力。

企业文化征稿活动为建立共鸣和认同感提供了有效途径。员工在活动中分享的故事、体验和理念不仅促进了彼此之间的理解，也构建了共同的文化价值观。这种共鸣和认同感不仅有助于增强员工对组织的归属感，还在团队中营造了积极向上的氛围，推动整体绩效的提升。

企业文化征稿活动不仅是一个表达平台，更是组织与员工共同塑造文化的有力工具。它激发了员工的参与热情，促进了文化的灵活发展，加强了团队的凝聚力，为组织的可持续发展注入了活力和动力。在这个不断演变的商业环境中，企业文化征稿活动是推动组织成功的一股强大力量。

二、"我谈企业文化"征稿活动的对象

企业文化征稿活动的对象主要是公司内部的员工。这类活动旨在促使员

工分享个人故事、理念和经验，以建立共鸣和认同感，从而加强整个组织的文化和凝聚力。通过这种活动，员工有机会表达自己的价值观、工作经验以及对公司文化的理解，同时也能够更好地了解和认识同事。这有助于打破沟通障碍，促进更紧密的团队合作，形成共同的价值观，为公司创造有活力和积极向上的工作氛围。

企业文化征稿活动将目光直指公司内的员工群体。这包括各个部门、层级和职能的员工，旨在实现全员的参与和贡献。通过鼓励员工分享个人故事、工作心得和对公司文化的理解，活动创造了一个开放的平台，让每个员工都有机会表达自己的声音。

通过员工的参与，征稿活动达到了共鸣和认同感的建构目的。员工在分享个人经历和观点的过程中，找到了共同之处，加深了彼此之间的理解。这种共鸣和认同感不仅体现在个体层面，更在整个团队和组织文化中产生了深远的影响。

征稿活动的对象是员工，而活动本身则成为促进团队凝聚力的重要工具。通过共同参与文化建设的过程，员工之间的联系得以加深，形成更为牢固的团队合作。这对于公司整体的绩效和协同工作具有积极的影响。

企业文化征稿活动的对象明确为公司内的员工，其参与为文化建设注入了新的活力。通过共同的经历和价值观，员工之间的联系得以加强，为公司创造了更加紧密、积极向上的文化氛围。这不仅有益于员工个体的成长，更推动了整个组织的发展和成功。

三、"我谈企业文化"征稿活动设计思路

企业文化征稿活动的设计方向至关重要，直接影响着活动的效果和参与度。设计方向应当注重激发员工的参与热情，促进文化共鸣和认同感的形成。在这一过程中，一些关键方向需要被精心把握，以确保活动达到预期的效果。

（一）制定明确的目标

在企业文化的构建中，征稿活动被视为一项至关重要的举措，而其成功举办不仅仅依赖于热情的员工参与，更需要一个清晰而具体的设计方向，而这方向的明确源于对活动目标的深刻理解。活动目标的明确不仅为策划者提供了明确的工作方向，更确保活动内容与公司文化建设的整体战略方向高度

契合。

活动目标的明确定义了文化征稿活动的意义和价值。这不仅有助于传达给员工活动的重要性，还能够激发他们的参与热情。例如，明确的目标可能是促进员工间的交流与合作，通过分享个人故事和理念来建立更紧密的关系。这样的目标能够为员工提供明确的参与动机，从而增强其积极性。

活动目标的明确为策划者提供了一个指导框架，使得活动的内容更加有针对性。通过明确定义目标，可以更好地选择征稿主题、确定参与方式以及设计相关活动环节。这种有针对性的设计使得活动更具深度和内涵，不仅仅是表面的信息汇聚，更是对核心文化价值的深刻探讨。

在文稿活动的过程中，目标的明确性也有助于员工更加集中精力，以更有针对性的方式参与。明确的目标使得员工了解他们的分享和参与如何对整体文化建设产生影响，从而使得他们的参与更加有目的性和深度。这有助于确保活动不仅仅是一场形式上的活动，更是一次真正有益的文化建设过程。

活动目标的明确对于评估活动的成果至关重要。通过明确定义目标，可以更容易地制定衡量活动成功的标准，并在活动结束后进行评估。这种目标导向的评估有助于发现活动中的亮点和改进空间，为未来的文化建设活动提供宝贵的经验教训。

企业文化征稿活动的成功举办不仅仅需要员工的热情参与，更需要一个明确的设计方向，而这一设计方向的核心即活动目标的清晰定义。通过明确目标，活动在促进交流与合作、强化核心价值观以及增强团队凝聚力等方面将取得更为显著的成果，为企业文化的深度发展提供有力支持。

（二）创造开放而包容的平台

在构建企业文化征稿活动的设计方向时，开放性和包容性是不可或缺的关键元素。我们追求的不仅仅是一场活动，更是为员工提供一个自由表达的广阔平台，让每个员工都感受到他们的声音在组织中被重视。

首要的设计原则之一是通过在线平台、团队分享会议以及定期的征稿活动等多样化的形式，为员工创造多元化的参与机会。在线平台可以打破时空的限制，使得地理位置不同的团队成员都能轻松参与，而团队分享会议则提供了面对面交流的机会，加深员工之间的理解和联系。定期的征稿活动则为员工提供了一个持续表达的通道，让他们随时分享自己的见解和体会。

关键在于搭建一个鼓励创意和分享的环境。这意味着我们要营造一种氛围，让员工感到他们的想法受到欢迎和尊重。这可以通过表扬创新性的征稿、鼓励多样性的观点以及设立奖励机制来实现。当员工意识到他们的独特观点对于公司文化建设具有积极的影响时，将更加积极参与和贡献。

在这样的设计方向下，员工能够毫无顾忌地表达自己的思想和观点。我们鼓励他们敞开心扉，分享成功经验、面对挑战的心得，以及对公司文化发展的建议。这种开放性和包容性的平台使得每个员工都成为文化建设的参与者和塑造者，为公司注入更多元、更富创意的元素。

这种设计方向不仅使企业文化征稿活动成为一次表面的活动，更使其成为一次深刻的文化交流与共建的过程。通过创造一个开放、包容的环境，我们为员工提供了更多展示个性、分享见解的机会，从而推动企业文化的不断创新和进步。这样的设计理念将在活动中得以充分体现，为企业文化的繁荣奠定坚实基础。

（三）引导多样性地参与

在构建企业文化征稿活动的设计方向时，必须深刻地考虑到员工群体的多样性。我们的目标是打破层级、部门和职能之间的壁垒，通过鼓励各个层面的员工积极参与，确保活动的多元性。这一举措不仅有助于汇聚来自不同背景和角度的观点，还使得征稿活动更具全面性和广泛性。

"我谈企业文化"征稿活动鼓励不同层级的员工参与，无论是高层管理者还是基层员工，每个人都有独特的经验和见解。通过吸引高级管理层的参与，我们可以传达公司的战略愿景和目标，同时也为员工提供了更深层次的理解。与此同时，基层员工的参与能够呈现实际操作层面的挑战和创新，为公司文化注入更为贴近实际的元素。

跨部门的参与是设计方向中不可或缺的一环。每个部门都拥有独特的专业知识和文化氛围，通过鼓励各部门的员工分享他们的观点和经验，我们可以促进跨部门的知识共享和合作。这不仅有助于加强团队之间的联系，还能够激发创新和协同工作，推动公司的整体发展。

不同职能的员工也应该被积极纳入征稿活动的范围。无论是市场营销、研发、销售还是人力资源，每个职能都对公司的成功起到关键作用。通过让不同职能的员工分享他们在日常工作中的见解和体会，我们可以更全面地了解公司各个方面的挑战和机遇，为企业文化的发展提供更为翔实的材料。

这一多元的参与方式将确保征稿活动更具全面性和广泛性。从而，我们能够汇聚来自不同背景和角度的观点，丰富公司文化的内涵。通过尊重和反映多样性，我们将建立一个更具包容性的企业文化，使每一位员工都能在这个大家庭中找到归属感，并为公司的长远发展贡献独特的力量。这种设计方向不仅是一场征稿活动，更是一个促进团队凝聚力和创新力的全员参与的过程。

（四）确定适宜的主题

在构建企业文化征稿活动的主题时，我们追求的是一个既与公司文化、价值观相关，又能赋予员工参与更深度和意义的主题。这一主题的确定必须与公司的发展方向相契合，同时具有启发性，能够激发员工对公司文化的认同感。通过巧妙选择主题，可以引导员工思考、分享，使得征稿活动成为一个真正有意义的经历。可以考虑选择与公司核心价值观相契合的主题。这样的主题不仅能够突显公司的价值观，也使得员工在分享自己的观点和经验时，更加直接地与公司的核心信念相联系。例如，如果公司强调创新和团队协作，征稿活动的主题可以聚焦于员工在工作中如何体现创新和协作精神，以及这些经历对公司文化的贡献。

主题的选择应当能够反映公司的发展方向。这样，员工的参与将更具前瞻性，与公司的战略目标相一致。例如，如果公司正在朝着可持续发展的方向迈进，征稿活动可以聚焦于员工在工作中推动可持续实践的经验，以及他们对公司可持续文化的愿景。主题的巧妙选择应当激发员工的创造力和参与热情。通过设计引人深思的主题，我们可以引导员工思考公司文化的方向，并通过分享彼此的见解，共同建构一个更加丰富和深刻的企业文化。

员工在分享中不仅仅是述说经历，更是共同建构和塑造公司文化的参与者。通过征稿活动，将建立起一个更加紧密、有活力的企业文化，使每位员工都深刻理解并热烈投身于公司的核心价值观与发展愿景之中。

（五）结合公司文化核心元素

在确定企业文化征稿活动的设计方向时，必须深度融合公司的文化核心元素。活动的内容和形式应当与公司的价值观、愿景以及使命紧密相连，以确保员工参与活动时能够深刻理解和共鸣，从而形成一个更为有力的文化共同体。通过强调这些核心元素，我们将为员工提供一个更具意义和深度的参与体验。

设计活动内容时，要围绕公司的核心价值观展开。这包括对员工在工作中如何体现公司价值观的经历进行深入挖掘，以及他们在实际工作中如何将这些价值观融入日常决策和行为中。通过这样的深度挖掘，员工能够更全面地理解公司价值观的实质，并在分享中产生更为深刻的共鸣。

活动的形式也应当贴合公司的愿景和使命。如果公司的愿景是打造创新领导者，那么征稿活动可以鼓励员工分享他们在推动创新方面的实践经验，以及他们眼中公司未来的创新愿景。通过这样的形式，员工参与活动时将更加有目的性，与公司的长远目标产生更为紧密的联系。

强调这些核心元素不仅有助于员工更好地理解公司文化，还能够激发他们对公司的认同感。文化共同体的形成并不仅仅是对公司理念的被动接受，更是员工在这一过程中主动参与和贡献的结果。通过深度的参与，员工将更加深刻地体会到公司文化对于个人和团队的重要性，从而形成更为有力的和有深度的文化共同体。

（六）考虑文化的持续性

在打造企业文化征稿活动的持续性方面，企业需要将其融入组织发展的长期规划，以确保文化建设成为公司发展的常态。为此，企业可以采用多种手段和策略，使这一过程不仅仅是一次性的体验，而是一个贯穿于组织生命周期的持续性活动。

一是，企业可以考虑设立定期的征稿活动。通过每季度或每半年一次的征稿活动，员工将有机会不断地分享他们在工作中体验到的文化元素。这不仅有助于收集更多新鲜、真实的故事，也使员工能够在不同时间节点感受到文化的演进和发展。这种定期性的活动将文化建设纳入公司的工作日常，让员工更容易参与其中，形成一种文化建设的习惯。

二是，举办文化分享会等形式的活动，也是推动文化建设常态化的有效方式。定期举办文化分享会，邀请员工来分享他们的文化体验和理解，促使更多的员工参与其中，形成一个积极的文化互动平台。这种面对面的分享交流将文化建设引入到员工的日常交往中，使之成为组织发展的自然延伸。

三是可以考虑在内部媒体平台上建立专栏，定期刊载员工的征稿作品。这样，不仅可以将员工的故事长期留存，还能够通过数字化的方式传播，让更多的员工受益。这种数字化的手段也有助于文化的传承和弘扬，使其更好地融入组织的DNA中。

通过定期的征稿活动、文化分享会以及数字化的媒体平台，企业能够将企业文化建设融入组织发展的常态。这一持续性的文化建设模式将有助于在组织中形成更加深厚、具有活力的文化共同体，为公司的长期发展提供坚实的文化支持。

四、"我谈企业文化"征稿活动的实施

企业文化征稿活动是加强组织文化建设、促进员工参与和共享文化价值观的有效手段。设计一个合理且富有吸引力的征稿活动对于塑造积极的文化氛围至关重要。

（一）奖励和认可机制

在营造积极参与征稿活动的氛围中，一个有力的奖励机制不仅可以激发员工的参与热情，更能够表彰他们的贡献并增强他们的创造力。通过巧妙设计奖励机制，我们能够建立起一个良性循环，将员工的参与转化为对公司文化建设的积极贡献。

设立奖励体系。这可以包括一些实质性的奖励，比如员工可以获得一些公司定制的文化纪念品、办公用品或是购物券。这些小而实用的奖励既可以成为员工参与的动力，也能够在日常生活中为他们带来一些额外的愉悦感。同时，这也体现了公司对员工付出的认可和关心。

进行表彰仪式。定期举办文化建设表彰仪式，将积极参与征稿活动的员工公之于众。通过颁发证书、奖章等形式，向员工展示他们在文化建设中的卓越贡献。这不仅是对个体的肯定，也有助于营造一种共同的文化价值观，让更多员工受到鼓舞，踊跃参与。

在公司内部宣传中特别提及员工的贡献也是重要的一环。可以通过公司内部通讯、企业社交媒体等渠道，分享员工的征稿故事、成果和感悟。通过这种方式，不仅能够让员工的努力得到更广泛的认可，也可以在全员中形成一种共鸣，进一步推动文化建设的深入发展。

通过小奖励、表彰仪式和内部宣传的综合奖励机制，我们能够有效地激发员工的积极性和创造力，使其更加投入企业文化建设的过程中。这样的奖励体系将成为文化建设的重要助推器，为公司形塑积极向上的文化氛围提供有力支持。

（二）员工培训与支持

在建立奖励机制的同时，为员工提供培训和支持是确保征稿活动的成功

的关键一环。这样的培训和支持不仅能够帮助员工更好地表达他们的故事和理念，还可以提升他们在征稿过程中展现创造力的能力。

为员工提供写作培训是至关重要的一步。写作是表达思想、分享故事的有效工具，通过专业的写作培训，员工可以学到如何组织思路、选用恰当的语言，使他们的作品更具有吸引力和表现力。这类培训可以涵盖基础写作技巧、故事结构和文风等方面，以确保参与者在征稿中有更为出色的表现。

为了确保这些培训和支持的有效性，可以采取定期举办工作坊、邀请专业讲师进行培训，或者提供在线学习资源等方式。重要的是要根据员工的需求和水平制定个性化的培训计划，以确保他们能够真正受益并在征稿活动中展现出色的创造力。

通过奖励机制与培训支持的有机结合，我们可以建立起一个全面的框架，激发员工的积极性、提升其创造力，从而使征稿活动取得更为丰硕的成果。这样的综合措施将为企业文化的建设注入更多活力与创新。

（三）反馈和改进

在文化征稿活动中，建立一个有效的反馈机制是确保活动持续改进并更好地满足员工期望的重要环节。通过定期收集员工的意见和建议，可以及时了解他们对活动的看法，发现问题并采取相应措施，以不断提高活动的参与度和质量。

建议设立一个专门的反馈渠道，例如在线调查表格或匿名建议箱，以确保员工能够自由、坦诚地表达他们的观点。通过定期收集反馈，可以追踪活动的变化和员工的感受，从而为改进提供有力的数据支持。

为了鼓励员工提供有建设性的意见，可以设计一份详细而清晰的反馈问题清单，涵盖活动的方方面面，包括但不限于征稿流程、培训效果、奖励机制等。这样的问题清单可以引导员工关注关键点，提供更有针对性地反馈，为改进提供具体的方向。

在收集到反馈后，及时进行数据分析，识别出现频率较高的问题或建议，将其作为优先改进的目标。同时，为员工提供及时的反馈结果，让他们知道他们的声音被听到并产生了实质性的影响，从而增强他们参与的积极性。

可以设立一个专门的反馈小组，由不同部门或层级的员工组成，负责深入分析反馈数据，提出改进建议，并监督改进措施的执行情况。这样的小组可以为公司领导层提供更全面的反馈信息,帮助制定更具体、有效的改进计划。

在文案中还可以强调反馈机制的重要性,强调公司对员工意见的重视,并鼓励员工积极参与反馈活动。通过不断完善这一机制,公司将能够更好地满足员工的期望,提高文化征稿活动的质量和影响力。

(四)整合企业战略

在将文化征稿活动融入企业的战略规划中,不仅仅是将其视为一项单独的活动,更是将其称为组织文化建设的重要组成部分。这样的整合不仅有助于确保征稿活动与公司的长期愿景和核心价值观保持一致,还能够深度影响员工参与、企业形象的塑造以及组织创新的推动。

将文化征稿活动与企业的长期愿景相连接,意味着明确活动的目标与公司的战略目标相契合。例如,如果公司的长期目标包括创新和员工参与度的提高,那么征稿活动可以被定位为推动这些目标的重要手段。通过设定与战略目标一致的征稿主题和内容,确保员工的创意与公司的未来发展方向相一致。

将文化征稿活动纳入组织文化建设的框架中,意味着将其视为一种文化传承和共建的工具。企业的文化是由每个员工共同塑造的,而征稿活动则成为表达员工思想、价值观和创意的平台。通过鼓励员工分享关于企业文化的见解和建议,活动可以成为促进员工之间沟通和理解的桥梁,加深员工对企业文化的认同感。

这样的整合可以在企业内外形成一种一致的形象。通过在征稿活动中传递公司的核心价值观和文化理念,企业能够塑造积极向上的形象,不仅在员工中建立起团队凝聚力,同时在外部树立起积极社会形象。这种一致性有助于公司在市场竞争中脱颖而出,引起更多员工和客户的共鸣。

这一整合也应该伴随着长期的监测和调整。定期评估征稿活动的效果,根据实际反馈和结果对战略规划进行调整。这种反馈机制可以确保活动与企业的发展步调一致,持续地为组织文化建设做出积极贡献。

这样的融合不仅提升了文化征稿活动的战略地位,还使其成为企业文化建设的有力工具,为公司长期的可持续发展注入更多动力。

第五节 企业文化知识竞赛活动设计

企业文化知识竞赛活动是一种组织内部举办的活动，旨在促进员工对企业文化的理解和参与。通过以竞赛的形式展开，这种活动既具有趣味性，又能够在员工中传播和弘扬企业的核心价值观。

一、什么是企业文化知识竞赛活动

企业文化知识竞赛活动是一种旨在促进员工对企业文化的理解和参与的活动。这类竞赛旨在考察员工对公司核心价值观、历史传统、战略目标，以及组织内部运作的了解程度。

这类竞赛活动可以采用多种形式，包括但不限于知识问答、案例分析、角色扮演等。组织者可以结合企业文化的特点设计题目，确保涵盖公司的核心价值观、历史沿革、成功案例等方面。为了增加趣味性，还可以引入团队竞赛，让员工协作解答问题。

企业文化知识竞赛活动的积极影响不仅体现在员工对文化的深刻理解上，还表现在团队协作、沟通技能的提升上。这样的活动有助于打破部门壁垒，促进跨团队的合作。另外，员工在竞赛中获得的知识也将反映在他们的工作表现上，从而为公司的整体绩效做出积极贡献。

企业文化知识竞赛活动不仅提升了员工对企业价值观的认同感，还为团队建设和绩效提升注入了新的活力。企业应该将这类活动纳入员工培训和文化建设的战略规划中，以实现更加全面的发展。

二、企业文化知识竞赛活动的对象

（一）全体员工

企业文化知识竞赛活动的对象主要包括公司内部的员工。这包括各个层级和部门的员工，从基层员工到高级管理层都有机会参与。通过向所有层级的员工开放，公司鼓励全员参与，从而实现全方位的企业文化传播。

知识竞赛的题目涵盖了公司的历史、核心价值观、重要里程碑等方面的内容。这有助于员工更深入地了解公司的发展历程，理解公司的核心理念，并在竞赛中展示他们对企业文化的深刻认识。

通过这一活动，公司在内部构建了一个积极向上、充满学习氛围的文化。员工通过参与竞赛，不仅能够加深对企业文化的认知，还能够在竞争中提升自身的学习能力和团队协作精神。这对于公司的发展和员工个人成长都具有积极的影响。

（二）部门和团队

在当今竞争激烈的商业环境中，企业意识到跨部门和跨团队的协同发展对于保持竞争力至关重要。为了促进协作精神和加强组织内部的合作，许多企业选择通过组织竞赛的形式，激发不同部门和团队之间的合作关系。

通过竞赛，员工们能够跨越自身团队的限制，与来自其他部门的同事合作，共同迎接挑战。这种跨团队的互动不仅丰富了员工的工作体验，也拓宽了他们的视野，有助于打破信息孤岛，促进知识和经验的分享。这种协同发展的努力还有助于解决部门之间可能存在的沟通障碍和理解不足。有助于提高问题解决的效率，推动创新，并促进全组织的协同发展。这不仅有助于提高组织的整体绩效水平，还能够激发员工的创造力和团队合作精神。跨部门和跨团队的协同发展已经成为企业保持竞争力不可或缺的一环。通过组织竞赛，企业不仅激发了员工的团队合作精神，还为组织创造了一个促进创新和共同发展的平台。

（三）新员工

新员工的融入对于公司的长期发展至关重要。为了加速他们对公司文化的了解和融入新的工作环境，企业文化知识竞赛成为一项独具创意的手段。

企业文化知识竞赛为新员工提供了一个轻松而有趣的学习平台，通过参与竞赛，他们可以迅速掌握公司的核心价值观、使命和愿景。通过问题和场景的设计，新员工能够在参与竞赛的过程中深刻感受公司独有的精神风貌。通过竞赛，他们能够认识到公司注重团队合作、创新和客户导向等核心价值，从而更好地理解公司的运营理念。这样的活动旨在培养员工对公司文化的认同感，使他们成为公司文化的积极传播者。这种积极的融入不仅有助于新员工的个人成长，也为公司构建了更加有凝聚力和活力的团队。

（四）领导层

企业文化知识竞赛并非仅限于新员工，而是一项全员参与的活动，其中包括了公司的高级管理层成员。通过管理层成员的积极参与，他们不仅向员工们传递了知识，更为整个团队树立了强有力的文化引领榜样。

管理层的参与不仅仅是一种象征，更是一次真正的文化分享和交流。通过参与竞赛，管理层成员有机会向员工们展示他们对公司核心价值观的理解和支持。这种参与不仅使管理层更加亲近基层员工，还打破了传统的等级隔阂，为员工们提供了与领导层直接互动的机会。这有助于建立一种积极的沟通氛围，使整个组织更加融洽。

管理层作为企业文化的守护者，通过亲身参与竞赛，表达了他们对公司文化的认同和承诺。管理层的积极参与不仅是为了向员工传递企业文化，更是为了在组织中营造一种共同理解和认同的氛围。这种共同的文化认知能够增强团队凝聚力，提高员工对公司的忠诚度。同时，通过竞赛，管理层成员也能够更好地了解员工对企业文化的理解和期望，为未来的文化建设提供有益的参考和反馈。管理层成员以身作则，为员工们树立了文化的表率，为公司的文化建设奠定了坚实的基础。

（五）特定项目组

企业文化知识竞赛，除了全员参与的形式，还可以专门面向某个项目组或团队，以更加有针对性地强调特定领域的企业文化要素。这种定向的竞赛形式不仅促进了团队成员对于项目相关文化价值的深入理解，也为团队的协作和凝聚力注入了新的活力。

专门面向某个项目组或团队的企业文化知识竞赛，将竞赛的焦点更加集中在特定领域的文化要素上。这样的竞赛形式不仅仅是一次简单的知识测试，更是一个促使团队成员思考和分享彼此对于项目文化理解的机会。团队成员在竞赛中可以互相交流、学习，共同思考如何在项目中贯彻企业文化的理念。

这种形式的竞赛不仅激发了团队成员对项目文化的认同感，也为项目的顺利推进提供了坚实的文化基础，是一种有力的文化传承和强化手段。

三、企业文化知识竞赛活动设计落地实施

设计企业文化知识竞赛活动时，需要考虑多个方面，以确保活动能够达到预期的效果并激发员工的积极参与。

（一）明确活动目的

确定企业文化知识竞赛的目标，是加强员工对核心价值观的理解，还是推动团队协作，或者是提高员工对公司历史和战略方向的认知。明确目的有助于有针对性地设计问题和任务。

企业文化知识竞赛的目标是多方面而全面的，其主要着眼于加强员工对核心价值观的理解、推动团队协作，以及提高员工对公司历史和战略方向的认知。明确这些目的不仅有助于精心设计竞赛问题和任务，更能够全面促进员工对企业文化的深度融入和理解。

企业文化知识竞赛的目标多元而全面，是一个有力的推动力，促使员工在竞赛中全面认识、理解并实践企业文化。通过这样的竞赛机制，我们不仅激发了员工对核心价值观的关注，更强化了团队的协作精神，并提升了员工对公司历史和战略方向的认知水平。

（二）紧密结合企业文化

在确保企业文化知识竞赛的问题和任务与企业的核心价值观、使命和愿景密切相关的基础上，企业追求的不仅是加深员工对企业文化的理解，更是通过竞赛的方式强调和传达公司的价值观。

企业文化知识竞赛的问题和任务的设计应当贴近企业的核心价值观、使命和愿景，使员工在解答问题和完成任务的过程中不仅仅是获取知识，更是对企业文化的体悟和体验。竞赛的问题可以涵盖企业的核心价值观，让员工深入思考这些价值观在实际工作中的应用，以及如何通过自身行为践行这些价值观。

同时，竞赛任务可以与公司的使命和愿景直接相关。在竞赛中强调公司的价值观是至关重要的一环。通过将竞赛问题和任务与企业的核心价值观、使命和愿景密切相关，旨在创造一个具有强烈企业文化色彩的竞技平台。这不仅有助于员工更深入地理解企业文化，也通过竞赛的形式植入并加深员工对核心价值观、使命和愿景的印象。这种全员参与的方式能够将企业文化融入每个员工的工作和生活中，形成一种文化共鸣。此外，竞赛的结果和表现应当得到适当的认可和奖励，以激励员工积极参与，并建立一个良好的企业文化氛围。

（三）团队合作元素

在确保企业文化知识竞赛与企业的核心价值观、使命和愿景密切相关的基础上，要更进一步地加入团队合作的元素，通过设置团队任务和合作回答问题，旨在促进员工之间的团队凝聚力和协作能力。

竞赛中引入团队合作的元素是为了模拟和强调在真实工作环境中的团队协作需求。合作回答问题也是一个强有力的团队合作元素。团队的协同努力将成为一个集体智慧的体现，为企业文化注入更多的活力和多样性。

引入团队合作元素的企业文化知识竞赛，旨在培养和加强团队凝聚力和协作能力。企业文化知识竞赛引入团队合作元素，不仅在竞赛中强调了企业价值观，更培养了员工的团队协作精神。这种全员参与的竞技平台不仅提高了员工的企业文化认同，也为团队的协同发展创造了良好的氛围。需要特别强调的是，在竞赛设计中要注重平衡，确保团队合作的任务既有挑战性又能够激发员工的合作热情。这样的竞赛经验不仅是对企业文化的深入理解，更是员工团队协作能力的锻炼和提升。

（四）定期举办

不要将企业文化知识竞赛作为一次性活动，而是需要将其纳入企业的定期计划，例如每季度或每年一次。这种定期性的竞赛不仅可以持续地强化企业文化，也能够促使员工在不同时间段内对企业价值观有更深层次的理解与实践。

将企业文化知识竞赛定期举办，有助于建立一种文化的连续性，使员工在日常工作中能够持续关注和实践企业的核心价值观。每季度或每年一次的竞赛安排，为员工提供了定期参与的机会，使他们能够在工作中保持对企业文化的高度警觉性。这不仅是一次性的学习经验，更是一个长期、可持续的文化建设过程。在每一次竞赛中，可以调整竞赛内容，引入新的元素，以确保员工不仅仅是重复性地学习，而是不断地深化对企业文化的理解。

定期的竞赛也为员工提供了一个共同的参与平台，促使团队更紧密地协同合作。定期举办企业文化知识竞赛的目的在于持续强化企业文化，使其成为组织的生活方式。将企业文化知识竞赛定期举办当作一项长期的、战略性的文化建设工程。

（五）反馈和改进

除了定期举办企业文化知识竞赛，收集参与者的反馈对于活动的持续改进和提升质量同样重要。在每次竞赛结束后，企业要积极收集参与者的反馈意见。这可以通过在线调查、反馈表、面对面讨论等多种方式进行。将重点放在了解他们在竞赛中的体验、遇到的挑战，以及对整个活动的建议上。这个过程不仅仅是一个反馈渠道，更是一个与员工进行深入沟通的机会，让他们感到他们的声音被重视。分析收集到的反馈结果后，要制定一份改进计划。更关键的是要及时将改进计划付诸实践，并确保下一次竞赛中应用这些改变。这样的实践不仅提高了竞赛的质量，还增强了员工对企业文化活动的投入和忠诚度。

通过建立一个有效的反馈机制，能够深入了解参与者的看法，及时做出调整，并不断提升企业文化知识竞赛的品质。不仅让竞赛活动更富有趣味性和教育性，也在员工中树立了积极的文化参与态度。

四、企业文化知识竞赛活动设计"五部曲"

（一）选择竞赛形式

为了确保企业文化知识竞赛的成功，企业需要精心选择适当的形式，以最大程度地契合公司文化和员工特点。不同形式的竞赛活动提供了多样性的体验，企业将在以下内容中探讨各种形式的优势，并确定最适合企业组织的形式。

1. 在线平台竞赛

在线平台竞赛具有灵活性和便捷性的优势。员工可以在自己选择的时间和地点参与。通过数字化平台，企业可以轻松收集参与者的反馈，实时追踪进展并提供个性化的学习资源。这种形式适合那些喜欢自主学习和具备数字技能的员工。

2. 线下活动竞赛

线下活动为员工提供了面对面交流和团队合作的机会。通过组织实体活动，企业可以促进员工之间的互动和社交，加强团队凝聚力。这对于倾向于通过面对面互动获取知识的员工而言是一种有价值的体验。此外，通过举办线下活动，企业能够更好地感知员工的情感反馈，为后续的改进提供更直观的参考。

3. 混合模式竞赛

混合模式竞赛结合了在线平台和线下活动的优势。这种方式允许员工根据自己的偏好选择参与方式。在线平台提供了灵活性，而线下活动则强调了团队合作和社交。混合模式旨在平衡数字化和实体互动的需求，以满足不同员工群体的期望。

4. 选择最适合公司文化和员工特点的形式

在确定竞赛形式时，企业需要考虑公司文化和员工的多样性。如果公司注重创新和数字化，那么在线平台竞赛可能更为合适。如果公司强调团队合作和社交，那么可以选择线下活动或混合模式。重要的是确保竞赛形式与公司价值观相一致，并能够激发员工的参与热情。

通过精心选择适当的竞赛形式，企业将为员工提供一个兼具学习和互动性的体验。无论是在线平台、线下活动，还是混合模式，都将成为推动企业文化知识竞赛成功的关键元素。在选择的同时，企业将持续收集反馈，以确保活动形式的不断优化，为员工创造出更有意义的竞赛体验。

（二）确定竞赛周期

在选择企业文化知识竞赛的形式后，企业需要考虑另一个关键因素：竞赛的周期性。是选择一次性的活动，还是采用定期举办的方式？

一次性竞赛通常是一个独立的事件，可能由于特殊的场合或庆典而举办。这种形式的优势在于能够在短时间内集中精力，产生一次性的创造性和团队合作体验。其缺点是一旦结束，员工的参与度可能随之下降，且持续的学习动力可能减弱。

相比之下，定期举办竞赛能够建立一种可持续的学习文化。通过按计划定期进行，员工期望和参与度得以持续维持。这种周期性活动有助于形成一种学习的常规，提高员工对知识更新的敏感性。定期竞赛也为员工提供了持续学习和提升的机会，与公司的发展步伐相适应。

然而，定期举办竞赛也面临一些挑战。为了保持员工的兴趣，竞赛的内容需要保持新颖性和多样性。周期性活动的设计需要注重创新，以吸引员工的积极参与。此外，及时收集员工反馈并灵活调整活动内容也是保持活力的重要手段。

在选择周期性时，企业可以考虑将竞赛周期安排为季度或半年一次，以平衡频率和新鲜感。定期的奖励和认可机制也是维持员工积极性的重要元素。此外，为了增强竞赛的连贯性，可以在每期竞赛中引入新的主题和挑战，以确保员工持续感受到学习的价值。

定期举办的竞赛形式将为公司打造一种有利于知识持续更新和员工积极学习的文化。周期性竞赛不仅能够提高员工的兴趣和参与度，还有助于构建一个学习型组织，适应快速变化的业务环境。

（三）制定题库和题目

在打造一场成功的企业文化知识竞赛中，问题的设计是至关重要的一环。问题需要涵盖企业文化的各个方面，包括核心价值观、历史、成功案例等。既要确保题目富有趣味性，同时又具有一定的难度，以激发员工的学习兴趣和挑战感。

在问题的设计中，要注意平衡趣味性和难度。可以加入一些轻松幽默的元素，让员工在回答问题时感到愉悦，同时确保问题的深度和难度，以激发他们深入思考和学习的欲望。

通过设计涵盖多个方面、有趣且具有一定难度的问题，将能够打造一场引人入胜的企业文化知识竞赛。这不仅有助于检验员工对企业文化的理解，还能够促进他们之间的交流与分享。

（四）推广和宣传

在筹备企业文化知识竞赛的同时，活动的成功离不开前期的有效推广和宣传。需要利用内部通讯工具、社交媒体等途径进行广泛的宣传，以确保员工充分了解竞赛的重要性和吸引力。

内部通讯工具是直接与员工沟通的重要渠道之一。通过公司内部邮件、即时通讯工具等平台，可以发布精心设计的宣传资料，介绍竞赛的背景、目的和激励机制。在通讯中突出竞赛对个人和团队成长的积极影响，激发员工的学习兴趣。同时，及时更新竞赛相关信息，保持员工对活动的关注。

社交媒体是拓展宣传影响力的重要平台。通过公司内部社交媒体账号或专门创建竞赛的社交媒体页面，可以发布吸引眼球的内容，如预告片、幕后花絮等。利用有趣的题图和互动式内容，激发员工分享和参与的欲望。鼓励员工在社交媒体上分享他们的期待和期望，形成内外传播的良性循环。

在宣传过程中，着重突出竞赛的重要性和吸引力。强调竞赛是一个提升个人技能、促进团队协作的绝佳机会。介绍竞赛的奖励机制，包括荣誉证书、奖金或其他激励措施，以增强员工参与的积极性。同时，突出竞赛的趣味性和实用性，使员工感受到参与的价值。

通过巧妙地利用内部通讯工具和社交媒体，能够在活动前实现对企业文化知识竞赛的全方位宣传。这种有效的推广方式将为竞赛的成功奠定基础，确保员工对活动充满期待和参与热情。

（五）监测和评估

在竞赛进行期间，企业要建立一个全面的监测机制，以确保对竞赛效果和影响的全面了解。首先，利用数据分析工具追踪员工的参与情况、学习进展和答题表现。通过这些数据，可以量化员工的参与度，并评估他们对竞赛内容的理解程度。此外，设立反馈渠道，鼓励员工分享他们的竞赛体验和建议。通过匿名调查或线上反馈表，能够收集到员工的真实感受，包括对竞赛难度、奖励机制和活动组织的看法。更深入地了解员工的期望和需求。

评估竞赛效果和影响的过程将包括定量和定性两个方面。定量上，将分析参与率、学习成绩、团队协作等数据指标，以衡量竞赛对员工个体和团队整体的影响。定性上，通过员工反馈和意见收集，将深入挖掘竞赛对企业文化、员工学习体验等方面的积极影响。

基于评估结果，将制定相应的调整和优化计划。对于宣传渠道的选择和宣传内容的设计，也将根据监测结果进行调整。如果某些渠道的效果不如预期，将寻找更适合的传播途径。对于宣传内容，将根据员工反馈的喜好和关注点进行精细化的调整，以确保宣传更具吸引力。

第六节　企业文化公众号运营设计

企业文化公众号是企业在互联网时代积极拓展品牌影响力的一种重要方式。它是在社交媒体平台上建立的一个专门用于传递企业文化、价值观和形象的在线平台。这一新型传播工具在塑造企业形象、与受众互动、传递核心价值等方面发挥着日益重要的作用。

一、什么是企业文化公众号

企业文化公众号的兴起源于企业对品牌建设的深刻认识，以及对消费者需求多样化的适应。在信息时代，企业文化公众号作为一种直接、即时、互动性强的传播工具，成为企业与客户、员工进行有效沟通的桥梁。

企业文化公众号是企业文化传播的重要平台。通过该公众号，企业可以发布有关企业使命、愿景、核心价值观的文章，以及展示企业活动、员工风采等内容。这有助于客户更深入地了解企业文化，形成对企业的认同感。

企业文化公众号是企业品牌塑造的关键手段。通过发布与企业文化相关的精彩故事、独特的企业理念，企业能够在受众中建立积极的品牌形象。同时，公众号也成为企业推动产品营销的有力平台，通过巧妙的内容融入，提升产品的知名度和美誉度。

企业文化公众号的独特之处在于其互动性。企业可以通过举办线上活动、开展问答互动等方式，与受众建立更紧密的联系。这种互动不仅提高了企业与客户之间的黏性，也促进了员工之间的交流与合作。

然而，企业文化公众号也面临着信息过载、受众疲劳等挑战。因此，企业需要不断创新内容，确保传播方式与受众期望相符。同时，精准的数据分析也是企业调整传播策略的重要依据。

企业文化公众号是企业在数字化时代建立品牌形象、传递核心价值观的重要工具。通过精心打磨内容、积极互动，企业能够在竞争激烈的市场中脱颖而出，取得更大的品牌认同度和市场份额。在未来，随着科技的发展和消费者需求的变化，企业文化公众号将继续发挥其重要作用，成为企业文化传播不可或缺的一环。

二、企业文化公众号传播的对象

企业文化公众号的对象主要是公司内外的利益相关方，旨在传达和弘扬企业的文化价值观、品牌形象以及与外部社会的互动。

（一）员工

在企业的底蕴中，公众号不仅是外部传播的平台，更是内部文化传承的桥梁。通过公众号，打破内外界限，将企业文化的种子深植于每一位员工心灵，共同书写企业的辉煌篇章。

公众号成为沟通企业核心价值观的重要平台。通过定期发布关于公司使命、愿景和价值观的文章，引导员工深入理解企业的核心信念。透过公众号，以生动的叙述方式，传承并展现公司的历史沿革。通过公众号，分享企业的成功案例，让员工了解成功背后的故事，体味团队的共同努力。通过公众号，实现企业文化的融会，将每个员工融入这个大家庭。员工感受到企业文化的关怀和引导，形成强烈的归属感。这样的共鸣不仅推动企业文化的传承，也激发了员工的自豪感和责任感。

公众号不仅传递信息，更传递情感，让每一位员工都共同见证企业的成长与辉煌。

（二）客户

企业文化公众号是展示企业精神独特魅力的窗口，通过精心打磨的内容，可以向外界传递企业的文化理念和核心价值观。

在公众号平台上，企业以独特而富有深度的方式，呈现企业文化所孕育的品牌精髓。通过生动的图文、视频呈现，客户能够深刻感知到企业的独特气质，形成对品牌的深刻记忆。这种品牌形象的塑造不仅是一种宣传，更是对企业品牌的升华和巩固。

通过在公众号上分享企业文化的故事，可以达成与客户之间的情感共鸣。通过公众号，可以积极参与行业话题，分享对行业未来的独到见解，展示企业的智慧和前瞻性。公众号可以成为企业与客户之间建立更深层次关系的桥梁。通过分享企业的成长历程，展示成功案例，不仅提升了客户对企业的信任，也促使了共同发展的可能性。

在这个共享信息的时代，企业文化公众号不仅是传递信息的工具，更是一座搭建情感桥梁的平台，可以将企业文化的价值传递给客户，成就共赢未来。

（三）合作伙伴

合作伙伴关系的牢固基石并非仅仅建立在业务合作上，更需要共享相似的企业文化和价值观。通过向合作伙伴展示独特而深厚的企业文化，企业不仅在业务上建立了连接，更在心灵层面寻找到了共鸣，为双方的关系注入了更深层次的意义。

在与合作伙伴的交流中，将企业文化的核心理念淋漓尽致地呈现。展示企业文化是共同构建良性合作生态的一部分。通过与合作伙伴分享企业文化，可以创造一种共同的文化氛围，使得合作不再仅仅是交易，而是一场共建共享的冒险，一种共同成长，实现事业和价值的双丰收。

企业文化的传递不仅仅是表面的宣传，更是在共鸣中形成共识。通过深入了解合作伙伴，可以更好地为其定制个性化的服务。企业文化的传达使企业能够更全面地了解合作伙伴的期望和需求，从而更好地满足其业务和发展的具体要求。这种个性化服务不仅加强了合作伙伴对企业的信任，更促进了双方业务的共同繁荣。

（四）投资者

投资者是企业发展的重要支持力量，而企业文化公众号则是我们向投资者传递公司核心信息的重要渠道。通过这一平台，向投资者呈现更全面、深入的公司形象，让他们深入了解企业的长期战略、独特的管理理念和扎根的价值观。

企业文化公众号成为透明沟通的桥梁，为投资者提供了更多关于公司未来愿景的深入了解。这种透明度有助于投资者更准确地评估公司的潜力和长远价值。在企业文化公众号中，以情感共鸣的方式呈现公司的管理理念和价值观。通过企业文化公众号，强调公司价值观的重要性，以及这些价值观是如何贯穿于企业的战略和管理决策中的。企业文化公众号不仅是信息传递的平台，更是与投资者互动的纽带。企业通过回应投资者的关切和问题，建立起真实、开放的沟通渠道。这种双向的互动有助于建立起更加紧密的合作关系，使投资者真切地感受到他们的意见和关切对公司的重要性。

通过企业文化公众号，企业与投资者之间不仅仅是资本关系，更是一种共同发展、共享愿景的伙伴关系。

（五）社会大众

企业文化公众号是企业传递社会责任和可持续发展理念的重要平台。企业不仅是盈利的机构，更是社会的一分子，肩负着积极回馈社会的责任。通过公众号，我们向社会大众传递我们在可持续发展方面的坚定信念，展示企业在社会责任履行中所作出的积极努力。

在企业文化公众号中，我们不仅关注企业的商业成就，更注重分享我们在社会责任方面的实际行动。公众号成为可持续发展理念传播的平台，分享公司在环保、绿色能源、社会公平等方面的长期愿景

企业文化公众号的传播不仅有助于公司的品牌形象建设，更是提高公司在社会上的声誉的关键一环。透明公开地展示社会责任的履行，以及可持续发展的坚持，将赢得社会大众的认可和尊重。积极向社会传递这些正面信息，不仅有助于树立公司的积极形象，也为公司在市场中赢得更广泛的认同和支持。

（六）招聘对象

企业文化公众号是我们向潜在的招聘对象展示我们独特企业文化和优越工作环境的窗口。在这个平台上，我们分享公司的核心价值观、团队合作精

神以及员工成长机会，旨在吸引那些与我们文化价值观相契合的卓越人才，一同投身于激动人心的事业中。

通过生动有趣的故事、员工分享和企业活动的呈现，我们在企业文化公众号上展示了公司丰富而独特的文化氛围。向招聘对象展示公司的工作环境，从办公空间设计、灵活的工作制度到员工福利待遇。

企业文化公众号成为企业吸引卓越人才的桥梁。我们倡导团队协作，鼓励创新思维，希望吸引那些对挑战充满激情、渴望与卓越人才共同成长的候选人。

三、企业文化公众号运营思路

（一）明确传播目标

首先要明确企业文化公众号的传播目标，是弘扬企业价值观、加强员工凝聚力，还是吸引客户、建立品牌形象？不同的目标将影响内容策略和互动方式。

在企业文化公众号上，分享企业的核心价值观，还通过员工的真实故事展现这些价值观在实际工作中的体现。通过情感共鸣，帮助每位员工在这个大家庭中都能找到属于自己的归宿，从而形成强大的团队凝聚力。

除了内部传播，我们也通过企业文化公众号向外部传递我们的品牌故事，为企业吸引更多优秀的合作伙伴和人才打下坚实基础。

企业文化公众号不仅仅是信息的输出平台，更是与员工、客户互动的桥梁。我们通过精心设计的互动活动，鼓励员工和关注者分享自己的体验和想法。这种双向的沟通不仅增进了员工之间的了解，也加强了客户与企业之间的连接，形成更为紧密的关系网。

（二）理解受众需求

深入了解我们的受众是内容传播成功的关键。不同的受众群体具有多样化的需求和兴趣。我们通过对受众群体进行精细地分析，将内容进行个性化定制，以满足不同人群的需求。

在内容传播中，我们注重数据的分析和运用。数据的精细运营不仅使我们能够更灵活地应对变化，也有助于不断提升内容的吸引力和互动性。除了传统的数据分析，企业还通过社交媒体平台与受众进行更直接的互动。借助评论、问答等形式，我们积极倾听受众的声音，回应他们的关切，并根据反馈调整我们的内容，更好地满足受众需求，增强对品牌的信任感。

受众的兴趣和需求随着时光不断变化。因此要致力于持续创新，不断尝试新的内容形式和传播方式。通过在行业内领先的创意和前瞻性，力求成为引领潮流的先锋，从而更好地吸引和保持受众的关注。

（三）多样化内容创作

企业文化公众号不仅仅是信息的传播平台，更是一扇窗户，让受众深刻了解公司的核心价值和独特魅力。

在公众号上发布公司新闻，旨在让受众直观地感受到企业的发展脉络。这不仅包括业务扩张、创新动态，还有员工的卓越表现和团队的合作成果。通过真实而生动的故事，受众更容易理解公司的使命和愿景。这种人性化的呈现不仅让企业更具亲和力，也使受众更容易与公司建立情感联系。企业历史是公司成长的见证，也是文化传承的源泉。通过在公众号上分享企业的发展历程和重要里程碑，公司展现了对传统的尊重，同时强调对创新的执着。企业文化的独特性常常在文化活动中得以体现。公司通过在公众号上分享各类文化活动，如团建、庆典等，让受众感受到公司团队的凝聚力和活力。这同时也是传递企业愉悦氛围，增进内外部关系的有效途径。通过展示成功案例，公司向受众传递其服务或产品的实际价值和对客户的真正影响。这种注重实际效果的分享不仅增强了公司的专业形象，也为受众提供了可信的证据，引导他们更深入地了解公司的业务模式和卓越表现。

通过这些多元化、有趣且有深度的内容呈现，公司将在企业文化公众号上打造一个充满活力和共鸣的社交空间，为受众提供更丰富的企业文化体验。

（四）定期更新

公众号的活力在于持续的内容更新，因此，企业要着重确保公众号定期发布新的、引人入胜的内容。定期更新内容不仅令用户对公众号保持浓厚兴趣，同时也为互动提供了更多机会。通过有趣的问答环节、投票活动或用户分享平台，企业积极激发受众的参与欲望，建立一个真正互动的社区。

为了保持用户黏性，企业需要精心策划和制作各种引人入胜的新内容。无论是新产品的发布、精彩活动的报道，还是与行业相关的独家见解，都将定期呈现在公众号上。这不仅让受众时刻保持新鲜感，也提供了更多有价值的信息。

发布新内容的时间也是关键。企业精心安排发布时间，根据受众的在线时间和习惯，选择最具吸引力的时刻。这样一来，不仅提高了内容被注意到的概率，也让受众更容易形成期待，积极参与到互动中。

除了在公众号上发布新内容，企业还通过其他社交媒体平台、电子邮件等多渠道推送信息，全方位覆盖受众。这种多渠道的宣传策略不仅拓展了受众群体，还加深了受众对企业品牌的认知度。

企业通过建立内容系列，形成一定的品牌记忆点。这些系列内容可以是关于企业文化的深度解读，员工故事的连载，或是产品的使用技巧分享。通过建立系列，企业更好地引导受众深入了解，并持续留住他们的关注。通过这一系列策略的综合运用，企业将保持公众号的新鲜感和吸引力，从而更好地与受众建立稳固的互动关系。

（五）跟踪趋势和热点

保持与时俱进是公众号运营的关键，因此需要一直积极关注行业趋势和社会热点，以便及时调整公众号的内容方向。这一努力旨在确保公众号始终保持新颖、引人入胜的特质，为受众提供更具吸引力的内容体验。

企业要持续追踪行业动向，密切关注新技术、新产品和市场变化，以把握行业新趋势。这种主动的态度不仅使企业在行业内保持领先地位，也为公众号内容的更新提供了源源不断的灵感和素材。此外，企业要善于捕捉社会热点，抓住话题风口。无论是关于科技创新、文化艺术，还是社会现象，企业始终保持敏感度，确保将最新、最引人关注的话题呈现给受众。

《黑神话：悟空》火了之后，很多人都在跟踪热点，其实早在制作期间，圈内就有不少声音称其"会爆"，游戏在全国范围选取了36个景点作为游戏背景，其中27处景点为山西极具代表性的古建筑，由南至北横跨9个地市，展示了山西深厚的文化底蕴，为山西文旅产业带来新的发展机遇。

山西省文旅厅公众号同时配合宣传推广的3条主题线路包括"古建华章与彩塑满堂晋北线""楼阁飞云与神仙洞天晋南线"和"神奇上党与绝美造像晋东南线"，串起了游戏中的山西元素实景地，引领游客跟着"悟空游山西"。

四、企业文化公众号建设的路径

（一）统一品牌形象

致力于确保企业文化公众号的设计与企业整体品牌形象保持一致。在设计过程中，企业精心运用标志、颜色、字体等品牌元素，旨在通过独特而一致的设计语言，强化品牌识别度，使受众在任何与企业相关的平台上都能立即辨认出品牌的独特魅力。

企业文化公众号设计的重要一环是品牌标志的巧妙运用。企业将标志融入设计中，以此传达企业的核心价值观和独特身份。在设计中，企业不仅注重标志的运用，还精准选择与企业整体品牌形象相符的色彩。这不仅有助于构建品牌的独特视觉识别，而且通过颜色的搭配，使公众号呈现出更加专业、统一的外观，让受众在浏览时更容易与企业品牌产生联想。

为确保品牌形象的一致性，企业在设计中注重字体风格的统一性。除了元素的运用，企业还注重页面布局与整体品牌形象的协调。通过精心设计的页面结构，确保用户在阅读内容时能够感受到品牌的一贯性，提升用户体验，使受众更愿意深度了解企业的文化和价值观。

通过这些精心的设计和品牌一体化策略，企业将继续确保企业文化公众号在外观上与企业整体品牌形象的高度一致。这种一贯性的设计不仅强化了品牌识别度，也为受众提供了更为一致、专业的品牌体验。

（二）清晰的导航结构

企业要致力于为用户提供一流的用户体验，因此需要特别注重设计清晰而智能的导航结构，以确保用户能够轻松找到所需信息。

在导航结构的设计中，精心构建一个多层次的分类体系。这种结构不仅使各类信息井然有序，而且能够满足用户多样化的需求，为用户提供更加个性化的使用体验。为了进一步提升用户体验，可以采用智能标签的设计方案，简化用户查找信息的步骤，增强用户对于整个导航系统的信任感。还可以引入用户个性化推荐的机制，根据用户的浏览历史和偏好，智能推送相关内容，提升用户对导航结果的满意度。

此外，为适应不同终端上的浏览需求，可以采用响应式设计。无论用户是在电脑、平板，还是手机上浏览，导航结构都能够自动调整，确保在任何设备上都能提供一致而舒适的浏览体验。

（三）注重用户体验

企业微信公众号在版面设计过程中，要特别强调用户至上，整个设计要注重清新简约的界面，让用户在使用过程中能够轻松地阅读和互动，从而提升整体的用户体验。可以采用清爽简约的设计元素，避免过多的烦琐装饰和冗余信息，使界面更为干净明了。在界面交互设计上，注重直观易懂的原则。为确保用户轻松阅读，对字体和排版进行了精心优化，减少了眼睛疲劳的可能性。避免过多的交互元素和按钮，只保留了必要的功能按钮，使界面更为简洁，提升整体使用体验。持续关注用户的反馈意见，并根据用户的需求不断优化界面设计。

企业公众号通过与用户保持紧密的沟通，致力于为用户提供一个既简洁易懂，又充满舒适感的界面，以满足用户对于高质量用户体验的期待。

（四）强调企业文化元素

在设计中，可以深度融入企业文化的元素，特别是企业的价值观、使命和愿景等方面。这一设计理念不仅仅关乎界面的外观，更注重通过视觉与交互元素的巧妙搭配，将企业的核心理念深刻地呈现给用户，从而加强用户对企业文化的深层次认知。

将企业的核心价值观巧妙地融入界面设计中，通过独特的图标、颜色和排版等元素，形成独特的品牌形象。用户在使用产品的同时，会在界面的细节中感知到企业所秉持的价值观，进而建立对品牌的认同感与信任感。

在界面的关键位置，巧妙设置展示企业使命的板块。这种显著的呈现方式使用户在浏览过程中不可避免地与企业的使命产生共鸣。通过与用户情感共振，企业能够深刻地传达出自身的使命，引导用户建立起对企业的情感联系。

设计中巧妙安排展示企业愿景的元素，使用户对企业未来的发展方向有一个清晰的认知。这不仅激发了用户对企业发展的期待，同时也让用户感受到与企业共同成长的愿景，促使用户更深层次地参与支持企业的发展。

通过在界面的各个细节中全面体现企业文化的元素，企业在用户心中建立了更为深厚的品牌认知。这种文化价值的全面展示不仅仅是视觉上的呈现，更是通过与用户的互动，使用户更加全面地了解并认同企业的文化核心。

第四章

CHAPTER 4

组织觉醒：8步构建企业文化生态体系

榜样工程

企业通过树立榜样，可以凝聚向上的力量。企业里的榜样是企业文化的重要组成部分，在企业中具有举足轻重的地位，他们不仅可以将企业的价值观和行为规范传递给员工，使员工更好地融入企业文化中；还可以提高员工的工作积极性和自我要求，让员工从他们身上学到优秀品质和工作方法，从而激发员工的工作热情和创造力。企业榜样帮助树立企业的形象和声誉，使企业在员工和社会中获得更好的认可。

第一节 企业文化榜样工程概述

随着我国经济的发展和对企业文化建设的日益重视，榜样的作用变得越来越重要。每个企业都有专业技能高手、业务技能专家，也有更多普普通通的成员，他们的普通是因为岗位的平凡，在这群平凡的人身上，几乎每个人都是一个有故事的人，他们在用自己的举动践行着企业文化理念。一个好的企业文化需要有榜样的支持才能有效地实践。

一、什么是企业榜样

企业榜样是指"在企业生产经营活动中，涌现出来的一批具有较高思想水平和较强业务技能，取得优秀业绩并受到职工尊重的劳动模范、先进典型或英雄人物。"从某种意义上来说，企业榜样是企业的价值观以及企业文化的"实体化"与"人格化"，为其他员工提供了效仿和学习的样本和标准，有着不可替代的作用。然而，能够在企业中发挥其独特作用的榜样人物，不仅仅指企业中的标杆员工，企业中的优秀领导者同样也在发挥其重要而独特的作用。优秀的领导者在企业文化中的作用和价值也起着至关重要的作用。所以说，企业榜样是由企业的领导者以及标杆员工这两部分共同组成的，他们各自发挥着重要而独特的作用。

二、企业树立榜样人物的方法

（一）营造良好的企业文化

在企业管理中，树立标杆员工不仅是激励机制的核心组成部分，更是营造积极向上的企业文化的关键步骤。为了有效树立这些榜样，企业要为所有员工创造一个健康、和谐的工作环境。有了环境的熏陶，才能在环境中营造良好的企业文化。

良好的企业文化不仅能够提升员工的满意度和归属感，还能带来愉悦的工作氛围，使员工更加专注地完成工作任务。在一个大型企业里，如果缺乏积极正面的文化，很难保持员工的积极性和创造力，这将直接影响到企业的长期发展和竞争力。

优秀的企业文化还能促进跨部门间的沟通与合作，激发创新思维，并为企业提供持续改进的动力。当员工感受到自己的努力被认可和支持时，他们更愿意投入额外的时间和精力，追求卓越，进而推动整个组织不断进步。因此，建设良好的企业文化不仅是管理者的责任，也是企业实现可持续发展的战略选择。

（二）鼓励上进，树立榜样

榜样的力量是无穷的，一个好的榜样可以影响一个团队，让这个团队中的人都努力向上。所以企业可以通过树立标杆员工，来激励团队中的每一个人。而标杆员工不仅可以起到示范作用，还会对其他员工产生一定的影响，让他们积极上进。

在企业内部树立榜样、树立标杆。优秀员工永远都不是靠说教出来的，而是靠回报出来的，正是优秀员工享受了普通员工没有的待遇，得到了普通员工没有的奖励，才让优秀员工有了持续保持优秀的动力，才让后进员工有了慢慢向优秀靠拢的动力。有素质的员工可能愿意吃亏、愿意付出，但没有员工愿意长期吃亏、长期多付出少回报。正是优秀员工拿到了一系列的好处和回报，才让自己更加努力、更加优秀，也正是因为优秀员工的榜样效应，让落后的干部员工有了让自己变得优秀的充分理由。

（三）建立合理的分配机制

利益分配是企业经营的核心。没有任何员工愿意多劳少得，长期吃亏。没有哪一个客户愿意长期包容。只有顺应人性，客观按员工个人实际价值贡献进行利益分配，才能让经营闭环得以持续、顺畅地运行，让企业良性健康地发展。员工薪资和利益分配跟老板最操心的、企业最重要的、最有价值的事情关联越紧密，管理就越简单、越轻松。企业与员工才会形成真正的利益共同体，才会目标一致，形成真正的合力。

例如，激励宝积分制管理，在落地过程中，给每个员工开一个积分账户，积分终身有效，不清零不作废，累积干部员工的价值贡献，历史功勋。积分分成两种类型，"表现分"和"绩效分"。表现分，量化员工做人；绩效分，量化员工做事。表现分，按企业管理导向，奖励先进，激励后进，打造企业内部良好的价值生态，拿工作结果，去创造价值。绩效分也叫产值，对员工有效的工作结果给予绩效分肯定，量化员工的价值贡献和输出，形成每个月薪资核算的客观依据，在保障员工原有工资保底的前提下多劳多得。激励员工持续输出价值，让员工真心为自己干，实现企业与员工的持续共赢。

第二节　如何塑造企业的英雄

企业英雄是企业价值观的化身，是企业精神的缩影，是企业文化的代表性人物。从企业中发现和塑造企业英雄，是彰显企业文化特色的有力手段。企业的英雄不一定担任企业的高级职务，也许算不上出类拔萃的人才，但在他们身上体现着企业所要弘扬的某些精神，具有强大的号召力，成为企业文化的一个代表性"符号"。

一、企业英雄人物的概念

企业英雄是指在企业生产经营活动中涌现出来的一批具有较高思想文化水平、业务技术能力和业绩优秀的劳动模范、先进骨干分子或英雄人物等。他们的观念、品格、气质与行为特征都是特定价值观的具体体现。他们是集中体现企业主流文化而被企业推崇、被广大员工一致仿效的特殊员工，这些人在企业正常的生产经营活动中起着带头作用，是企业先进文化的体现者，是企业价值观的化身。

二、什么样的人能成为企业英雄

企业需要英雄，但企业不应该赞成那种把英雄狭义化和神化的行为，那是个人崇拜，不是企业行为。对于企业来说，英雄的评判标准只有一个，那就是遵从和发扬企业文化，在实际工作中为企业作出了突出贡献，使企业取得巨大进步的那些人。从这个角度看，任何成功的企业包括正在快速发展的企业，都有自己的英雄人物，他们可以是创始人、力挽狂澜的企业家，也可以是职业经理人，甚至可以是兢兢业业位于企业生产、营销第一线的人，只要他们的行为体现了企业的文化，为企业作出了突出贡献，他们就是企业的英雄。企业的英雄分为三个层次。

（一）创业者或者企业家

正如微软的比尔·盖茨，联想的柳传志，IBM的郭士纳一样，他们身为企业最高管理者，对企业的创办和发展发挥了巨大作用，具有一定的传奇色彩，本身也是文化的塑造者、倡导者和变革者，他们的事迹，深刻体现了企业文化的产生、发展和变革，因此，他们当之无愧是企业的英雄，是企业应该宣传的重点。

（二）做出突出贡献的员工

在科研开发、产品创新、管理方式、营销策略，以及工艺流程等方面实施变革和改进，并且这些努力已被证实卓有成效，为企业的管理和业绩带来了显著提升的员工，同样可以被视为企业的英雄。这类员工通过其创新思维和实际行动，不仅解决了现有问题，还为企业创造了新的增长点和竞争优势，他们的贡献对于企业的成功至关重要。

"90后"的大国工匠郭东妮，是中南智能长沙长泰机器人有限公司机器视觉及人工智能软硬件研制项目组长。接到任务后，她和团队在水泥车间，从头开始设计机器人成套系统。怎么准确识别水泥，用合适的力度、角度抓取水泥袋，再投放在正确的位置，这些都是他们要考虑解决的问题。为了达到机器人系统代替人工的效果，研发算法和软件必不可少。除了泡在车间外，其他时间郭东妮都是在办公室的电脑前度过的。经过一个多月的努力，郭东妮和团队最终完成了"水泥袋装车"机器视觉智能化升级，解决了传统模式下，水泥袋的出厂运输依靠人工劳动的问题。经过多次的调试，系统运行成功，帮助劳动者解决了又苦又累的高强度作业难题。后来又被委以重任，为传统纺织行业研发智能验布设备系统。郭东妮成为有突出贡献的人才，被评为"大国工匠"，这样的人就是企业的英雄。

（三）长期为企业服务，体现企业价值观的员工

除了企业领导者、骨干，还有一大批长期在企业一线默默耕耘、没有特别显著成就的员工。但只要他们认同并践行企业文化，实实在在地为企业奉献，同样可以被视为企业的英雄。特别是那些在企业面临挑战时坚定不移地支持公司，与企业共渡难关的员工，他们对企业展现出了高度的忠诚和深厚的情感。这些员工不仅对企业的发展历程了如指掌，更能深刻理解创业和发展过程中的不易，是企业文化的忠实守护者和支持者。因此，他们是企业宝贵的财富，他们为企业注入了稳定性和连续性，是推动企业持续前进不可或缺的力量。

三、如何塑造企业英雄？

谁是企业的英雄？为什么是他而不是别人？这是进行英雄塑造时非常重要的问题。

（一）企业英雄人物塑造的3个维度

一是价值观遵从度。企业倡导的核心价值观是否被员工真正践行。如果一家企业强调团队合作，那么在选拔英雄人物时，应重点关注那些在实际工作中展现出强烈团队精神的员工。他们的行为和事迹应当能够具体体现这一价值，缺乏显著表现的候选人可能难以服众。因此，在提炼英雄人物时，必须确保其行为与企业的价值观高度一致，并有具体的事件和人员作为佐证。

二是业绩贡献度。业绩贡献度则是硬性指标。企业并不提倡因某一孤立事件而授予某人英雄称号，而是更看重长期稳定的工作表现和突出的业绩成果。只有通过持续的努力和显著的成绩，才能赢得同事们的认可和支持。以事实为依据，确保所选英雄人物不仅符合企业文化，还能够在实际工作中产生积极影响。

三是卓越表现度。英雄人物的诞生需要基于其在关键领域的卓越表现。这种卓越可以体现在科研开发、产品创新、管理方法、营销策略或工艺流程等方面的突破性改进上。这些变革不仅要经过实践检验，证明其有效性，还要为企业管理和整体业绩带来显著提升。具备这样卓越成就的员工，才是值得表彰的企业英雄，他们不仅是个人成功的典范，更为其他员工树立了追求卓越的目标和方向。

天生的英雄毕竟数量有限，企业的大部分英雄是"后天"和"人为"造就的。他们也是普通人，只不过因为在某些方面较好地体现了企业的文化被企业选定并通过表彰和仪式而被赋予"光环"。选择"合适"的人并以正确的方式加以"塑造"是企业文化管理者必须具备的管理能力。

（二）企业英雄人物塑造的3个原则

1. 按照企业文化要求选择人，不能唯业绩论

企业塑造的英雄人物是需长期供员工学习和膜拜的，一旦树立，就需持续相当一段时间，所以英雄人物的选择一定要保证是符合企业价值导向的。其中，赶潮流和唯业绩方式树立英雄人物，是很多企业最容易进入的英雄塑造雷区。

完全按照业绩的标准树立英雄人物，将业绩英雄等同于文化英雄，以业绩文化取代企业文化。这是目前中国企业普遍陷入的一个误区，也是一种非常危险的信号。业绩从长期来看和企业文化是一致的，因为一切优秀的企业文化一定是能够为企业带来长期良好业绩的文化。但是，从短期来看，良好业绩所代表的方向与企业文化所代表的方向并不完全一致，有时甚至是矛盾的，这是企业短期业绩和长期业绩所固有的矛盾所致。一味跟着短期业绩走，就会使企业陷入功利主义和短期行为导向。

从文化落地的角度而言，无论采取何种分类方式，企业情景式英雄必须考虑到企业价值理念的要求，要保证企业核心价值理念的每一方面都要有代表性的英雄人物；否则，企业价值理念的落地就会出现盲区，一些没有英雄人物的价值理念就会逐渐被人忽视和淡忘。

2. 与企业的奖项设计相结合

除了极个别的天生式英雄人物外，大部分英雄人物是从普通人中选择出来的，在被认定为企业英雄之后，需要有一种加冕仪式使之变得与众不同，使之身后生长出英雄的"光环"，这样才能够在文化落地过程中发挥英雄的作用。而企业奖项以及授予奖项的表彰是最好的加冕仪式，所以企业英雄的塑造一定要和企业的奖项设立相结合，按照英雄人物塑造的需要设计奖项，通过奖项和授奖仪式给英雄人物赋予"光环"，两者需密切结合。

这方面出现的误区常常有两个：其一是缺少相应的奖项和表彰仪式，其二是企业奖项和英雄人物树立之间缺少必要的关联，导致油水分离。造成这

种问题的原因大多是由于企业文化管理职能和人力资源管理职能分离，英雄人物树立归属文化部门，奖项设立归属人力资源部门，两者在现实管理中需要统一筹划。

3. 与核心岗位的设定相结合

企业的英雄人物不但要通过奖项和表彰仪式进行加冕，还要在人事使用中加以重用，或者说，企业英雄人物的选择一定要和企业的战略人才储备、企业关键岗位的设置相结合，能够成为企业英雄的人一定是与企业在文化及战略方向上双重符合的。

很多企业会在自己的核心工作岗位中选择潜在的英雄候选人，或将选定的英雄调到核心的工作岗位上。当人们看到什么样的工作岗位可以造就英雄时，便会充分发挥自己的主观能动性。他们知道企业对自己的期望是什么，因而富有创造性。经过一段时间之后，企业便会充满生机、蒸蒸日上。因此，找到这样的岗位并增加它们的清晰性是英雄塑造过程中的一个必要条件。

在宝洁公司，品牌经理和哈佛毕业的博士一样受到尊敬，那是年轻人向往的工作；在IBM公司，形成企业文化的有效范式就是从数千名新员工中挑选出一些人进入快速通道，让他们担任为期一年的高层经理助手。很明显，他们中的每个人都是英雄人物的候选人，在一年的工作中，这些未来的英雄们负责回复客户的投诉信。这种做法的作用看起来不那么明显，实际上它增强了这些新员工的敏感程度：IBM公司把客户服务看得至关重要。

（三）企业英雄人物塑造的3种方法

一个民族需要英雄，英雄是民族精神和气节的凝聚和体现，同样地，对于一个企业来说，也应该有自己的"英雄"。在社会和企业处于发展期、转型期、困难期的时候，更需要有英雄挺身而出，带领大家奋发图强。

1. 善于发现英雄"原型"

企业的英雄人物在成长初期可能并没有惊天动地的事迹，但他们通常拥有积极的价值取向和坚定的信仰，这些品质往往与企业所倡导的核心价值观相契合。企业领导应当深入员工群体，通过日常交流、观察，以及参与基层活动等方式，了解员工的思想动态和行为习惯，从而及时识别出那些具有潜在英雄特质的"原型"。对于这些"原型"，不应苛求其完美无缺，而应更加注重挖掘他们身上的闪光点，哪怕只是一些微小却充满正能量的行为或想法。

例如，在华为公司，任正非非常重视对年轻员工的关注和支持，他鼓励管理层多与一线员工沟通，倾听他们的声音，并从中发现那些虽然职位不高，但表现出色、思想进步的年轻人。这些年轻人后来成为华为技术创新性发展的重要推动力量。华为通过设立"蓝血十杰"奖项，表彰那些在平凡岗位上做出不凡贡献的员工，以此激励更多人向他们学习。

2. 注重培养英雄

一旦发现了具有潜力的英雄"原型"，企业应该为其提供一个有利于个人成长和发展的环境。包括提供专业的培训课程以提升他们的专业知识和技术能力；组织多样化的文化活动，如团队建设、志愿者服务等，帮助他们开阔视野并增强对企业文化的认同感；为他们创造更多的实践机会，让他们能够在实际工作中积累经验，提高解决问题的能力。

中国航天科工集团（CASIC）为了培养新一代的技术人才，不仅提供了丰富的内部培训资源，还鼓励员工参加国内外学术会议和技术交流活动，使他们在国际舞台上展示自我，同时也带回最新的行业资讯和技术成果。此外，CASIC还设立了多个科研创新平台，让有潜力的年轻人有机会参与到国家重大项目中去，加速他们的成长过程。

3. 着力塑造英雄

当初步选定的英雄"原型"经过一段时间的成长和锻炼后，企业可以着手对其进行更为系统的塑造工作。首先，给予他们适当的指导和支持，确保其言行符合企业文化的要求，并赋予他们在关键项目或活动中担任重要角色的机会，使其得到充分的锻炼。随着这些"原型"逐渐成熟并获得部分同事的认可，企业应及时总结他们的成功经验和先进事迹，通过多种渠道进行广泛宣传，如内部刊物、网站、社交媒体等，提高其知名度和影响力，最终使之成为全体员工心中的榜样。

阿里巴巴为例，该公司特别重视榜样的力量，每年都会评选出一批"阿里侠侣"，即那些在工作中展现出非凡精神风貌和服务意识的员工。通过制作专题纪录片、举办年度大会等形式，阿里巴巴将这些英雄的故事传播给每一位成员，激发大家效仿的热情。同时，阿里也强调英雄人物不能脱离群众基础，必须保持与普通员工之间的紧密联系，这样才能真正发挥出榜样的引领作用。

第三节 企业文化官

打造企业文化是践行企业战略规划的重要支撑，是提升管理质效、推动改革创新的必然选择，是摆脱经营困境、赋能企业发展的迫切需要，很多企业设置了企业文化官（也有称为首席文化官），这是现代企业管理中，让企业文化落地的一个重要举措。

一、企业文化官的概念

（一）企业文化官的定义

企业文化官（Chief Culture Officer，简称CCO）是一个组织中负责管理和推动企业文化的高级职位。他们通常是一家企业或组织中的高级领导者，直接向首席执行官（CEO）汇报。企业文化官是新兴职业，属于职业经理人大类，一般在规模较大的企业中会设置该职位。

（二）企业文化官的知识要求

1. 企业文化理论知识

企业文化官应该熟悉企业文化的相关理论和概念，了解不同类型的企业文化，以及其对组织行为和绩效的影响。他们需要了解企业文化的形成和演变过程，以及如何通过文化塑造来实现组织目标。

2. 组织行为学知识

企业文化官需要了解组织行为学的基本原理和概念，包括个体行为、团队动力、领导力、组织变革等方面的知识。这将帮助他们理解组织成员在不同文化环境下的行为和互动方式。

3. 战略管理知识

企业文化官应具备战略管理的知识，了解组织的战略目标和发展方向，并将企业文化与战略目标相一致。他们需要了解如何通过文化塑造来支持和推动组织的战略实施。

（三）企业文化官的能力要求

企业文化官的能力包括通用能力与专用能力。通用能力包括执行能力、组织协调能力、应变与适应能力、创新能力、学习能力、团队管理能力。专用能力则包括企业文化管理能力、企业文化评价能力、沟通与影响力能力、数据分析与评估能力、培训能力。

1. 企业文化管理能力

企业文化管理能力是指企业管理层和相关人员在推动和管理企业文化发展过程中所具备的能力和技能。包括能够组织推动企业文化系列活动；能够准确总结企业文化建设经验；能够组织设计企业文化体系构架；能够组织提炼企业理念；能够有效组织企业文化传播；能够组织进行企业文化培训。

2. 企业文化评价能力

企业文化评价能力是衡量一个企业在文化建设与管理上的成熟度和有效性的重要标志，它包括评估指标的选择、数据收集和分析、评估方法的应用、评估结果的解读和反馈、持续改进和监测等方面。

评估指标的选择是企业文化评价过程中的第一步，也是最为基础的一步。理想的评估指标应该能够全面、准确地反映出企业文化的核心要素，如企业的价值观、使命、愿景等，同时还需要考虑到这些文化特质如何影响员工的行为模式、工作态度及团队协作能力。评估指标还应具备可操作性和可量化性，便于后续的数据收集与分析。

数据收集通常涉及多种方法，比如员工满意度调查、深度访谈、案例研究、行为观察等。这些方法可以帮助企业从不同角度了解员工对于企业文化的认知与接受程度。在数据收集完成后，采用适当的统计工具和技术对数据进行处理分析，识别出企业文化的优势领域和待改善的地方。

评估方法的选择应基于评估的目的、可用资源以及企业的具体情况。常用的方法有自我评估（即由企业内部成员自行完成）、同行评审（邀请同行业其他企业进行互评）、外部专家评估（聘请第三方专业机构或个人）等。每种方法各有优缺点，企业可以根据自身需求灵活选择。

对评估结果的正确解读至关重要，它直接关系到后续改进措施的有效性。企业应将评估结果以清晰易懂的形式向全体员工公开，同时指出存在的问题和挑战，并提出具体的改进方向。此外，建立一个开放透明的反馈渠道也非常重要，鼓励员工分享自己的看法和建议，共同参与到企业文化的建设中来。

企业文化并非一蹴而就，而是一个长期发展的过程。建立一套完善的持续改进和监测机制显得尤为重要。这包括定期复审企业文化，根据市场变化和社会发展趋势调整文化导向；制定具体的行动计划并跟踪执行情况；设立专门的文化建设小组负责监督整个过程等。通过不断地反思和调整，使企业文化始终保持活力，更好地服务于企业发展战略。

3. 沟通与影响力能力

企业文化官的成功很大程度上依赖于其出色的沟通与影响力技巧。他们必须能够清晰、准确地向组织内的各个层级传达企业文化的深层含义和价值观念，确保每个人都能够理解并认同这些理念。企业文化官需要积极倾听员工的意见和建议，给予及时且建设性的反馈，建立双向沟通的桥梁。除了言语表达外，身体语言、面部表情等非言语信号也十分重要，恰当的肢体动作能够增强信息传递的效果。企业文化官要运用生动的故事来阐述企业文化的精髓，使之更容易被接受和记忆。同时根据不同对象的特点调整沟通方式，如对高层管理者可能更注重逻辑性和数据支持，而对于一线员工则需要更加亲民和直观。

4. 数据分析与评估能力

在数字化时代，企业文化官需要具备一定的数据分析能力，以科学的方法来衡量和优化企业文化。要能确定哪些数据对于评估企业文化是重要的，如员工满意度、离职率、客户满意度等，并建立有效的数据收集机制。要能够运用统计软件和工具对收集到的数据进行处理，识别趋势、模式和异常点。同时基于数据分析结果，评估企业文化的现状及其对企业业绩的影响，找出优势和不足之处。根据评估发现的问题，制定相应的改进措施，并跟踪实施效果，形成闭环管理。

5. 培训能力

企业文化官还需拥有强大的培训能力，能够有效地将文化理念传授给每一位员工。因此企业文化官需要掌握成人学习的特点和需求，设计符合成人认知规律的教学方案。结合企业文化和业务特点，开发有针对性的培训内容和形式，如工作坊、角色扮演、案例分析等。在进行培训时，要掌握有效的授课技巧，如提问引导、互动讨论、情景模拟等，提高培训的吸引力和参与度。同时还能够建立培训效果评估体系，收集学员反馈，持续优化培训内容和方法。

（四）企业文化官的主要职责

1. 梳理并构建本企业的企业文化

企业文化官在构建企业文化的初期阶段扮演着至关重要的角色。他们需要深入调研，了解企业的历史背景、业务特点、市场定位等因素，以此为基础定义和确立组织的核心价值观、使命和愿景。这些基本元素不仅是企业文化的灵魂所在，也将成为指导员工行为的具体标准。企业文化官还需将抽象的价值观和理念转化为易于理解和实践的行为准则和文化特征，确保每一位员工都能够清楚地知道什么行为是被鼓励的，什么行为是被禁止的。

2. 制定文化建设策略

企业文化官不仅要明确企业文化的内涵，还要制定出一套行之有效的文化建设策略。这涉及与高层管理团队密切合作，确保企业文化与企业的整体战略相契合，能够为实现组织的长期目标提供强有力的支持。通过制定详细的时间表、责任分配以及预期成果，企业文化官可以确保文化建设活动有序进行，逐步推进企业文化的深化与发展。

3. 传播和推广企业文化

为了使企业文化深入人心，企业文化官需要利用多样化的沟通渠道和活动形式，如内部新闻稿、员工大会、主题培训等，积极地传播和推广企业文化。通过与员工的直接交流，分享企业的核心价值观和行为期望，可以有效地增强员工的认同感和归属感。此外，还可以通过设置榜样人物、表彰优秀事迹等方式，激励员工主动践行企业文化。

4. 通过培训传播企业文化

企业文化官还承担着培养员工文化意识的重要职责。他们需要设计并实施一系列的培训项目，提供必要的资源和支持，帮助员工更好地理解和内化企业文化。可以通过在线课程、研讨会等形式，讲解企业文化的起源、发展历程及其重要性；也可以组织模拟情景演练，让员工在实践中学习如何应对各种情况，从而加深对文化理念的理解和应用。

5. 监测和评估企业文化

企业文化官需要建立一套完整的监测和评估体系，定期检查企业文化建设的成效。这包括收集来自不同层面的反馈信息，运用定量和定性的方法分析员工对企业文化的认知水平、接受度及实际表现。通过对评估结果的深入剖析，可以及时发现存在的问题，采取相应的措施加以解决，保证企业文化持续健康发展。

6. 企业文化的治理和风险管理

在确保企业文化良好运行的同时，企业文化官还需关注文化治理和风险管理方面的工作。他们需要与法律法规部门、内部控制团队紧密配合，确保企业的日常运营严格遵守相关法律法规，维护良好的社会形象。此外，通过建立健全的风险预警机制，可以有效预防潜在的文化冲突或道德风险，保障组织健康稳定的发展。

二、首席文化官

（一）为什么要设立首席文化官

首席文化官作为企业文化管理制度建立与执行的中心人物，他塑造、提炼和推广企业的愿景、共同价值观和使命。首席文化官的设置在于强化人们对企业文化重要性的认识。首席文化官的作用主要是协助企业最高领导者，或在企业最高领导者的领导下，结合企业实际，领导、组织开展和推进企业文化建设工作，助推企业朝着企业宗旨或愿景的方向，健康、和谐、稳定地发展。

（二）首席文化官的五大职责

首席文化官是企业中负责管理和推进企业文化的高级管理人员，其五大职责包括：

1. 领导企业文化建设

首席文化官可制定企业文化的发展战略、制定企业文化发展计划、组织和指导企业文化建设。他需要明确企业对文化建设的定位，如何在全体员工中落实企业文化，如何传承企业文化，营造企业价值观，使企业内外部员工都建立起共同的文化认同感。

2. 推广企业核心价值观

首席文化官需要通过宣传、培训、社交媒体，以及企业内外部活动等手段来传播企业的核心价值观。他需要细致地了解企业的价值观，分析其贡献及影响，进而策划和组织有关企业文化方面的宣传、培训、市场营销活动，让员工充分了解和接受企业的文化理念，并在外部传播和推广。

3. 引领企业文化变革和升级

由于市场的变化，企业也需要发展变化以适应环境的要求，首席文化官需要重点关注企业的文化升级和创新，为企业发展提供有力的支持和指导。他需要发现和解决文化方面的问题，根据企业的需要做出取舍，调整发展方向，协助整个企业从根本上提高文化素养，推进企业的文化建设。

4. 全面考虑企业战略发展

首席文化官须考虑到企业的经营、管理、市场等各方面的因素，与企业的其他部门密切合作，推动企业的创新和转型。他需要反映企业文化对企业发展的影响，同时决定企业文化如何与企业战略相结合，匹配企业定位和文化，以确保企业的战略、长期或短期目标的达成。

5. 企业文化风险管控

首席文化官需要遵守法规、规范企业文化管理，定期对企业文化进行评估，及时发现潜在的文化风险，预防和管理文化危机，减少文化浪费，并且可以实现文化的转型和升级。此外，首席文化官还需要与企业的顶层管理人员进行有效的沟通和协作，达成目标并实现成效。

第四节　企业文化大使

在企业文化建设过程中，常常会因为各种主观或客观原因的出现使得文化建设工作出现问题，使文化推广工作无法顺利实施。企业文化大使的设立就妥善地解决了这些问题。企业文化大使在传达、弘扬和践行企业文化方面发挥着重要作用。作为企业文化大使，他们通过深入了解、积极参与、持续学习和提升等方式，能够有效地推动企业文化建设，提升员工凝聚力和企业形象。

一、企业文化大使的概念及产生

（一）企业文化大使的概念

文化大使是传播文化、展示一个地方（企业）文化形象，对外开展文化交流的使者。企业文化大使是指在一个企业中，专门负责传播、弘扬和践行企业文化的人员。他们不仅要了解和理解企业的核心价值观、使命和愿景，还要积极参与并引领企业文化建设，以达到提升员工凝聚力和企业形象的目的。

（二）企业文化大使如何产生

文化大使的产生分为部门推荐及员工自荐两种方式。部门推荐由其所在部门同党群工作部沟通，上报本部门拟选定的员工大使，经党群工作部及企业主管领导审核后，由企业统一下发聘书。员工自荐方式则是企业面向企业内所有员工，任何有意成为企业文化大使的员工均可在填写《企业文化大使自荐表》后，通过相关部门考察合格后由企业下发聘书。

企业文化大使是企业文化的传播者，是部门文化理念的践行者、示范者、监督者。往往担负着配合企业进行企业文化推广、传播企业理念，组织本部门员工积极参与各项企业文化活动，收集并反馈员工对企业文化工作的意见与建议，促进企业文化的进一步"落地"，加快企业文化同各部门（单位）自身文化理念的融合，提高能源企业文化理念的传播速度，规范各部门（单位）员工的言行。

从各部门中推荐（自荐）出来的员工代表担任企业文化大使，因此具备了双重身份（即文化的宣贯者，又是普通员工），他们对促进文化"落地"及加强部门文化同企业文化的融合十分有利，有助于将企业文化理念进一步落实到基层，有助于提升普通员工对于企业文化理念的认同感及归属感，更有利于掌握普通员工最新的思想动态及最基本的需求，加强部门同企业间的联系，提升文化合作意识，进一步促进企业文化理念在各部门（单位）落地生根。

二、企业文化大使的作用

（一）企业文化的拥护者

企业文化大使是文化的代言人，传递企业价值观理念，言传身教，发挥贯彻落实集团企业文化精神和基层战斗堡垒的作用。企业文化大使是企业文化的拥护者。他们代表企业，在内部和外部传达并推广企业的核心价值观、信念和行为准则。作为企业文化的重要组成部分，他们负责分享和弘扬企业的使命、愿景和理念，以及鼓励员工在日常工作中践行这些价值观。

（二）企业文化的传播者

企业文化大使在组织中起着重要的作用，他们致力于传播和弘扬企业的核心价值观，并鼓励员工在工作中践行这些价值观。他们通过建立积极的工作环境和促进文化交流，帮助塑造和加强企业的品牌形象，并提供反馈和建议，以不断改善组织的文化和发展。

文化建设是一个长期的、潜移默化的过程，在这个过程中需要不断地扩大企业文化的外延、提升其内涵，持续地发挥其自身的引导功能、教育功能。企业文化大使的设立有助于企业文化辐射作用的持续性发挥，在工作、生活中，文化大使作为最贴近本部门的文化传播者其本身就是一面旗帜，以个人的言传身教影响本部门其他人。在潜移默化的过程中发挥文化理念的引导作用，促进文化"落地"，加强文化同个人的融合。

（三）企业文化的践行者

企业文化大使不仅仅是传播企业文化的角色，同时也是企业文化的践行者。他们通过自身的行为和实践，积极地体现和践行企业的核心价值观和文化特点。

企业文化大使以身作则，通过自己的言行和行为示范来体现企业文化价值观。他们注重个人道德品质、专业素养和团队合作，成为员工们的榜样。企业文化大使始终保持与企业文化的一致性。无论是在日常工作中还是面对挑战时，他们都能够坚守和展现企业文化的精神，并与其他员工积极互动，以实现共同的目标。企业文化大使鼓励员工参与企业文化的建设和发展，通过组织各种活动、培训和讨论会，以便员工能够更深入地理解和接纳企业文化，从而更好地将其融入日常工作中。此外，企业文化大使还特别注重传递在企业内部正面的能量和情绪，以鼓励、支持和激励为导向，帮助员工克服困难，并在工作中保持积极的态度。

（四）企业文化的监督者

企业文化大使的设立有助于解决企业文化建设缺乏后期监督落实的问题。举例来说，很多企业都引入了CIS，对企业精神、企业视觉、企业员工行为做了明确的规定，但是这些规定如果仅仅停留在此层面上，就会使本该深入推进的企业文化流于表面。虽然也能取得一些效果，但会给企业人员流于"两张皮"的情况，好像企业文化是装饰出来的，而不是践行出来的。企业文化大使作为最贴近员工的企业文化工作者，肩负着文化宣贯及推进的责任，设立企业文化大使有利于促进企业文化理念的落地生根。

三、文化大使的7项职能

（一）传递企业价值观

作为企业文化大使，首先要深入了解并理解企业的核心价值观、使命和愿景。只有对企业文化有清晰地认知，才能更好地传达给其他员工。通过参加培训课程、阅读相关资料、与企业高层交流等方式，不断增强对企业文化的理解。在了解基础上，将企业文化传达给其他员工是非常重要的职责。可以通过组织内部培训、开展团队建设活动、撰写内部通讯等方式，向员工传递企业核心价值观，并帮助他们理解并融入整个团队中。

（二）弘扬和践行企业文化

企业文化大使要起到榜样的作用，通过自身的行为和言行，践行企业文化。他们应该具备积极向上、团结协作、诚实守信等优秀的品质，并在工作中展现出来。通过这种方式，能够影响其他员工，引导他们树立正确的价值观和行为准则。企业文化大使还可以组织一些特殊活动来弘扬企业文化。比如举办庆祝活动、志愿者活动、员工培训等，通过这些活动让员工更好地感受到企业文化的力量和魅力。

（三）参与企业文化建设

企业文化大使应该积极参与到企业文化的建设中。他们可以提出建议和意见，帮助完善和发展企业文化。通过与其他部门的沟通合作，共同制定和推进一系列有利于塑造良好企业形象和提高员工满意度的措施。企业文化大使还可以参与制定并执行一些特殊项目，以进一步巩固并发展企业文化。比如制定年度企业价值观评选活动、推出一系列关于企业文化的宣传活动等。

（四）监督和评估企业文化执行情况

企业文化大使还要负责监督和评估企业文化的执行情况。他们需要与各个部门进行沟通，了解企业文化在实际工作中的体现情况，并及时发现和解决问题。通过定期的评估和反馈，帮助企业不断优化和完善文化建设。

（五）参与招聘和员工培养

企业文化大使在招聘过程中起到了重要的作用。他们应该帮助筛选符合企业文化要求的人才，并参与面试和选拔过程。通过这种方式，能够保证新员工对企业文化有正确的认识，并能够很快地融入团队中。企业文化大使还可以参与员工培训工作。通过组织内外培训课程、分享经验等方式，帮助员工提升专业能力和意识，并加强对企业价值观的认同感。

（六）与外部合作伙伴沟通

作为企业文化大使，还需要与外部合作伙伴进行有效沟通。他们可以通过会议、商务活动等方式，向合作伙伴介绍企业文化，并建立良好的合作关系。通过与合作伙伴的交流和互动，进一步扩大企业文化的影响力。

（七）参与企业形象塑造

企业文化大使还要积极参与企业形象的塑造。他们可以参与制定企业宣传策略、撰写内外部宣传材料等，以展现出企业的核心价值观和使命。通过这种方式，能够提升企业在内外部的形象认同度和影响力。

作为企业文化大使，持续学习和提升自己是必不可少的。他们应该紧跟时代发展潮流，了解最新的管理理念和方法，并将其应用于企业文化建设中。通过不断学习和提升，能够更好地履行自己的职责，并为企业带来更多价值。

四、企业文化大使选拔标准及流程

（一）企业文化大使的选拔标准

1. 对企业价值观的理解和认同

企业文化大使需要对企业使命、愿景、价值观等核心理念有全面而深刻的认识，不仅仅是表面的记忆，而是能够理解其背后的深层次含义。他们应该对企业文化产生强烈的情感共鸣，真心相信这些价值观对于企业和个人发展的重要性。在日常工作中，企业文化大使应当成为企业价值观的最佳实践者，无论是在对待客户、同事，还是面对挑战时，都能体现出这些价值观。

2. 具有较好的沟通技巧和影响力

企业文化大使应具备良好的沟通和表达能力，能够有效地传递企业文化的信息和价值观。他们应该能够激励和影响其他员工，以使他们能够理解、接受和践行企业文化。企业文化大使应该展现出一定的领导能力和团队合作精神。他们能够带领团队向着共同的目标努力，并能够协调和推动不同部门或团队之间的合作。

3. 工作态度积极主动，有创新精神

企业文化大使在推动企业文化的建设和发展中起着至关重要的作用，他们应具有积极主动的工作态度，主动参与到企业文化的各项活动中去，无论是大型的年度庆典还是小型的团队建设活动，都应看到他们的身影。他们不能仅满足于被动接受任务，而是积极寻求机会，为提升企业文化贡献自己的力量。面对挑战和困难时，他们能够迅速响应，寻找解决方案，而不是回避问题。这种态度不仅有助于个人成长，也为团队树立了良好的榜样。企业文化大使还应该保持好奇心和学习热情，不断吸收新知识、新技术，提升自我，同时提升创新能力，这就要求他们在策划企业文化活动时，能够跳出传统框架，提出新颖独特的想法，使活动更加吸引人，增强员工的参与感和归属感，能够积极探索和利用现代信息技术手段，如社交媒体、虚拟现实等，创新文化传播方式，拓宽文化的覆盖面和影响力。

4. 拥有良好的职业道德和榜样作用

企业文化大使不仅是企业文化的传播者，更是企业价值观的践行者。他们的行为直接关系到企业文化的形象和影响力，因此，具备良好的职业道德和发挥榜样的作用尤为重要。

这就要求他们诚实守信，在工作中始终做到言行一致，不弄虚作假，即使面临压力也能坚持真理，赢得同事的信任。处理事务时秉持公心，对待每一个人都一视同仁，不偏袒任何一方，维护良好的工作秩序。同时具有高度职业操守，遵守行业规范和企业规章制度，尊重知识产权，保护商业秘密，维护企业的合法权益。在日常工作中发挥榜样作用，通过自己的实际行动展现企业价值观，如团队合作、客户至上、持续创新等，成为其他员工学习的对象。

通过正面的言行影响周围的同事，激发他们的积极性和创造力，营造一个积极向上、充满活力的工作环境。在遇到突发事件或危机时，能够冷静应对，妥善处理，展现出良好的心理素质和应急能力，为其他员工树立正确的应对态度。

5. 具有组织承诺和长期稳定性

企业文化大使通常需要有对组织的承诺和长期稳定性。他们应该对企业的发展和企业文化的推广有持久的热情和投入。具体的选拔标准可根据组织的需求和目标进行调整和补充。重要的是选择那些对企业文化有真正认同，并具备适当的素质和能力的人担任企业文化大使。

(二)企业文化大使的选拔流程

1. 确定选拔标准

为了确保企业文化大使能够有效地代表和传播企业文化和价值观,管理层需要制定一套明确且全面的选拔标准。这些标准不仅应该涵盖基本的职业素养,还应突出候选人对企业文化的理解和认同,以及他们在日常工作中展现出的积极行为和沟通能力。

一是对企业文化的理解和认同。候选人应能够准确无误地描述企业的使命、愿景和核心价值观,理解这些价值观如何指导企业的日常运营和长期战略。对企业的文化理念有强烈的认同感和归属感,愿意为实现这些价值观而努力。在过往的工作经历中,能够提供具体的例子说明自己是如何在实际工作中践行企业文化的。

二是积极的行为表现。被选拔人员应表现出高度的积极性和主动性,不仅限于完成分配的任务,还应主动寻找机会贡献自己的力量。面对困难时,能够保持冷静,积极寻找解决方案。同时还应具备良好的团队合作意识,能够与同事和睦相处,共同推动团队目标的实现。

三是沟通和影响他人的能力。被选拔人员应具备清晰、准确的语言表达能力,能够有效地向不同层级的员工传达企业文化的信息。能够通过自己的言行影响他人,激发员工的积极性和创造力,促进企业文化的传播和内化。

2. 提名和推荐

确定了选拔标准后可以通过合适的方式收集潜在的企业文化大使候选人,一般通过内部推荐或自荐两种途径来进行。

一是内部推荐。通过内部邮件、公告板、员工大会等方式,向全体员工介绍企业文化大使的选拔背景、目的和重要性,鼓励大家积极参与。提供详细的提名流程指南,包括提名截止日期、所需材料(如候选人简历、推荐理由等)以及提交方式。鼓励各部门负责人、团队领导、普通员工积极参与提名,从不同角度挖掘潜在的优秀人才。

二是自荐方式。企业开放通道,为有意自荐的员工提供便捷的申请渠道,如在线表格、专用邮箱等,方便他们提交申请。通过内部通讯、海报等形式,鼓励员工勇敢展现自我,自信地展示自己在企业文化方面的贡献和成就。要确保整个自荐过程的公平透明,让所有参与者都能清楚地了解选拔的标准和程序,感受到公平竞争的机会。

3. 评估和筛选

在收集到足够的提名和自荐材料后，评估团队需要对所有候选人进行全面的评估和筛选，以确保最终选定的企业文化大使能够胜任这一重要角色。评估过程应包含多个维度，以全面考察候选人的综合素质和潜力。

面试包括结构化面试和行为面试。结构化面试通过设计一系列标准化的问题，涵盖企业文化的各个方面，如价值观的理解、个人经历中的具体案例等，评估候选人对企业文化的认知深度。行为面试是通过询问具体的过往行为和经历，了解候选人在实际工作中是如何践行企业文化的。

情景模拟则是设置一些假设的情景，让候选人现场演示如何处理，以此来评估他们的应变能力和实际操作能力。问卷调查则是设计问卷让候选人的同事对其工作表现、团队合作能力和文化践行情况进行匿名评价。自我评估则要求候选人填写自我评估问卷，描述自己在企业文化传播中的贡献和体会。360度反馈则是从上级、同事、下属等多个角度收集对候选人的综合评价，确保评估的全面性和客观性。案例分析则是提供企业内部的真实案例，要求候选人分析并提出解决方案，考察其分析问题和解决问题的能力。采用模拟案例讨论则是通过组织小组讨论，让候选人就某一企业文化话题展开讨论，评估其沟通技巧和团队合作能力。

4. 培训和准备

经过初步筛选后，选定的企业文化大使候选人将进入培训阶段。这一阶段的目的是进一步提升候选人的专业能力和综合素质，确保他们能够胜任文化大使的角色。

企业文化培训包括深入解读企业的使命、愿景和核心价值观，帮助候选人全面理解企业文化的内涵。介绍企业的发展历程和重要事件，增强候选人对企业文化的认同感。通过分享企业内外部成功践行企业文化的案例，提供借鉴和灵感。

在培训时，要明确文化大使的具体职责和任务，如内部宣讲、活动组织、员工培训等。介绍文化大使工作的基本流程和注意事项，确保候选人能够顺利开展工作。说明文化大使的绩效评估标准和周期，帮助候选人了解如何衡量自己的工作成果。

为了提升文化大使的能力，还需要培训有效的沟通方法和技巧，比如，如何进行有效的演讲、如何撰写有说服力的文案等。通过案例分析和角色扮演等方式，提升候选人的影响力和领导力。加强团队合作意识，培养候选人与不同部门和团队成员有效协作的能力。

5. 选拔和任命

在完成培训和准备后，管理层将进行最终的选拔和任命。这一阶段需要综合考虑候选人在评估和培训过程中的表现，选择最具有潜力和适合的员工作为企业文化大使。要总结候选人在面试、问卷调查、案例分析等各个环节的表现，形成详细的评估报告。通过收集培训期间导师和同学对候选人的反馈，评估其学习态度和进步情况。根据评估报告和培训反馈，对候选人进行综合打分，确保选拔过程的公平性和透明度。最终形成综合评估，综合评估可以是定性评估，也可以是定量评估。

最后管理层召开专门的会议，讨论每个候选人的优劣势，最终确定入选名单。向入选的文化大使发放正式任命书，明确其职责和权利，并组织一次隆重的任命仪式，增强其荣誉感和责任感。

第五节 企业文化之星评选活动设计

企业首席文化官、企业文化官、企业大使的要求往往是企业的中层以上人员，他们对企业文化的践行起到带头的作用，但在企业之中，有许多人员，他们努力践行着企业文化。因此，企业往往评选他们为"企业文化之星"。

一、什么是企业文化之星

企业文化之星是指在企业文化建设和践行方面表现出色的员工。他们不仅在工作中取得了显著的成绩，更重要的是，他们以积极的态度、卓越的表现和对企业价值观的深入理解，成为企业文化的代表和榜样。这些员工通过自己的行动，不仅提升了个人的职业素养，还为企业文化的传播和发展做出了重要贡献。企业文化之星有以下几种类型：

一是企业优秀员工。这些员工在工作中表现出色，业绩显著，常常超额完成任务，为企业创造了可观的价值。

二是企业文化传承者。这些员工对企业文化的理念和核心价值观有深入的理解，能够准确地解读和传达企业文化的内涵。

三是创新型领导。这些领导具有敏锐的洞察力和创新思维，能够提出新的想法和方法，解决工作中遇到的难题。

四是团队合作者。他们擅长与他人合作，能够建立积极的工作关系和团队文化，促进团队成员之间的相互信任和支持。

五是社会责任倡导者。这些员工不仅关注企业内部的发展，还关注社会和环境问题，积极参与公益活动和环保行动。

二、企业文化之星评选标准

为了确保评选出的企业文化之星能够真正代表和传承企业文化和价值观，企业需要制定一套全面、科学的评选标准。这些标准不仅涵盖企业文化的传承和价值观的引领，还包括创新、责任担当和团队建设等方面。

一是文化传承。候选人应深刻理解并认同企业的使命、愿景和核心价值观，能够在日常工作中自觉践行企业文化的各项要求。在行为上，候选人要通过自己的言行举止，积极传递和弘扬企业文化，成为其他员工学习和效仿的榜样。候选人要积极参与企业组织的各种文化活动，如团队建设、内部培训、文化讲座等，不断提升自己的文化素养。在文化传承的基础上，候选人要能够提出创新性的建议和方法，推动企业文化的不断优化和发展。

二是价值观引领。在日常工作中，候选人要能够以企业的价值观为指导，做出符合企业理念的决策和行为。候选人要言行一致，无论在公开场合还是私下，都能保持高度一致，不违背企业的价值观。候选人要通过自己的行为，积极影响和带动周围的同事，形成良好的工作氛围。候选人要主动向新员工和外部合作伙伴介绍和传播企业的价值观，增强企业文化的外部影响力。

三是创新能力。候选人要具备敏锐的洞察力和创新思维，能够提出新的想法和方法，解决工作中的问题。在产品、服务、管理等方面，有具体的创新成果，能够为企业的持续发展提供动力。候选人不仅个人具有创新能力，还能带动团队成员共同创新，形成良好的创新氛围。候选人要不断寻求改进和优化的方法，推动企业在激烈的市场竞争中保持领先地位。

四是责任担当。候选人要积极承担社会责任，积极参与社会公益活动，如志愿服务、环保行动等，为社会的和谐发展贡献力量。在工作中，候选人要能够主动承担起自己的职责，为企业的稳健发展作出贡献。候选人要关心和支持同事的成长和发展，为团队成员提供必要的帮助和指导。积极响应国家号召，参与国家重大战略和项目，为国家的发展作出应有的贡献。

五是团队建设。候选人要具备良好的团队合作精神，能够与团队成员有效沟通，共同完成任务，通过自己的积极态度和行为，营造出积极向上的团队氛围，增强团队的凝聚力和战斗力。候选人要积极参与团队建设活动，如团队培训、团建活动等，推动团队的持续发展和进步。在团队中发挥领导作用，候选人要能够带领团队成员克服困难，达成目标。

三、评选企业文化之星的意义

评选企业文化之星是一种肯定和激励的方式，它有助于激发员工的积极性，弘扬企业文化，塑造企业形象，促进员工成长，从而为企业的长期发展和可持续成功奠定坚实的基础。

一是激励员工。评选企业文化之星可以激励员工积极践行企业文化价值观。通过表彰那些在企业文化建设和践行方面表现出色的员工，可以激发其他员工的积极性和参与度。这种激励机制可以帮助建立一种文化，鼓励员工以更高的标准和更积极的态度参与到企业文化的塑造和践行中。

二是弘扬企业文化。企业文化之星是企业文化的代表和榜样。通过评选和宣传企业文化之星，可以将企业的核心价值观和文化理念传递给更多的员工和外部利益相关者。这有助于加强企业文化的认同感和凝聚力，形成共同的价值观和行为规范。

三是塑造企业形象。评选企业文化之星可以提升企业形象和声誉。当企业能够展示出一批在企业文化建设方面出色的员工时，外界会对企业的文化价值和管理能力产生良好的印象。这对于吸引人才、与合作伙伴建立良好关系，以及树立企业的社会责任形象都具有积极的影响。

四是促进员工成长。评选企业文化之星可以为员工提供成长和发展的机会。被评选为企业文化之星的员工通常具备优秀的素质和能力，他们的成功经验和实践经验可以被其他员工学习和借鉴。这种知识和经验的分享可以促进员工的个人成长和职业发展。

第六节　企业文化案例集编制

为了更深入地推进企业文化建设工作，需要在企业文化建设工作过程中，逐步去发现典型人物及典型案例，以便让更多的员工去学习、认知并实践，达到企业文化宣传推广的目的。为此，需要编写企业文化案例集。

一、什么是企业文化案例集

企业文化案例集是指收集和整理了各种企业在文化建设方面的成功案例和经验的资源集合。它可以包括不同行业、规模和地区的企业，在企业文化建设、价值观传承、员工培养等方面取得显著成就的实际案例。

二、企业文化案例集的内容

企业文化案例集的目的是通过分享成功的企业文化案例，向其他企业提供借鉴和学习的机会，帮助他们在文化建设和管理方面取得更好的成果。这些案例不仅展示了企业文化的独特魅力，还提供了具体的实践方法和宝贵的经验。

（一）企业文化的核心价值观

一般会在案例集中加入企业的使命、愿景和价值观。企业使命是明确企业的宗旨和存在的意义，回答"企业为什么存在"的问题。企业愿景是描绘企业的未来蓝图，回答"企业希望成为什么样的企业"的问题。一般会详细列出企业的核心价值观，如诚信、创新、客户至上、团队合作等，并对每个核心价值观进行深入解读，说明其对企业文化和日常运营的具体影响。解释这些核心价值观如何与企业的战略目标和行为准则相结合，确保企业的每一项决策和行动都符合价值观的要求。

（二）文化建设的实践方法

这里主要包括领导力培养，阐述企业如何通过培训和发展项目提升各级领导者的领导力，如领导力研讨会、教练辅导等，并分享领导者在实际工作中如何践行企业文化和价值观的具体案例。员工参与和沟通方式，介绍企业内部的沟通渠道，描述企业如何鼓励员工参与决策和文化建设，如员工建议箱、团队会议等。介绍企业的奖励制度，如绩效奖金、股权激励、优秀员工评选等。描述企业如何通过各种方式认可员工的贡献，如表彰大会、感谢信、荣誉证书等。还重点介绍企业提供的文化培训内容，如企业价值观培训、团队合作培训、沟通技巧培训等，分享培训后的效果评估和反馈，确保培训能够达到预期的目标。

（三）成功案例和经验分享

主要包括介绍企业进行组织结构调整的背景和原因分析。突出团队合作，介绍企业组织的团队建设活动，如户外拓展、团队旅行等。分享具体的团队合作案例，如跨部门项目合作、紧急任务的协同应对等，总结团队合作中的成功经验和教训，为企业提供参考。

（四）员工福利方面

主要介绍企业的员工福利政策，如健康保险、带薪休假、员工培训等。分享员工对福利政策的满意度调查结果，展示福利政策的实际效果。分享企业在员工福利方面的最佳实践，如灵活的工作安排、家庭友好政策等。

（五）创新和变革

介绍企业鼓励创新的机制，如创新基金、创意大赛等。描述企业在变革管理中的做法，如变革前的沟通、变革中的支持、变革后的评估等。分享企业在创新和变革中取得的成功案例，如新产品开发、流程优化等。

三、编制企业文化案例集的"五部曲"

编制企业文化案例集是一项系统性的工作，旨在通过收集、整理和推广成功的企业文化案例，为企业文化的建设和传播提供有力支持。

（一）收集

企业编制企业文化案例集，首先要制定计划，明确活动的目标、时间表、参与范围和奖励机制。然后通过内部邮件、公告板、员工大会等多种渠道，向全体员工宣传"企业文化经典案例征选活动"，激发员工的参与热情，鼓励各部门、各层级、各区域、各团队积极参与，提交他们在企业文化建设中的成功案例。作为主管部门，需要提供统一的案例提交模板，确保提交的案例格式一致，内容完整。明确案例提交的截止日期，确保活动有序进行。

（二）汇总

对案例进行收集整理。一般设立专门的邮箱或在线平台，接收员工提交的案例，对收到的案例进行初步筛选，剔除不符合要求的案例。随后进行分类整理，根据案例的内容和主题，进行分类整理，如按部门、按主题（如团队合作、创新、社会责任等），将分类后的案例录入数据库，方便后续的查阅和管理。

（三）编辑

对案例进行编辑。在编辑整理时，需要对每个案例的内容进行仔细审核，确保其真实性和准确性。对案例的格式进行统一，包括标题、正文、图片等，确保整体风格一致，对案例内容进行精炼，确保每篇案例简洁、清晰、有明确的针对性。

此外，有些案例还需要在案例前增加背景介绍，说明案例发生的背景和条件，并对关键点进行提炼，提炼出案例中的关键点和亮点，便于读者快速抓住重点，在每个案例后附上启示与建议，帮助其他员工和团队从中受益。

（四）评审

在进行企业文化经典案例评审时，一般包括：案例名称，案例内容概要，案例体现哪些企业文化，评审意见，是否推荐为经典案例，评审人员等内容。

首先要组建评审团队，评审团队应由企业高层管理人员、人力资源部门、企业文化部门等相关人员组成。要明确评审标准，如案例的真实性、创新性、实用性、对企业文化的体现等。在评审流程上，要进行初审、复审、终审三个环节。在初审时对所有提交的案例进行初步评审，筛选出符合条件的案例。复审时评估其对企业文化的贡献和影响力，并对最终确定入选的经典案例，形成评审意见。

每个评审的流程都要有记录，包括记录评审团队的评审意见。是否推荐为经典案例：决定是否将该案例推荐为经典案例，记录参与评审的人员名单。

（五）确定

最后是公布结果，将最终确定的企业文化经典案例收录至案例集中。同时表彰入选经典案例的团队和个人。在编撰时，要对收录的案例进行内容编排，确保逻辑清晰、层次分明。要注重版面设计，设计精美的版面，提升案例集的视觉效果，要进行多次校对审核，确保内容无误。最后将编撰好的企业文化经典案例集进行印制，分发给全体员工。通过内部培训、员工大会、内部通讯等方式，广泛宣传企业文化经典案例集，或将案例集分享给合作伙伴、客户和其他企业，提升企业的社会影响力。

第五章

CHAPTER 5

组 织 觉 醒 ： 8 步 构 建 企 业 文 化 生 态 体 系

阳光工程

随着经济的发展，以企业员工职务犯罪为主要表现形式的企业内部贪腐问题日益突出，一些企业出现弄虚作假、套取企业资源、吃拿回扣、挪用或侵占公司财务等现象，不仅影响企业健康发展，也严重影响了市场经济秩序的良性运行和健康发展。因此，许多企业为了加强廉洁文化建设、公平透明的信任文化，推出企业文化建设的阳光工程。

第一节　阳光工程介绍

一、阳光工程的概念

"阳光是最好的防腐剂"，企业阳光工程是一种注重透明度、社会责任和积极参与的企业经营理念。它强调了企业在商业运作中积极展现透明、负责任和社会参与的一系列实践。主要措施有业务公开、阳光审核、阳光监管、阳光服务等。

二、企业实施阳光工程的意义

随着企业管理的不断发展，阳光工程越来越受到企业的重视。阳光工程旨在通过公开透明的管理方式，加强企业的规范化、科学化和制度化建设，提高企业的整体素质和综合竞争力。企业阳光工程的实施对提升企业形象、促进员工参与、规范企业管理、增强企业免疫力、提升企业文化具有重要的意义。

（一）提升企业形象

实施企业阳光工程，能够树立企业的良好形象。公开透明的管理方式，能够让员工和社会公众了解企业的管理情况和运作流程，增强对企业的信任感和好感度。同时，阳光工程也能够提高企业的社会责任感，推动企业更好地履行社会责任。

宜家是一家全球知名的家居零售企业。它以高品质和创意的产品设计而闻名，注重可持续发展和环保。宜家致力于减少资源消耗、提高能效，并推广循环利用和回收利用，以减少对环境的影响。同时，宜家也承担社会责任，通过慈善事业和社会项目回馈社会。他们与联合国儿童基金会合作，为儿童提供援助和支持，推动教育改善项目，提供贫困地区的教育资源。此外，宜家注重员工福利和工作环境，提供培训和发展机会，倡导平等和多样性。他们与利益相关者保持透明沟通，定期发布财务和可持续发展方面的信息，展示业务运营和成就。通过这些努力，宜家赢得了广大消费者的信任和好评，成为一个很受欢迎和信任的品牌。

（二）促进员工参与

企业阳光工程强调员工的参与和管理。通过公开透明的管理方式，员工可以更好地了解企业的管理决策和发展方向，从而更好地参与到企业管理中来。员工参与企业管理不仅可以提高企业的管理水平，还能够增强员工的归属感和忠诚度，有利于企业的长期发展。

字节跳动是一家总部位于中国的科技企业，以推动全球创意和知识产业为使命。该企业致力于构建全球创作者工具和内容平台，以推动创意和文化的交流。在促进员工参与方面，字节跳动采取了一系列阳光工程，以激发员工的创造力和积极性。字节跳动建立了开放的创意平台，鼓励员工分享和展示自己的创意和项目。这个平台不仅提供了一个展示个人才华的机会，也为员工之间的交流合作提供了平台。同时还建立了定期的沟通和反馈机制，通过员工调查、定期会议等方式了解员工的需求和意见。这种开放的沟通渠道使员工感到被重视，激发了他们参与企业事务的积极性。

字节跳动在阳光工程实施中，强调了信息公开和透明的原则。在企业管理层面，对财务报告、企业战略、业务数据等信息进行了全面公开，使得员工能够清晰地了解企业的运营状况和业务数据。这种公开透明的管理方式增强了员工的信任感和归属感。

（三）规范企业管理

实施企业阳光工程，能够规范企业的管理行为。通过制定科学合理的政策规定，建立健全的制度体系，加强对管理人员的监督和约束，确保企业的管理行为符合法律法规和社会公德，提高企业的规范化、科学化和制度化水平。

浙江交通集团杭金衢改扩建二期项目工程是浙江省"大通道"重点推进项目，也是交通集团全面打赢综合交通三年大会战的关键性工程。项目建设指挥部以"阳光工程"为抓手，用好制度、科技、教育、联建四大手段，全力打造清廉指挥部，推动项目建设全过程公开透明、全方位接受监督、全领域实现廉洁管理。通过对系统合同管理、计量支付、工程实施、安全管理四大模块功能进行优化升级，强化对各关键分项工程、关键工序、隐蔽工程等核心部位的动态监管和跟踪追溯，对项目管理过程中的重要数据实行智能化自动采集，实现了在线审批、节点办理、结果应用"三公开"，确保施工全过程处于受控状态，有效防范项目建设审批中的"暗箱操作"和"审批腐败"等问题。浙江交通集团杭金衢改扩建二期项目"阳光工程"管理系统共公开事项125项，录入办公管理、建设程序、工程实施、合同管理、资金监控、征拆协调、计量支付、设计变更、安全管理、廉政建设等10个类别共19万余条数据。

通过阳光工程的实施，浙江交通集团推进了管理制度和流程的完善。阳光工程的制度和流程涵盖了企业运营的各个方面，包括财务管理、人力资源管理、业务流程管理等。这些规范的管理制度和流程使得企业的各项工作得以有序进行，提高了企业的管理水平和效率。

（四）增强企业免疫力

实施企业阳光工程，能够增强企业的免疫力。公开透明的管理方式，能够及时发现和解决企业内部存在的问题和矛盾，防止腐败现象的发生。同时，阳光工程也能够提高企业的自我约束能力，推动企业不断加强自身建设，提高综合竞争力。

企业阳光工程持续进行，积攒了一定的社会公信力，在一定程度上对企业信任建立、市场竞争优势、招聘和人才吸引、投资吸引力、政府合作机会、社会影响力、危机应对都有积极的影响。

在阳光工程的建设下，龙口市农业农村局合作社与中国葡萄协会、中国农业大学、华南农业大学等高校机构交流合作，制订胶东阳光玫瑰标准化、精细化生产规程，包括建园规划（苗木选择、设施搭建、架型标准、水肥一体化系统设计、栽培模式选择）、第一年小苗快速丰产技术、结果树全年栽培管理技术、病虫害综合防治技术、精细肥水管理方案等。每年从云南聘请

300多名专业疏果人为所有会员提供专业化的疏果服务。为了实现精准施肥，服务团队为每块果园提供土壤检测及叶柄检测服务，依据检测结果，因地制宜地制订肥水管理方案，确保生产出"晚、脆、香"的晚熟冷库储藏阳光玫瑰葡萄。

龙口市农业农村局合作社与高校机构、协会等合作，共同制订并实施标准化、精细化的农业生产规程的案例，这种经验对其他地区和农业合作社，乃至企业与合作伙伴也提供了一些有益的启示。企业可以通过开展阳光工程增强企业的社会公信力、强化合作，增强企业应对困难的免疫力。

（五）提升企业文化

实施企业阳光工程，能够提升企业文化。企业文化是企业发展的精神支柱和灵魂所在，是企业凝聚力和创造力的源泉。通过公开透明的管理方式，可以树立企业诚信、公正、负责的价值观，推动企业形成积极向上、健康和谐的企业文化，从而为企业的发展提供强有力的文化支撑。

阿里巴巴是一家全球知名的科技巨头，以电子商务、云计算等领域的领先地位而著称。阿里巴巴的企业文化强调开放、分享、创新，通过一系列阳光工程，成功地提升了企业文化。阿里巴巴建立了多种开放的沟通平台，如内部社交媒体、博客等，使员工能够自由表达意见、分享想法。这种透明的沟通方式促进了员工之间的交流，增强了团队合作氛围，形成了一种阳光文化。这种文化让员工更加开放，愿意表达自己的意见，促进了整个组织的整改与成长。

阳光工程的实施也推动了阿里巴巴文化的建设和发展。阿里巴巴注重培养积极向上的企业文化，通过树立企业价值观、使命和愿景，引领员工共同奋斗。这种文化引领的管理方式增强了员工的凝聚力和向心力，推动了企业的长期发展。

三、企业阳光工程的内容

企业阳光工程是指企业采取一系列措施来提高企业的透明度，包括公开财务信息、企业社会责任（企业社会责任）报告、产品信息等，这有助于建立企业的社会公信力，提升消费者和投资者对企业的信任度。

（一）企业信息公开

一些社会组织或非营利机构也可能推动阳光工程，通过促使政府、企业等主体主动公开信息,以增加社会的监督和对这些实体的评估。

在医疗和教育领域,阳光工程可能涉及公开医院、学校的质量、服务水平、经济状况等信息,以便患者、家长等能够更好地了解相关机构的状况。云南省楚雄州第二人民医院实施关系群众的六大"阳光工程"。2023年以来,楚雄州重点聚集权力运行、药品使用、物资采购、工程项目、选人用人、财务管理等六个方面,积极探索实施"阳光院务""阳光诊疗""阳光采购""阳光项目""阳光竞聘""阳光财务"六大阳光工程,着力打造"党风清廉、行风清新、院风清净、医风清洁、作风清朗"的清廉医院,让医者清患者乐。在上级纪委监委和医疗卫生部门的引领带动下,全州各县市纷纷行动,积极构建廉洁行医生态圈。武定县妇幼保健院设立病房意见簿和医德医风、行风意见箱,召开患者及家属座谈会48场次,进行患者满意度和行风建设满意度测评97次,在拉近医患关系的同时,进一步促进廉洁从医各项规定落到实处。

(二)企业产品信息公开

企业产品信息公开是指企业主动向公众披露和公开其产品信息。这包括产品的特性、功能、性能、规格、用途、质量认证、安全性、环境友好性、生产过程等方面的信息。

企业产品信息公开的目的是增加产品的透明度和可信度,提供给消费者和利益相关者有关产品准确和全面的信息,以便他们做出明智的购买决策或评估企业的产品质量和可持续性。企业可以在产品标签和包装上提供关键的产品信息,如产品名称、规格、成分、使用方法、安全警示、生产日期、保质期等。这些信息可以帮助消费者了解产品的基本属性和使用说明。企业可以在官方网站上建立产品页面或提供产品目录,详细介绍各个产品的特点、性能、技术参数、适用领域等信息。这样消费者和利益相关者可以通过访问企业网站获取产品详细信息。也可以为产品编写详细的产品手册和说明书,包括产品的安装、使用、维护、保养等方面的指导。这些手册和说明书可以随产品一起提供,或者在企业的网站上提供下载。企业可以通过第三方机构对产品进行认证和测试,并公开测试报告和认证证书。企业可以在官方网站或其他渠道上提供用户评价和反馈的平台,让消费者分享他们的使用体验和意见。这样可以为其他消费者提供更多的参考和决策依据。

（三）企业社会责任报告

企业责任报告（简称CSR报告）指的是企业将其履行社会责任的理念、战略、方式方法，其经营活动对经济、环境、社会等领域造成的直接和间接影响、取得的成绩及不足等信息，进行系统地梳理和总结，并向利益相关方进行披露的方式。

2024年12月24日，全国工商联发布了《中国民营企业社会责任报告〔2024〕》。该报告依据参与调研的13885家民营企业的相关数据，结合国家有关部门公开信息，对2023年中国民营企业社会责任情况进行综合分析，具体表现为推进科技创新、加快绿色发展、促进稳定就业、投身乡村振兴、开展公益慈善、注重海外履责、规范企业治理等7个方面。全国民营企业秉持家国情怀，始终将社会责任作为企业发展的重要组成部分，在经济领域取得新发展的同时，在社会责任领域不断作出新贡献，积极参与国家重大战略实施和民生福祉改善，以实际行动诠释了新时代民营企业的使命担当。

（四）企业反腐

反腐是企业诚信经营的重要组成部分。在企业经营过程中，贪污受贿、挪用公款等不良现象时有发生，这些不良现象会导致企业资金、人才的流失，从而严重影响企业的正常运转。反腐倡廉能够有效地防止贪腐现象发生，维护企业的经济安全，保障企业健康经营。企业的信誉和声誉是企业可以走向成功和永续经营的基础。现代企业已经越来越重视企业的企业社会责任，反腐倡廉则是企业社会责任的重要内容。只有在反腐倡廉意识的引领下，坚持做到道德、诚信、透明等准则，才能建立起高度的企业信誉和社会声誉。反腐倡廉是企业走向健康、规范化和可持续发展的重要方向。在营造反腐倡廉的氛围下，企业要树立起品牌形象和企业文化，建立良好的企业信誉和声誉，从而实现经济价值和社会价值的有机结合，最终达到企业和社会相互促进、共同进步的目标。

四、企业阳光工程与企业文化的关系

企业文化和阳光工程是紧密联系的。企业文化是企业的精神灵魂和文化基因，是企业的核心价值观、行为准则和管理理念的总和。阳光工程是企业为了加强廉洁文化建设而采取的一系列公开、透明、阳光的措施和活动，是企业文化建设的具体实践。企业阳光工程是企业履行社会责任的一种方式，它体现了企业对社会的关注和承担的责任。企业文化中若包含社会责任、关爱员工和社会公益等价值，阳光工程是企业文化的具体表现。

（一）价值观一致性

阳光工程的目标通常与企业的价值观相一致。企业文化中的核心价值观念可能包括对社会的关怀、员工的发展、环境保护等，通过阳光工程，企业在实际行动中诠释了这些价值观。

（二）体现团队文化

阳光工程通常需要员工的积极参与，这有助于形成一种团队协作和共同奉献的文化。通过参与公益活动，员工能够感受到企业对于社会的责任感，企业能够培养一种团队文化，强调团结协作、共同奉献的价值。这有助于加强员工之间的凝聚力，形成积极向上的企业氛围，从而培养一种积极向上的企业文化。

（三）建立企业良好形象

企业阳光工程通过积极参与社会活动，有助于树立企业的良好形象。这也是企业文化的一部分，因为企业文化不仅关乎内部员工，也与外部社会形象紧密相连。

企业文化和阳光工程是相辅相成的，企业文化为阳光工程提供了理论和价值支撑，阳光工程则是企业文化的具体实践，为企业文化的落地和实施提供有力的保障。企业应该注重企业文化的建设，同时积极开展阳光工程，不断增强员工的廉洁意识和行为规范，推动企业的可持续发展，维护企业的声誉和形象。

第二节　董事长面对面活动设计与实施

随着企业业务的快速发展，人员的迅速扩充，管理层级的壮大，董事长与员工之间的交流逐渐减少，上下沟通的断层逐渐显现，通过"董事长面对面"可以促进公司董事长和广大员工之间的沟通交流，反馈公司运营中产生各种问题，为企业发展献计献策，体现员工参与企业管理，推动企业科学、健康、和谐发展。

董事长面对面活动在企业阳光工程中扮演着关键的角色，它是一种与董事长近距离互动的机会，旨在加强企业与关键利益相关者之间的关系，提升透明度和信任度。

一、什么是董事长面对面

董事长面对面活动是指的是企业或组织董事长（或者高级管理人员）与企业内部或外部利益相关者（如员工、股东、客户、合作伙伴等）直接互动的活动。这些活动旨在加强沟通、建立关系、分享信息、回应关注点，以及传达企业愿景和战略。这种面对面的互动有助于增进参与者之间的理解、信任和共鸣，并促进合作与发展。这样的活动包括员工大会或内部研讨会、股东大会、对内演讲活动、骨干员工座谈会等。

董事长亲自与员工面对面交流，促进有效沟通，接收并解决企业运营中的问题。员工的参与不仅为企业提供发展建议，更体现了企业管理的协同精神。这种互动推动着企业朝着科学、健康和谐的方向发展。开展员工与董事长面对面活动显得尤为重要。

（一）增进了解

通过面对面的交流，员工可以更直观地了解董事长的思考方式和决策背后的原因。同样，董事长也可以深入了解员工的日常工作状况、面临的挑战及员工的真实想法。这种深入的沟通有助于打破层级间的隔阂，增进相互理解，从而在决策中更好地平衡各方利益。

（二）反馈与沟通

员工与董事长面对面活动为员工提供了一个向上反馈的渠道。员工可以就企业政策、工作流程、工作环境等提出自己的意见和建议。这不仅有助于企业发现问题、改进管理，也为员工的创新思维提供了展示和实现的平台。同时，董事长也可以借此机会向员工传达企业的战略方向和未来规划，使员工更明确地了解自己在企业中的定位和未来的发展方向。

（三）增强企业文化

企业文化是企业发展的灵魂，而员工是企业文化建设的重要力量。通过员工与董事长面对面活动，可以进一步强化企业的核心价值观，增强员工的归属感和忠诚度。当员工感受到被尊重、被重视时，他们会更愿意主动地维护和传播企业文化，从而推动企业文化的深入发展。

二、董事长面对面活动设计

活动设计是指董事长面对面活动的制定提供的工作方案和计划的准备。它包含活动流程和工作事项，如活动的目的、时间、场地、参与人员和物资准备等内容。在其设计过程中应做好前期准备工作及后续收尾工作。

（一）活动策划

1. 活动目的。确定面对面活动的具体目的，可能包括加强与投资者、员工或其他利益相关者的关系，回应关键问题，传递企业战略信息等，并且设定一个能反映活动目的的活动标语。

2. 活动时长、地点的设定。活动时间不应过长，使活动降低职工工作的效率或浪费大量时间，活动时间也不宜过短，使活动起不到良好的沟通效果。选择一个适当的场地，考虑到参与者的数量、设施设备、交通便利性等因素。确保场地能够提供良好的氛围，使与会者感到舒适和专注，有利于活动目标的实现。

3. 参与者邀请。确保邀请函清晰明了，说明活动的重要性和预期收益。确保董事长能够与关键参与者进行面对面的互动。注意参与者的日程安排，以确保尽可能多的人能够参加。

（二）活动流程

活动流程包括活动策划和准备阶段、开场致辞、董事长演讲、互动环节、展示和演示、社交和茶歇、小组讨论和工作坊、总结和致谢、媒体和宣传等。

1. 活动策划和准备阶段

在活动策划和准备阶段，需要精心规划每一个细节，确保活动顺利进行并取得预期效果。首先，明确活动的目标和主题是非常重要的。活动目标可以是增强员工凝聚力、提升品牌形象、推广企业文化等，而主题则需要围绕这些目标进行设定，确保活动内容具有针对性和吸引力。

接下来，确定活动的时间、地点和持续时间。选择一个适合的场地，确保其能够容纳预计的参与者数量，并具备必要的设施和服务。活动时间应避开员工的繁忙时段，确保大多数员工能够参加。同时，明确活动的持续时间，以便做好日程安排。

在安排活动日程时，特别需要注意的是确保董事长能够参与活动。提前与董事长沟通，了解其日程安排，并预留足够的时间参加活动。确定参与者的名单，并发送正式的邀请函，确保每位参与者都能收到通知。邀请函中应包含活动的具体时间、地点、日程安排等信息，以便参与者做好准备。

2. 签到登记

在活动现场，设置一个醒目的注册台，配备签到表和签字笔，方便参与者签到。签到表应包含姓名、部门、联系方式等基本信息，以便统计到会人数和后续的联系。签到过程中，工作人员应热情接待每一位参与者，确保签到过程顺利进行。此外，可以通过签到表了解参与者的背景和需求，为后续的活动安排提供参考。

3. 开场致辞

活动开始时，由主持人或企业高层进行开场致辞，介绍活动的目的和主题。开场致辞应简洁明了，能够迅速吸引参与者的注意力。主持人可以简要回顾企业的历史和发展，强调活动的重要性和意义，激发员工的参与热情。

4. 董事长演讲

在活动的核心环节，董事长将发表主题演讲，全面介绍企业的战略方向、成就和未来规划。董事长的演讲不仅是一次信息传递，更是激发员工信心和凝聚力的重要契机。

董事长演讲的内容往往会回顾企业在过去一年中的主要成就，展示企业在新产品的研发、专利技术的获得等技术创新方面的最新成果，介绍企业在履行社会责任方面的具体行动和成果。着重阐述企业在行业中的市场定位，强调企业的核心竞争力和差异化优势。明确企业的中长期发展目标，包括市场份额、业务扩展、技术创新等方面的具体计划。介绍企业为实现这些目标所采取的战略举措，如市场开拓、产品研发、人才培养等。董事长演讲的内容还会分析行业的发展趋势，分享企业对未来的判断和预测，阐述企业的长远愿景，描绘企业未来的发展蓝图，激发员工的奋斗精神。

5. 互动环节

为了增强活动的互动性和参与感，往往会设置了互动环节，确保参与者能够充分参与到活动中来，与企业高层进行深入交流。比如安排了一个问答环节，允许参与者直接向董事长提问。还可以进行小组讨论或圆桌会议，让参与者有机会分享自己的意见和想法。分组讨论围绕特定进行，如企业文化、团队合作、创新思维等，每个小组选出一名代表，汇报讨论结果。圆桌会议则邀请董事长和其他高层管理者参与，与员工进行面对面的交流，通过这种形式，员工可以直接向高层管理者提出建议和意见，高层管理者也可以更好地了解员工的想法和需求。

6. 展示和演示

在展示和演示环节，可以通过具体的产品或服务展示，强调企业的创新和成就。这一环节不仅能够展示企业的最新技术和产品，还能增强员工对企业实力和前景的信心。通过实际案例和数据，展示企业在产品研发、企业创新、履行社会责任方面的努力和成效，增强员工对企业的透明度和信任感。

7. 社交和茶歇

在时间、场地和活动经费等条件允许的情况下，活动中还会穿插茶歇，让参与者有机会与董事长和其他高层管理者进行更深入的交流。茶歇不仅为参与者提供了休息和放松的时间，还为他们提供了一个与企业高层管理者近距离接触的机会。通过轻松的交谈，员工可以更好地了解企业的战略方向和文化理念，同时也能向高层管理者提出自己的建议和想法。这种互动不仅增进了员工与管理层之间的沟通和理解，还增强了员工的归属感和凝聚力。

8. 小组讨论和工作坊

为了进一步深化活动的互动性和参与感，一般安排小组讨论和工作坊，以深入讨论特定主题，鼓励参与者分享他们的经验和见解。小组讨论将围绕企业文化、团队合作、创新思维等主题进行，每个小组选出一名代表，汇报讨论结果。通过这种形式，员工可以充分表达自己的观点，分享成功经验和面临的挑战。工作坊则提供了一个更具实践性的平台，通过互动式的活动和练习，帮助员工提升特定技能，如领导力、沟通技巧等。这些环节不仅能够增强员工的参与感，还能促进团队之间的交流和合作，提升整体的凝聚力和战斗力。

9. 总结和致谢

活动的最后阶段，主持人将对活动的要点进行总结，确保企业职工对企业的保障制度和透明度等阳光工程建设的关键信息有清晰的认识。主持人将回顾活动的主要内容，强调企业的发展方向和未来规划，以及阳光工程的重要意义。与此同时，董事长将向职工表达真诚的感谢，感谢他们的积极参与和贡献。董事长的致谢不仅能够增强员工的归属感和自豪感，还能激发他们对未来工作的热情和动力。

10. 反馈和跟进

为了确保活动的效果和持续改进，活动还会收集企业职工的反馈，了解他们的看法和建议。通过设计一个有针对性地跟进计划，及时处理提出的问题或建议，确保企业职工的声音得到妥善关注。反馈可以通过问卷调查、在线平台或面对面访谈等多种方式进行，确保覆盖所有参与者。收集到的反馈将用于评估活动的效果，改进未来的活动策划和执行，提升员工的满意度和参与度。

11. 媒体和宣传

为了确保活动的广泛传播，企业需要积极争取媒体的参与，提供详尽的新闻稿或信息。通过与主流媒体合作，发布活动报道，展示企业的阳光工程成果和企业理念。同时，善用社交媒体平台，如微博、微信、抖音等，通过精心设计的宣传活动，进一步提高企业的知名度和影响力。活动中的精彩瞬间和重要发言可以通过短视频、图文等形式在社交媒体上分享，吸引更多关注和互动，扩大活动的影响力。

12. 归档和总结

活动结束后，活动将整理活动记录，包括高质量的照片、视频和演讲稿。这些资料不仅能够记录活动的精彩瞬间，还能为未来的活动提供参考和借鉴。工作人员将编写一份详尽的活动总结报告，回顾活动的筹备、执行和效果，总结成功经验和改进点。活动总结报告将分发给企业高层和相关部门，确保活动的成果得到充分地利用和推广。通过这些详细的记录和总结，企业可以更好地评估活动的效果，为未来的文化建设和发展提供有力的支持。

二、活动实施

（一）工作事项

为保证董事长面对面活动的互动性、流畅性、反馈性，时间利用的高效性、灵活性，活动在实施时需要注意一些事项，为企业阳光工程建设锦上添花，达到更好的活动效果。

在准备和主持面对面活动时，董事长需要首先充分准备，了解活动的目的、议程，以及参与人员，以确保在活动中能够有效引导和积极参与讨论。与此同时，建立与参与者的积极互动是至关重要的，鼓励职工分享观点和提出问题,并保持开放的沟通氛围,使每个人都感到自己的意见受到重视。

为了确保活动的流畅进行,董事长面对面活动需要严格控制时间,按照预定的议程推进,并在必要时灵活调整计划以适应可能出现的变化,以确保活动能够达到预期的效果。同时,注重时间管理,确保每个议题都有足够的时间进行充分讨论,避免拖延和过度延长活动。

在与参与者互动的过程中,董事长应仔细倾听他们的观点和意见,并能够提供明确的回应。对各种看法展现尊重,必要时提供相关信息或解释。适时引导讨论,确保活动聚焦在关键议题上,防止无关话题的干扰,确保讨论有针对性和实质性。

关注参与者的情绪也是重要的,董事长需要敏锐地察觉他们的情绪变化,及时调整表达方式,以维持积极的氛围,并在必要时采取措施解决潜在的冲突或不满。

在活动结束前,董事长应总结活动要点,并对未来的工作进行展望,感谢参与者的贡献,强调他们在推动组织目标方面的重要性。最后,确保对活动中的关键信息和决策进行记录,包括提出的问题、建议和决定,以便后续跟进和执行。

(二)注意事项

董事长面对面活动的实施过程中,在做足了活动前期准备后正式进行活动时,除了一些关键步骤,如开场介绍、讨论、倾听、记录整理等主要流程,还要注意冷静应对一些涉及敏感问题或负面意见等突发状况的处理,在处理这些问题时,不要过于激动和抵触,而是表达感谢并承诺认真考虑并改进,展现企业的改进决心和对员工关切的尊重。

此外,董事长见面会的实施关键在于有明确的沟通目的、创设开放和透明的环境、董事长与职工的互动、对职工的认可和鼓励、承诺和行动的付诸,这些关键的落实能提高董事长面对面活动的效果,促进更有效的企业沟通和团队合作。企业阳光工程和董事长面对面活动都是通过透明度和积极参与来增强企业与社会、员工之间的关系。它们共同强调了负责任的企业经营理念,通过不同的手段和层面为社会创造价值。

第三节　董事长接待日活动设计与实施

企业董事长接待日是一种重要的内部沟通机制，通过这种方式，董事长可以直接与员工进行面对面的交流，倾听员工的意见和建议，解决他们的问题和困惑。这一制度不仅能够增强员工的归属感和满意度，还能提升企业的整体管理水平和凝聚力。

董事长接待日活动对树立企业形象、加强关系和合作、传递重要信息、彰显领导风采，以及推动企业发展都具有重要意义。接待日活动是企业阳光工程建设的重要体现。

一、董事长接待日

董事长接待日活动是一种组织安排，旨在让企业董事长亲自接待、与企业内外相关方进行面对面的交流与对话。这种活动通常设计为特定的日子，董事长在这一天专门安排时间，与员工、股东、客户、合作伙伴等各类利益相关者进行会面。

董事长接待日活动与董事长面对面活动的区别在于参与方的广泛性、活动形式、宣传效果。前者通常设计为一个广泛参与的活动，可能包括企业员工、股东、客户、供应商等各类利益相关者。后者可能更为狭窄，重点可能放在与企业内部高层管理层、特定团体或关键合作伙伴的面对面交流上。董事长接待日活动具有一定的宣传和公关效果，可以被看作是企业展示透明度和领导层关注的机会。董事长面对面活动更注重实质性的业务交流，可能不被强调为一种公开展示。这两种活动都是为了促进董事长与各方面对面的交流，是企业阳光工程建设的两种方式。

二、活动设计

董事长接待日活动的目的是强化内外沟通，展示企业最新成就，在涵盖人群方面，涉及企业内外各类利益相关者。因此，在设计活动形式与流程方面，多样性至关重要，要满足不同参与者的兴趣和需求，并确保整个流程有序而有效。此外，安全和保障措施也是不可忽视的，工作人员需要制定安排和应对紧急情况的计划。相比董事长面对面活动，接待日更强调活动的定期性与计划性。

（一）活动策划

接待日活动策划阶段需要明确活动目的，包括想要达到的结果，是为了加强内部团队合作、提高企业形象、还是为了与客户建立更紧密的联系等。只有确定了活动，在宣发过程中帮助参与者和宣传受众了解活动意义。

在策划过程中，需要征求董事长的意见确定参与活动的目标人群如员工、客户、股东等，以及明确参与者的期望和需求。要了解活动内容有哪些，座谈会、演讲、互动环节、访谈等，以确保能够实现预期的活动目标。策划人员需要将这些策划整理形成一套活动策划方案，并写成活动策划书和活动计划简表，对于重大活动可以提前增加备用方案。在经过上级审核同意之后才能实施。

一般来说，董事长接待日活动策划包括预定的时间、地点、参与人、活动主题、物资的准备与采购、活动流程、风险管理与应急预案等。策划方案要能清晰地了解董事长接待日活动的目标、安排和策划事项，以确保活动的成功举办。然而，往往具体的策划事项还需要根据活动情况具体完善和调整。

（二）活动协调

活动的协调涉及有效的管理资源，包括人力、物力和财力，确保所有需要的资源都得到充分准备和利用。

在活动策划过程中，协调时间表是至关重要的一环。通过明确了解参与人员的可用时间，可以更好地安排活动的各个环节，确保时间的充足性和流畅性。同时，对于地点安排，需要及时了解可能需要变化的情况，以便提早预知和解决潜在的问题，保证活动的顺利进行。因此，工作人员往往采用问卷调查或线上沟通与参与人员进行交流。问卷调查可以帮助了解参与人员的时间可用性，地点偏好和其他特殊需求。通过线上问卷、电话确认时间、地点和流程后，以便快速解决问题和做出调整，能够最大程度地避免可能的延误或冲突，以便确保活动安排得以顺利实施，提升活动的整体专业性和成功度。

三、活动实施

为了确保董事长接待日活动的顺利进行并达到预期效果，企业需要从宣传和邀请、组织和执行、反馈和总结三个阶段进行全面准备和实施。

（一）宣传和邀请阶段

首先，准备邀请函和相关材料，发送给受邀人员并确认他们的出席意愿。邀请函中应包含活动的具体时间、地点、议程安排等详细信息，确保每位受邀人员都能提前做好准备。同时，制定宣传计划，包括在企业内部和外部发布活动信息，吸引更多关注和参与。内部宣传可以通过企业内部邮件、公告板、员工大会等方式进行，确保每位员工都能了解到活动的重要性和参与方式。外部宣传可以通过企业官网、社交媒体平台、新闻媒体等渠道，扩大活动的影响力，提升企业的社会形象。

（二）组织和执行阶段

在活动的组织和执行阶段，企业需要分配相关责任人，负责协调和组织不同环节的实施。确保会议室和场地的准备工作，包括布置音频视频设备等，确保活动环境的舒适和专业。安排接待人员，提供专业的接待和服务，确保参与人员的舒适和满意。接待人员应提前熟悉活动流程，准备好签到表、座位图等必要物品，确保活动的顺利进行。

议程中的演讲、讨论和活动环节需要精心安排，确保每个环节都能顺利进行并控制好时间。董事长的演讲应紧扣主题，分享企业的战略方向、成就和未来规划，同时留出时间回答员工的提问。小组讨论或圆桌会议可以让参与者分享意见和想法，通过互动技术如实时投票，激发参与者的积极性。此外，提供必要的文件和资料，确保参与人员了解活动的背景和重点，如企业年度报告、最新战略规划等。

（三）反馈和总结阶段

活动结束后，收集参与者的反馈和意见，了解他们对活动的评价和建议。可以通过问卷调查、在线反馈平台或面对面访谈等方式，确保收集到的反馈真实有效。对收集到的反馈进行整理和分析，总结活动的优点和不足，为未来的接待活动提供参考和改进方向。

进行活动的总结和评估，总结经验教训，为未来的接待活动做准备。准备活动的报告和纪要，详细记录活动的筹备、执行和效果，向董事长和相关

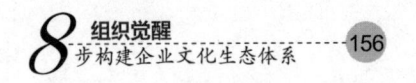

人员汇报活动成果。报告中包括活动的主要内容、参与人员的反馈、存在的问题及改进建议等，确保信息的全面性和准确性。

第四节 董事长信箱活动设计与实施

董事长信箱不仅是一种沟通工具，更是促进参与、建立信任、改善运营的重要手段，对于一个企业或组织的长期发展和稳健运作具有深远意义。相对而言面对面活动提供实时互动的平台，允许直接对话和交流，董事长接待日活动则更强调企业与利益相关方之间的关系建设，提供更直观的了解和体验企业的机会。这些活动在有效沟通和促进股东和其他利益相关方参与和合作方面都起着重要的作用。在一定程度上，董事长信箱活动弥补了前两种活动形式在时间、空间、社会参与上的不足，是企业阳光工程建设的一种有效方式。

一、董事长信箱

董事长信箱活动是一种通过电子邮件或其他在线平台建立或通过放置意见箱的机制，提供给职工和其他利益相关方提交问题、建议或反馈的渠道。这种活动通常是一种书面形式的交流，适用于那些宽泛具体的问题和意见，投意见信的人员可以选择匿名，职工和利益相关方可以随时提交他们的观点，而无需实时互动，提高了参与积极性。董事长或相关人员会定期回复这些提问，并提供反馈、解答问题或表达立场。

董事长信箱的开通让广大员工有一个广泛开放的平台，可以表达他们的意见、倾诉心声。员工可以利用董事长信箱来提出关于热点和难点问题的意见和建议。通过这些意见和建议，各级领导和管理人员可以深入了解员工的观点和需求，了解到一些包括潜在的问题、员工的困扰和期望的事情。通过信箱，合理的建议可以被采纳，并且针对存在的问题可以制定相关政策和措施。在解决这些问题的过程中，企业可以实现切合实际的改进，让员工感受到领导层对问题的重视和解决的决心。这种反馈机制有助于建立起企业与员工之间的信任和合作，同时也有助于提高企业整体的绩效和效率。

二、活动设计与实施

董事长信箱的设计和实施需要充分考虑员工常用的表达途径以及董事长的查看频率，以确保信箱的有效性和实用性。以下是具体的设计和实施步骤：

首先，明确定义活动的目标和范围，确定是为了促进透明度、收集意见，还是解决特定问题。明确的目标可以帮助企业更好地设计信箱机制，确保活动能够达到预期效果。如果目标是促进透明度，信箱应鼓励员工提出关于企业管理和运营的建议；如果目标是解决特定问题，信箱应重点收集员工在工作中遇到的具体困难和建议。

其次，建立一个有效的信箱机制，确保收到的问题能够得到及时处理和回复，并设定标准操作程序。信箱可以采用线上线下相结合的方式，根据员工的常用表达途径进行选择。如果员工更习惯使用电子邮件或企业内部的在线平台，可以设置线上信箱；如果员工更喜欢传统的纸质方式，可以在企业显眼的位置设置实体意见箱。无论采用哪种方式，都要确保信箱的安全性和保密性，保护员工的隐私。

信箱设置后需要进行充分的宣传和推广。利用企业内外的各种渠道向股东、员工和其他利益相关方传达活动信息。在企业的网站、内部通讯、公告板、员工大会等平台上发布活动通知，详细介绍信箱的使用方法、目标和预期效果。在企业的显眼位置放置意见箱，并附上使用说明，确保每位员工都能方便地使用。

信箱设置后的收集反馈是至关重要的。企业需要设立专人负责信箱的日常管理和维护，确保收到的每一条反馈都能被及时记录和处理。对于线上信箱，可以使用专门的软件或平台进行管理，确保反馈的高效处理；对于线下意见箱，可以定期派人收取并整理反馈内容。此外，收集到的内容需要使用合适的工具对反馈进行分类和分析，关注趋势和潜在改进机会。可以将反馈分为不同的类别，如管理建议、工作环境、员工福利等，便于后续的处理和分析。通过对反馈的分类和分析，找出员工关注的热点问题和潜在的改进机会，为企业的发展提供有价值的参考。

建立有效的回应机制是非常重要的。企业在收到反馈后，应及时向员工反馈处理情况，表明企业对员工意见的重视。对于简单的问题，可以立即回复并解决；对于复杂的问题，可以设立专门的处理小组，制定详细的解决方案，并定期向员工通报进展情况。通过及时的回应和跟踪，增强员工的参与感和满意度，提升企业的整体管理水平。

董事长信箱的设计与实施过程应是一个持续改进的循环，根据经验教训和收到的反馈不断优化活动的机制和流程，以提高效能和参与度，有助于促进企业的透明度、改进企业与客户的沟通，增强职工的参与度，从而建立积极的企业与利益相关方之间的互动和关系。

三、活动意义

董事长信箱的意义在于促进透明度、增强沟通、收集反馈、处理问题和改进机会。它建立沟通渠道，帮助收集反馈和意见，让企业发现潜在问题和改进机会、提供处理问题的方式和参考意见。它是一种有效的管理和治理工具，有助于董事长在企业中发挥领导作用，并更好地满足利益相关者的需求和期望。

在这个数字化、信息化的时代，客户的需求变得愈发多元和个性化，物流行业的竞争也日趋激烈。在这样的背景下，如何做到快速响应、精准服务，成为每一个物流企业都需要思考的问题，因此，跨越速运公司的董事长胡海建设立了董事长信箱。通过这一平台，客户可以提出自己的意见和建议，合作伙伴可以分享自己的经验和想法，员工也可以表达自己的诉求和心声。这些宝贵的信息为跨越速运的发展提供了重要的参考和支撑。总裁信箱的设立，并不仅仅是为了收集信息。更重要的是，它成为跨越速运服务改进和创新的源泉。跨越速运董事长胡海建亲自管理这一平台，确保每一条信息都能得到及时地回复和处理。对于客户提出的建议和意见，他会亲自批示，并督促相关部门进行改进和优化。这种对服务的执着和追求，让跨越速运在行业中赢得了良好的口碑和信誉。

第五节　敬业度评估与改进活动设计

企业敬业度评估与改进活动意义重大，它不仅能直观反映员工对企业的忠诚度与工作投入度，还是衡量企业管理水平与市场竞争力的关键指标。通过科学评估与持续改进，企业能精准识别员工需求，优化管理策略，激发员工潜能，进而提升整体绩效与可持续发展能力。

一、什么是敬业度

敬业度是指员工对工作的投入程度、对组织的忠诚度，以及对工作的积极程度。它反映了员工的工作态度、职业发展动力和对组织的认同程度。敬业度高的员工往往具备更高的工作效率、更积极的团队合作态度和更强的创新能力。

为了评估员工的敬业度，可以设计一套评估指标和问卷，包括员工的工作动力、工作满意度、参与度、团队合作、创新能力等方面的内容。这些评估指标可以通过自评、上级评估和同事评估等方式收集数据，以客观地了解员工的敬业度情况。

二、敬业度评估活动

敬业度评估活动不仅在阳光工程建设有价值，而且对于企业本身而言也具有重要的意义，它不仅可以帮助组织了解员工的工作态度和动力，解决问题，提升员工的敬业度和工作效能，还可以促进员工发展和建立积极的组织文化。敬业度评估活动在于促进组织和员工的共同发展。通过评估员工的敬业度，组织可以更好地了解员工对工作的态度和动力，及时发现存在的问题和不足，以便更好地实行阳光工程。

（一）评估标准

敬业度评估的标准是以工作积极性为核心，涵盖员工工作投入度、团队合作能力、自我管理能力、职业发展能力、工作完成度、创新能力和实际贡献的评估，企业要对员工的敬业度进行全面、合理的评估，并基于评估结果制定相应的改进措施来鼓励员工提升敬业度。重要的是将评估标准与组织的价值观、目标和文化相匹配，以确保评估的有效性和准确性。

全球领先的人力资源管理咨询公司——翰威特咨询有限公司提出的员工敬业度理论包含三个层次，可以通过员工的行为方式来反映员工对公司的敬业度：

乐于宣传（Say）：这一层次表现为员工经常向同事、潜在同事、客户和潜在客户宣传公司的好处。员工会积极地向他人传达他们所在组织的优点和长处，为组织树立正面形象。这种行为反映了员工对公司的认同感和自豪感。

乐意留下（Stay）：这一层次表明员工有留在组织内的强烈愿望。员工对组织的归属感很强，并且希望长期留在组织中发展。他们展现出对组织的忠诚和稳定性，不容易受到竞争对手的诱惑而离职。

全力付出（Strive）：这是敬业度的最高境界，员工不仅全心全意地投入工作，而且愿意付出额外的努力来推动企业的成功。他们愿意承担责任，积极地主动学习和提高自己的工作能力，为实现公司的目标而努力工作。

这三种行为方式可以衡量员工对企业的敬业度。当员工在这些层次上表现出积极的行为时，公司可以获得许多好处，包括积极的口碑传播、员工的忠诚度和稳定性，以及员工付出额外努力来推动公司的成功。因此，理解和评估员工的敬业度对于组织来说是至关重要的，可以帮助组织更好地管理和激发员工的工作动力和投入。

一般来讲，企业可以采取以下具体方法来提高员工的敬业度：

1. 建立积极的组织文化：组织应该树立积极向上、开放包容的文化氛围，鼓励员工积极参与、发言和分享。提倡团队合作、彼此支持和尊重的文化，以增强员工的归属感和承诺。

2. 提供职业发展机会：为员工提供个人成长和职业发展的机会，例如培训、学习资源、导师计划等。这可以激发员工的学习热情和专业发展动力，增加他们对工作的投入度和敬业度。

3. 建立有效的沟通渠道：促进组织内外的有效沟通和信息流动，确保员工能及时了解组织的目标、决策和变化。开放的沟通环境可以增加员工的工作透明度和参与感，提高他们对组织的信任和敬业度。

4. 增加员工参与度：鼓励员工参与决策和项目，给予他们更大的自主权和责任感。"放权"的做法可以提高年轻员工的工作满意度和归属感，增强他们对工作的投入和敬业度。

5. 提供良好的工作条件和福利待遇：关注员工的工作环境、福利待遇和工作生活平衡，为员工创造良好的工作条件。提供舒适的办公环境、合理的工作时间安排、弹性工作制度等，可以增加员工对组织的忠诚度和敬业度。

（二）评估形式

敬业度的评估形式要兼顾量化职工工作的投入和提升职工敬业度，让其为企业所做的贡献得到公开，受到表彰。而敬业度的评估可以采用多种形式和工具来进行，这些形式可以根据组织的需求、文化和目标进行调整。敬业度评估形式主要有：

问卷调查。设计针对敬业度的问卷调查，包含有关员工工作态度、工作满意度、团队合作、对组织的归属感等方面的问题。问卷可以采用定量和定性问题，以了解员工在不同方面的看法和态度。

一对一访谈。直接与员工进行个别访谈，了解他们对工作的态度、动力、对组织的认同感，以及职业发展期望等方面的看法。这种方法可以提供更深入和细致的信息，帮助识别个别员工的需求和问题。

360度反馈。通过向员工的同事、直接领导、下属，以及其他相关人士收集反馈，了解员工在工作中的表现和敬业度。这种多方位的反馈可以提供更全面的评估。

绩效评估。将敬业度作为绩效评估的一个指标之一，通过考核员工的工作表现、目标达成情况和团队合作等方面，评估其敬业度水平。

员工反馈会议。定期举行员工反馈会议，鼓励员工分享他们对工作和组织的看法和建议。这种形式可以促进员工参与，并为提高敬业度提供宝贵的意见和建议。

量化指标评估。使用量化的指标和数据来评估敬业度，例如员工的出勤率、工作成果、项目完成情况等。这些指标可以作为评估员工敬业度的参考依据之一。

（三）评估活动的设计与实施

设计和实施评估活动是确保组织发展和提高绩效的关键步骤。在这个过程中，可以通过合理的设计和实施评估活动确保评估的有效性和可靠性。

要选择适当的评估方法，如问卷调查、面谈、观察和记录分析等。不同的目的可能需要不同的方法，因此选择方法时需要谨慎考虑。要明确评估指标。这些指标应该是能够量化和衡量评估对象特定方面的具体参数。它们应该具有明确的定义和可操作性，以确保数据的准确性和一致性。要设计评估工具和材料。这些工具应该与选择的方法和指标相一致，确保收集到的数据是有意义的。采取高科技的手段对这些材料进行整理、分析、评估，降低时间成本和财务成本。制定评估计划，开展表彰大会、进行公示等，明确评估的时间、地点、参与人员和流程。这有助于确保评估活动的有序进行，按照计划顺利完成。

实施评估活动是将计划付诸实践的过程。在此阶段，评估的公正性和客观性至关重要，确保按照事先确定的方法和流程进行。完成实施后，收集和整理评估数据。企业涉及整理问卷调查的回复、整理面谈记录等。数据的准确性和完整性对于后续的分析至关重要。要根据评估结果撰写评估报告。报告应该包括评估的目的、方法、结果和建议。报告的目的是向利益相关者传达评估的关键信息。将评估结果反馈给管理层，再由管理层根据结果制定改进计划和行动计划。确保评估的实际应用，并为组织的决策提供有价值的支持。

（四）敬业度评估数据分析

敬业度评估需要有量化分析，将敬业度的具体表现列点、打分，如在考勤层面迟到和请假要扣具体的分数，而满勤又能加相应的分数。

敬业度评估的数据应该来源于评估活动前期的信息筹备，如问卷、自评和他评等。对职工的目标达成度、关键绩效指标、工作质量指标、绩效评价体系进行分析，以量化考核的方式实现敬业度评估。

敬业度评估是一项极其耗费人力物力的项目，但其利益终究是大于弊的。首先它对员工绩效提升的效果不容忽视，通过敬业度评估，企业可以更全面地了解员工的工作表现和投入程度。这有助于识别高绩效员工，为他们提供适当的奖励和认可，从而激励他们保持高水平的工作表现。其次，敬业度评估有利于人才管理，敬业度评估有助于企业了解员工对工作的承诺程度，有助于识别和培养具有潜力的员工。这对于人才管理和继任计划非常重要，可以确保企业有足够的人才储备来适应未来的挑战。而且，敬业度评估还能提高员工满意度，敬业度评估可以成为了解员工满意度和工作环境的重要工具。通过了解员工对工作的态度和企业文化的感受，企业可以采取措施改进工作环境，提高员工满意度，从而增强员工忠诚度。

阳光工程提供了一种促进敬业度的环境和机制，激励员工更加投入和专注于工作。同时，敬业度也是阳光工程成功实施的重要条件，员工的高度敬业度能够支持和推动阳光工程的顺利运作和项目的成功实施。

（五）评估后的改进

企业阳光工程建设对企业的敬业度评估活动提出了要求，企业敬业度评估需要建设一套制度化、数量化的评估标准，积极推进阳光工程的建设。如建立改进反馈循环制度：进行定期反馈和改进计划，定期向员工提供评估结果的反馈，强调优势和改进的方向，激发积极的工作动力，并基于评估结果制定改进计划，确保企业的问题能够被迅速而有针对性地解决。监测和调整制度：完善检测体系和持续改进的方式，建立监测机制，定期评估评估制度的有效性，并根据反馈和业务变化进行调整，并将评估活动视为一个持续改进的过程，不断优化制度以适应组织和员工的变化。进行敬业度评估活动的改进，不断完善企业的敬业度评估制度。

敬业度评估对企业和员工都有着深远的影响。首先，通过评估员工对工作的投入和承诺程度，企业可以精准地识别高绩效员工，从而有针对性地提供培训和发展机会，提高整体员工绩效。其次，敬业度评估有助于更好地了解员工的职业发展需求，为其提供有针对性地发展计划，同时也有助于合理配置和管理人才。

一方面，敬业度评估还能提升员工满意度，通过改善工作环境和提高福利，营造积极的工作文化。团队协作与文化建设也是其中的关键因素，高度敬业的员工更容易合作，有助于建设积极向上的工作氛围。预防员工流失是另一个重要方面，通过了解员工的敬业度，企业可以采取措施留住高绩效员工，减少用人成本。

另一方面，高敬业度的员工有助于提升企业声誉，他们愿意为企业做出额外的努力，从而在外部传递积极的企业形象，吸引更多优秀人才和业务伙伴。最后，敬业度的提升促进了持续改进和创新，激发员工的创造力，推动企业在市场竞争中保持竞争力。总体而言，敬业度评估不仅是提高员工绩效的工具，更是塑造积极企业文化、促进可持续发展的关键一环。

企业阳光工程的建设，少不了敬业度评估。通过评估员工的敬业度，企业能够了解员工对工作的投入和承诺程度，促进透明度和信任的建立，增强员工的参与度和合作意愿，推动信息共享和沟通，建立公正的绩效评估和奖励机制。这些方面的改进将有助于企业在阳光工程中取得更好的效果，并推

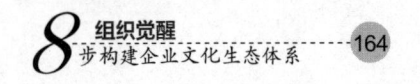

动整体的发展和成功。

第六节 企业社会责任报告撰写

企业社会责任是一个全球瞩目的议题，其演进路径凸显了各国共同的价值取向，即企业应当承担起对社会的责任，为社会做出积极贡献。然而，由于各个国家和地区的政治、经济、文化等方面的差异，企业社会责任在各个国家中又呈现出不同的国别色彩。中国企业的社会责任具有"中国特色"。自改革开放以来，中国企业的社会责任发展历程与国家战略紧密相连，尤其是国有企业。

一、企业社会责任报告

企业社会责任报告（Corporate Social Responsibility Report），简称CSR报告，是企业将其履行社会责任的理念、战略、方式方法，其经营活动对经济、环境、社会等领域造成的直接和间接影响、取得的成绩及不足等信息，进行系统地梳理和总结，并向利益相关方进行披露的方式，是企业向外界披露其社会责任履行情况的一种透明化举措。该报告通常包含企业在经济、环境和社会方面的表现和成就，以及企业的可持续发展战略和目标。

二、企业社会责任报告的内容

（一）企业概况

报告摘要对企业的背景进行了详尽的介绍，这不仅涵盖了企业的成立历史、成长历程，还深入探讨了其业务范围、市场定位，以及在全球或特定区域内的影响力。此外，报告中还详细描述了企业的组织架构和治理模式，强调了管理层对于推动企业可持续发展的承诺和措施，为读者提供了一个全面的企业概貌。

（二）可持续发展战略和目标

报告重点阐述了企业的可持续发展战略与目标，这一部分不仅明确了企业在经济、环境和社会三个维度上的长期愿景，还具体列出了实现这些目标的策略和行动计划。在经济方面，企业致力于通过创新驱动发展，提高产品和服务的质量；在环境方面，则通过节能减排、采用可再生能源等手段来减轻对自然环境的影响；而在社会方面，则注重员工发展、促进社区繁荣和公平贸易。

（三）经济责任

报告展示了企业在过去一年中的财务表现，包括收入增长、利润水平及资产总额等关键指标，并分析了这些成绩背后的原因。同时，报告也提到了企业如何通过税收缴纳、就业机会创造等方式为当地经济作出贡献，以及企业与各类利益相关者建立的良好合作关系。

（四）环境责任

报告需要披露企业在环境保护、资源利用和碳排放等方面的努力和成果，包括环境管理、能源消耗、废物管理和环境创新等。报告详细记录了企业在减少温室气体排放、优化能源使用效率、实施循环经济模式等方面的进展。此外，还特别介绍了企业在环保技术研发和应用上取得的突破性成果，展现了企业对于环境保护的坚定承诺。

（五）社会责任

社会责任则聚焦于企业内部员工福利计划、职业健康安全管理体系的建设，以及对外部社区的支持活动，比如教育资助、灾难救援和文化推广等。通过这些实际行动，企业旨在构建一个更加包容和谐的社会环境。

（六）利益相关者关系

针对利益相关者关系，报告强调了企业与员工、客户、供应商、投资者乃至更广泛社会群体之间积极互动的重要性。报告中列举了多个成功案例，展示了企业在倾听各方声音、响应合理诉求、共同创造价值方面的努力。

（七）报告核查和验证

报告编制的过程严谨而系统，旨在确保内容的准确性和可靠性。首先，数据收集是基础，企业通过内部系统提取财务、运营等关键数据，并通过问卷调查、访谈等形式从外部利益相关者处获取反馈。为保证数据质量，所有信息均经过多轮审核与验证。其次，报告遵循国际通用的GRI（全球报告倡议组织）标准，确保内容覆盖经济、环境、社会三大领域，全面反映企业社会责任实践。此外，企业可以邀请独立第三方机构对报告进行核查，他们不仅评估数据的真实性，还检查报告是否符合既定标准，进一步增强了报告的公信力。通过上述措施，企业致力于提升报告的透明度和可信度，让所有利益相关方都能获得真实、有价值的信息。

企业社会责任报告的目的是向利益相关者和公众展示企业在社会责任履行方面的努力和成果，增加企业的透明度和可信度。通过报告的编制和公开，企业可以促进利益相关者的参与和反馈，改善企业的社会形象，以及推动可持续发展的实践和共享。此外，一些国家和地区可能对企业进行社会责任报告的披露要求，企业需要遵守相关法规和准则，履行信息披露的义务。

三、企业社会责任报告设计要求

企业社会责任报告拥有广泛的受众，既包括对企业社会责任比较了解的群体，例如企业部门领导、投资方、合作伙伴、政府机构、行业协会、专业的评价机构和媒体等；又包括对企业社会责任缺乏认知的群体，例如普通员工、普通民众百姓。这就要求企业社会责任报告设计既要体现专业的严谨性，又要体现企业的责任理念，具备通俗性、可读性，以高水平的视觉呈现，让读者清晰直观地阅读报告。

四、企业社会责任报告的编制

（一）准备阶段

在准备阶段需要确定报告的目标和范围，明确报告的目的、受众和内容范围，确定报告的重点和关注领域。要确定报告的指导原则和准则，选择适用的报告准则，如全球报告倡议（GRI）准则、国际标准化组织（ISO）26000等，以确保报告的一致性和可比性。要确定报告的时间表和责任人，制定报告编制的时间表，明确责任人和相关团队的角色和职责。

（二）资料采集阶段

在资料采集阶段，需要收集企业社会责任数据和信息，包括经济、环境和社会方面的数据，可以通过内部数据收集、调研、问卷调查、访谈等方式获取。通过与利益相关者进行沟通和合作，了解他们的期望和关注点，收集他们的意见和建议，以确保报告的全面性和准确性。

（三）报告撰写阶段

在报告撰写阶段，需要进行组织和分析数据，整理和分析收集到的数据和信息，对企业的社会责任表现进行评估和总结。要根据报告的目标和范围，撰写报告的各个章节，包括企业概况、可持续发展战略、经济、环境和社会责任等内容。要对报告进行内部审核和核实，确保报告的准确性、一致性和可信度。

（四）发布阶段

在发布阶段，需要将报告提交给相关部门和高层管理层进行审批和批准，确保报告符合企业的政策和要求。报告公开发布可以通过企业网站、社交媒体、新闻发布等渠道进行传播，向利益相关者和公众披露企业的社会责任履行情况。要接受利益相关者和公众的反馈和评价，对报告进行改进和完善，以提高报告的质量和影响力。

五、企业社会责任报告设计流程

企业社会责任报告设计包括四个阶段。形象定位阶段、方案设计阶段、展开排版阶段和定稿印刷阶段。

（一）形象定位阶段

在企业社会责任报告设计的初始阶段，即形象定位阶段，核心任务是明确报告的整体方向和风格。这一阶段的工作流程通常从需求沟通开始，设计师会与企业代表进行深入交流，了解企业的文化、品牌特色、社会责任理念以及报告希望传达的核心信息。通过这种初步接触，可以收集到大量有关企业背景、业务特点和市场定位的信息，为后续设计奠定基础。资料收集完成后，设计团队将进入形象定位分析环节，通过SWOT分析（优势、劣势、机会、威胁）来评估企业现状，结合行业趋势和社会期望，提炼出能够体现企业独特价值主张的形象定位。确立设计思路是本阶段的最后一个步骤，基于前面的分析结果，设计师将提出一系列创意概念，涵盖视觉风格、色彩搭配、图形元素等方面，确保最终的设计方案既符合企业的品牌形象，又能有效吸引目标受众的注意力，传递正面的社会责任感。

（二）方案设计阶段

当形象定位阶段完成后，企业社会责任报告的设计工作将进入方案设计阶段。此阶段的目标是将前期确立的设计思路转化为具体的视觉表现形式。设计师会着手创作方案初稿，这通常涉及多个方面的创意工作，如风格创意、主题封面创意、理念元素设计、版式设计、开篇页设计等。风格创意旨在定义报告的整体视觉风格，可能包括现代简约、商务正式、温馨亲切等多种风格选择。主题封面创意则是为了吸引读者的第一眼注意，需要巧妙融合企业标志、社会责任主题与艺术美感，创造出既具辨识度又富有吸引力的封面设计。理念元素设计关注的是如何将企业的核心价值观和CSR理念以图形化的方式展现出来，使读者能够快速理解并记住这些信息。版式设计涉及页面布局、字体选择、间距调整等多个细节，目的是保证报告内容的可读性和美观性。开篇页设计则需营造良好的阅读开端，设置引人入胜的导语或概述，激发读者继续探索的兴趣。设计师通常会准备两至三套设计方案供企业选择，每套方案都力求在保持企业品牌一致性的同时，展现出不同的创意视角。

（三）展开排版阶段

随着设计方案的确认，企业社会责任报告的设计工作将迈入展开排版阶段。这一阶段的任务是对选定的设计方案进行详细实施，确保每一部分内容都能精准呈现。首先，文字排版是一个细致入微的过程，它不仅要求准确无误地录入报告文本，还要考虑字体大小、行间距、段落缩进等因素，以确保阅读体验的流畅性。模型图设计则是为了辅助解释复杂的概念或数据，设计师会根据报告内容创建直观易懂的图表、流程图或信息图，帮助读者更好地理解报告中的关键点。图表设计同样重要，它涉及数据的可视化处理，设计师需要确保所有图表的数据来源可靠、标注清晰、颜色搭配合理，以便于读者快速获取信息。图例设计是为了帮助读者正确解读图表中的符号和标记，因此必须简洁明了。此外，修正图片及文字也是该阶段不可或缺的一部分，设计师会对所有使用的图像进行质量检查，必要时进行裁剪、调色等处理，同时仔细校对文本，避免出现任何错误或不当表述，确保报告的专业性和准确性。

（四）定稿印刷阶段

在企业社会责任报告设计的最后阶段——定稿印刷阶段，工作的重点转向了确保报告内容的最终质量和成品的完美呈现。首先，文字校对是一项至关重要的任务，它不仅仅是对拼写和语法错误的简单检查，更重要的是要确保所有信息的准确无误，包括数字、日期、专有名词等，甚至细微之处如标点符号的使用也需严格把关。完成校对后，设计团队会制作完稿，即将经过排版设计的所有内容整合成完整的PDF文件，供企业审查。一旦企业确认无误，下一步便是出片打样，即制作少量样品用于最终审阅，这一步骤有助于提前发现潜在的问题，如颜色偏差、排版错位等，从而及时调整。确定纸张工艺是决定报告质感的关键环节，设计团队会根据报告的性质和预期效果推荐合适的纸张类型（如哑粉纸、铜版纸等）和加工工艺（如覆膜、烫金等），并与印刷厂密切合作，确保选用的材料和技术能够达到最佳的视觉和触觉效果。最后，印刷品控是整个过程中不可忽视的一环，它涉及对印刷成品的质量监督，确保每一份报告都符合预定标准，无论是色彩还原度、文字清晰度，还是装订牢固性，都应达到专业水准，以此向读者展示企业对细节的关注和对品质的追求。

第七节 企业反腐倡廉工作

廉洁是个十分古老的话题，我国古代就有"廉则兴，腐则衰"之鉴。对于企业来讲，也要十分注重反腐倡廉，才能为生产经营发展提供坚强有力的保障，才能使企业得到良性的发展，才能不让腐败腐蚀企业的未来。

一、为什么企业也需要反腐倡廉

（一）维护企业声誉

腐败行为对企业声誉和形象的损害是深远且不可逆的。一旦被曝光，不仅会失去客户的信任，还可能让合作伙伴和投资者望而却步，从而严重影响企业的业务发展和市场地位。在当今信息高度透明的时代，负面新闻传播迅速，任何不正当的行为都可能通过社交媒体等渠道快速扩散，给企业带来长期的品牌危机。因此，反腐倡廉不仅是对员工行为的一种规范，更是保护企业无形资产——品牌价值的关键举措。通过积极推行廉洁文化，企业能够树立诚信、正直的企业形象，赢得利益相关者的持久信任和支持。

（二）遵守法律和道德标准

腐败行为通常违反国家法律法规和国际公认的商业道德准则，这使得企业面临巨大的法律风险。当前，国际经济形势多变，我国经济发展进入向高质量发展转型的关键时期，尤其在"走出去"与中美贸易战的背景下，美国等西方国家擅长动用海外反腐败法、"长臂管辖"等工具，以跨国商业贿赂等为理由对我国企业强力打压。因此，我国企业加强反腐倡廉，有助于防范潜在的法律风险，避免企业遭受巨额罚款、诉讼缠身，甚至引发刑事责任，造成声誉上的巨大损失，还能建立健全内部控制和合规管理体系，确保所有经营活动都在合法、透明和道德的框架内进行，提升企业在国内外市场的竞争力和社会责任感。

（三）保护企业利益

腐败行为往往伴随着资源浪费、效率低下，以及经济损失等问题。内部贪污、贿赂或不当利益输送等活动会导致企业资源流失，降低工作效率，最终影响企业的盈利能力和发展潜力。通过实施严格的反腐倡廉措施，企业可以有效遏制这些不良现象的发生，提高管理效能，优化资源配置，确保财务健康。同时，反腐倡廉也有助于保护股东和其他利益相关者的权益，保障他们的投资回报，促进企业的稳定增长。

（四）推动企业可持续发展

反腐倡廉不仅是企业自身发展的需要，也是实现社会可持续发展目标的重要组成部分。腐败行为不仅破坏了公平竞争的市场环境，还可能对社会经济秩序和公共利益产生负面影响。例如，它可能会扭曲市场竞争机制，阻碍创新和技术进步，甚至影响到整个行业的健康发展。因此，企业积极参与反腐倡廉工作，不仅能够净化自身的经营环境，还能为构建一个更加公正、透明的社会经济体系贡献力量。通过倡导廉洁文化，企业可以在行业内树立良好的榜样作用，带动更多同行共同致力于可持续发展目标，营造一个健康、有序的商业生态。

一个突出的情况是，我国企业应当增强敏感性和警觉性，把握国内法治和涉外法治关系，加强海外投资经营涉腐风险管控，为推动对外合作作出新的积极贡献。

二、企业如何反腐倡廉

（一）组建反腐倡廉工作组织机构

企业在推进反腐倡廉工作中，首先需要构建一个高效运作的组织架构。为此，企业应设立专门的反腐倡廉管理部门，例如稽核部，该部门负责制定和执行一系列旨在加强思想道德教育、建立健全预防和惩治腐败制度体系及监控机制的措施。同时，各部门需成立由总经理担任组长的反腐倡廉工作领导小组，指定一名副手具体负责，小组内还应设有专职或兼职的廉政督察员，承担监督考核、问题调查和廉洁文化传播等任务，形成上下联动、全员参与的工作格局。

（二）完善反腐倡廉工作管理措施

为了进一步强化反腐倡廉工作的实效，企业还需不断完善管理措施。包括：强化廉政建设责任制，明确各级领导班子及其成员作为责任主体的地位，通过签署廉政建设责任书的形式落实个人责任；推行廉政谈话制度，对于新任命的领导干部，必须进行廉政谈话并要求其提交反腐倡廉保证书；定期开展专题学习活动，要求各级领导班子每年至少组织1~2次反腐倡廉专题培训，重点岗位人员需每年提交一篇关于廉政建设的心得体会；加大日常教育培训力度，确保各部门每年至少安排2天的集中廉政教育，特别是在重大决策前夕和节假日前后，持续不断地开展警示教育；在年度总结表彰会上公开通报反腐倡廉工作成效，表扬先进典型，警示落后案例，营造风清气正的企业文化氛围。

企业应制定一系列政策文件，如管理层宣言、员工行为准则、供应商行为准则等，为全体员工提供明确的行为指南，共同维护企业的良好声誉和社会形象。

（三）企业高度重视，领导积极参与

反腐倡廉工作中，企业领导层的重视程度和参与度是决定性因素。高层管理者不仅是政策的制定者，更是廉洁文化的倡导者与实践者。华为技术有限公司的创始人任正非就多次强调了反腐的重要性，并亲自推动了一系列内部监督机制的建立和完善，包括设立审计委员会、加强合规审查等措施。这种自上而下的决心不仅传达了公司对腐败零容忍的态度，也为企业树立了一个良好的榜样。

为了确保反腐倡廉工作的顺利推进，企业必须给予合规负责人足够的权力和支持。这不仅仅是物质上的资源分配，更重要的是赋予他们决策权和独立性，以保证他们在处理敏感问题时不受到外界干扰。阿里巴巴集团设立了专门的廉政部，直接向董事会汇报工作，拥有独立调查权限，不受其他部门干涉。这样的安排有助于提高工作效率，增强员工对企业的信任感。

企业反腐倡廉制度设计需要紧密结合企业的具体情况，考虑到行业特点、地域差异以及企业规模等因素。比如，在医疗保健行业中，由于涉及大量公共资金和社会利益，相关法律法规更加严格；而在科技领域，则可能更注重知识产权保护。因此，企业在制定规章制度时要充分考虑这些变量，确保其适用性和有效性。

（四）企业需要定期进行风险评估

有效的风险管理体系是预防腐败行为发生的重要手段之一。企业应当定期对其面临的内外部风险进行全面评估，识别出潜在的风险点并采取相应的防控措施。例如，中兴通讯每年都会组织一次全面的风险评估活动，涵盖从国家政策变化到市场竞争态势等多个方面。通过这种方式，可以及时发现可能影响企业运营的问题，并提前做好准备。

对于第三方合作伙伴的选择和管理同样至关重要。企业应实施严格的尽职调查程序，确保合作伙伴遵守相同的道德规范和法律法规。联想集团在这方面做得非常出色，它要求所有供应商签署《商业行为准则》，承诺遵循公平竞争原则，拒绝任何形式的贿赂和腐败行为。此外，联想还会不定期地对供应商进行审核，一旦发现问题立即终止合作。

在全球化背景下，跨国经营的企业还面临着不同国家和地区法律环境的不同挑战。对此，企业需要具备一定的专业知识和能力，确保其业务操作在全球范围内的一致性和合法性。例如，中国石油天然气集团公司（CNPC）在海外项目开发过程中，会聘请当地法律顾问团队协助处理复杂的法律事务，确保各项经营活动符合国际标准和东道国法律规定。同时，CNPC还积极参与国际反腐败倡议，如加入透明国际组织（Transparency International），以此表明其维护全球商业秩序的责任感。

第六章

CHAPTER 6

组织觉醒：8步构建企业文化生态体系

企业文化赋能工程

企业文化是企业的灵魂，是企业生存和发展的核心。企业文化不仅代表着企业的形象和品牌价值，更影响着企业内部员工的思维方式和行为规范，以及企业的决策和发展方向。优秀的企业文化能够通过源源不断的赋能，为企业注入强大的精神动力，推动企业实现高质量发展。

第一节 赋能工程介绍

一、什么是企业文化赋能

企业文化赋能是指引导企业团队以企业文化价值理念为核心，运用企业文化管理的本质化思维探寻问题形成的根源，运用企业文化管理的系统思维梳理问题解决的对策，在达成文化共识基础上，促进团队问题的解决和团队效能的提升。

二、企业文化赋能的模式

企业文化赋能的模式可分为三种，即文化输出式、文化吸纳式、文化融合式。

（一）企业文化输出模式

企业文化具有强大的力量，在企业兼并重组中，企业文化能让优势文化在更大的范围内获得认同、成为共识、发挥作用。因此，以优势扩张为动因、以优势企业为龙头的企业重组，其重组中的文化运作，是以优势的企业文化带动、改造弱势的企业文化，从而实现企业文化的赋能升级。如海尔集团兼并亏损企业原青岛红星电器厂后，分文资金未投，只派去了三名管理人员，通过输出海尔管理模式，三个月后就转亏为盈，显示了企业兼并中"无形资产盘活有形资产"的巨大力量。

（二）企业文化吸纳模式

企业文化吸纳模式就是在原有的企业文化基础上，通过扬弃的方法，去伪存真，剔除糟粕，留取精华，与时俱进，加入新的文化内涵要素，改进新的传播渠道，振奋人心、鼓舞士气，形成新的文化合力。比如新办企业的竞争进取精神、开拓创新意识往往较强，而老企业的吃苦耐劳、规范奉献意识往往比较突出。假如能够取各家之长融会于一体，便能迸发出惊人的乘积效应，势必体现出更高的层次和更强的活力，形成企业强盛的向心力、凝聚力。

（三）企业文化融合模式

企业文化融合模式一般表现为多元化、跨区域化的集团企业，将几种势均力敌的企业文化有机融合起来，形成一种新文化。尽管还能在新文化中找到原有文化的若干痕迹，但并不是简单地拼凑叠加，这种新文化已经不同于以往的任何一种文化了，是对各个企业原有的企业文化的吸纳、融会，使其显得更为具有包容性和前瞻性，能起到积极的创新和推动作用。

三、企业文化赋能升级的关键要素

（一）企业价值理念的塑造

企业发展的不同阶段，旗下不同的企业，在企业经营管理过程中必然带有不同的价值理念，这就要求进行企业文化的赋能升级时，要广泛征求意见，求同存异，把职工观念的整合融合当作一项重要的工作来抓，将其规范为一种新的适应企业发展战略的统一的价值理念。

（二）企业制度文化的塑造

制度文化是企业文化的一个重要方面。企业价值理念塑造后，应当按照分工协作的要求，建立一整套新的规章制度。这些制度规范是企业价值理念的具体贯彻，同时又从硬约束的角度与其他各种软约束因素共同促进新文化的形成。

（三）企业物质文化的塑造

物质层面的一些文化要素能够进一步强化企业员工的协同感和对企业深层价值理念文化的理解。企业统一的服装可以使员工产生纪律感和归属感，企业的商标、标志物、厂房车间、工作环境等物质因素，都会与企业文化的其他要素一起，逐步在员工思想上发挥影响，有利于营造统一的新的企业文化氛围。

（四）企业品牌形象的塑造

企业文化赋能升级后，企业的整体形象容易给人一种全新的认识，需要采取各种方式进行宣贯和引导，必须尽快通过产品服务、管理技术、品牌营销等方面的融合与统一，保证企业有一个更加良好的统一形象，让蓬勃向上、富有时代气息的企业形象更好地树立起来，传播出去。

四、企业文化赋能升级的操作流程

在企业文化的赋能升级过程中，不仅有"看得见的"业务模式升级和组织结构的变化，也有"看不见的"思维模式的转变和行为习惯的转变。两者相辅相成，缺一不可。企业文化的赋能升级，要处理好新老文化、顶层与基层、硬约束与软环境、整体与个体的关系，具体来说就是要做好以下几个方面：

（一）继承发扬，开拓创新

企业在漫长的发展历程中，逐渐孕育并形成了独具特色的文化基因，这些文化基因不仅承载着企业的历史记忆，也深刻影响着其未来走向。随着时代的变迁，企业文化需要不断吸收新的元素，以适应外部环境的变化和内部发展的需求。在这个过程中，如何平衡继承与创新成为一项重要课题。一方面，企业应当珍视那些经过时间考验、与企业发展战略相契合的文化特质，如诚信经营、客户至上等核心价值观，将其视为宝贵的财富加以传承；另一方面，也要勇于摒弃那些不再适合当前形势、阻碍企业进步的旧观念和做法，比如僵化的管理流程、保守的市场策略等。在传承的基础上进行创新，意味着企业不仅要从内部挖掘潜力，还要善于借鉴外部优秀经验，通过引入先进的管理理念和技术手段，不断丰富和完善企业文化体系，使之成为推动企业持续发展的强大动力。可以通过举办创新大赛、设立专项基金等方式，鼓励员工提出新想法、尝试新事物，形成一种敢于挑战、勇于变革的文化氛围，进而促进企业的长远发展。

（二）顶层设计，全员实践

企业文化的赋能升级是一项系统工程，不仅需要高层领导的远见卓识和战略规划，更离不开全体员工的积极参与和支持。高层管理者应站在全局高度，科学谋划企业文化的发展蓝图，明确目标方向，制定切实可行的实施方案。然而，再好的顶层设计如果没有基层的积极响应和有效执行，也只能是空中楼阁。因此，企业必须建立起一套有效的沟通机制，确保上层决策能够迅速传达到每一个角落，同时也要充分听取一线员工的意见和建议，激发他们的创造力和主动性。通过开展多样化的培训活动、组织丰富多彩的文化活动等形式，增强员工对新文化的认同感和归属感，促使他们在日常工作生活中自觉践行企业倡导的价值观。此外，企业还可以通过建立文化大使制度、设置文化贡献奖等方式，表彰那些在企业文化建设中表现突出的个人或团队，形成良好的示范效应，推动企业文化从上至下、从内向外全面渗透，最终实现全员共融、共创辉煌的局面。

（三）管理提升，环境营建

企业文化并非孤立存在，而是与企业的管理制度、工作环境密切相关。要想实现文化的真正落地生根，就必须从管理层面入手，进行系统性的改革和优化。首先，企业需要重新审视现有的组织架构，打破部门间的壁垒，促进跨职能协作，构建扁平化、灵活高效的组织形态。其次，应建立健全的规章制度，确保各项操作有章可循，同时也要赋予员工更多的自主权，激发他们的积极性和创造性。再次，合理的激励机制和有效的约束机制是保障企业文化顺利实施的重要手段，前者可以采用绩效奖金、股权激励等多种方式，后者则包括明确的责任追究制度、公平公正的评价体系等。此外，企业还需要注重文化建设的功能性，比如通过打造舒适的工作环境、提供丰富的学习资源、举办各类文体活动等，营造积极向上的工作氛围，提升员工的幸福感和满意度。最后，利用多种传播媒介，如内部刊物、社交媒体平台等，广泛宣传企业文化的核心理念，加深员工的理解和认知，形成强大的文化磁场，吸引更多优秀人才加入，为企业注入源源不断的活力。

（四）企业发展，员工成长

企业的成功离不开每一位员工的辛勤付出和无私奉献，而员工的成长也离不开企业的支持和培养。一个健康、可持续发展的企业，必然能够实现企业和员工的双赢局面。为了达成这一目标，企业首先要树立以人为本的管理理念，将员工视为最宝贵的资源，关注他们的职业发展和个人成长。这不仅体现在提供具有竞争力的薪酬福利、创造良好的工作条件等方面，更在于搭建一个开放包容的学习平台，鼓励员工不断学习新知识、掌握新技能，为他们提供广阔的职业发展空间。同时，企业还应建立健全的晋升通道，让有能力、有担当的员工有机会脱颖而出，成为推动企业前进的中坚力量。另外，企业可以通过开展团队建设活动、组织志愿服务项目等方式，增强员工之间的凝聚力和向心力，塑造团结协作、互助友爱的团队精神。当员工感受到自己是企业大家庭的一员，与企业荣辱与共时，他们就会更加积极主动地为企业的发展贡献智慧和力量，共同创造美好的未来。

在企业文化的赋能升级时期，企业经营管理层要有足够的信心和耐心，让职工一方面更关心企业的未来发展，另一方面，要关爱职工，缓解职工所承受的工作压力和更高的工作要求，让团队充满信心、热情和创造力，使企业拥有更强大的领导力和执行力，产生更大的凝聚力和品牌影响力。

第二节 企业管理提案活动设计与实施

企业通过多种途径，鼓励员工合理化建议可以改进现行企业运行和管理体制，改进产品质量，革新工艺程序，节约原材料和劳动时间，提高生产安全，改进环境保护、加强劳动保护等，最终达到通过提高劳动生产率，理顺经营关系，挖掘人才潜力，增强企业凝聚力，提高企业核心竞争力的目标。

一、什么是企业管理提案活动

企业管理提案活动是一种鼓励员工参与企业管理的机制，通过收集员工的意见和建议，改善企业的运营和管理。这种活动的目的在于激发员工的创造力和参与精神，促进企业内部的信息交流和知识分享，进一步提高企业的运营效率和创新力。企业管理提案活动与企业文化开展之间存在着密切的关系。企业文化影响着员工的行为和思维方式。而企业管理提案活动则是一种鼓励员工参与、提出建议和改善企业管理的机制。

（一）可以增强员工的归属感和忠诚度

当员工参与到企业管理提案活动中时，他们会深切感受到自己的意见和建议受到了重视，这种被尊重的感觉极大地提升了员工的归属感。在传统的企业管理模式中，员工往往处于被动接受的角色，而提案活动的开展使得员工有机会主动参与到决策过程中，让他们意识到自己不仅是企业的一分子，更是企业发展的推动者。这种参与感不仅能够增强员工对企业的认同感，还能激发他们的工作热情和积极性。当员工觉得自己的贡献对企业发展起到了积极作用时，他们自然会更加珍惜这份工作，表现出更高的忠诚度。长此以往，企业将拥有一支充满活力、凝聚力的团队，这对于提升企业整体竞争力具有重要意义。

（二）可以促进企业内部的信息交流和知识分享

企业管理提案活动的开展，为员工提供了一个开放的平台，使他们能够自由地表达自己对企业运营和管理的看法与建议。通过这一过程，企业不仅能够及时发现和解决潜在的问题，还能够深入了解员工的真实想法和需求，从而制定更加科学合理的管理策略。更重要的是，提案活动促进了企业内部的信息流通和知识共享。员工在提交提案的过程中，需要与其他同事进行沟通和协作，这无形中增进了彼此之间的了解和信任。同时，不同部门、不同岗位的员工通过交流各自的经验和见解，可以相互启发、取长补短，共同提升团队的整体水平。此外，企业还可以定期组织提案分享会，邀请提案者讲述自己的思考过程和实践经验，进一步激发全体员工的学习热情，形成良好的学习型组织氛围。

（三）可以培养员工的创新意识和团队合作精神

企业管理提案活动本质上是一种创新活动，它鼓励员工跳出固有的思维框架，运用自己的创造力和想象力为企业的发展献计献策。在这个过程中，员工的创新潜能得以充分释放，有助于培养他们的创新意识和解决问题的能力。同时，提案活动也是一次难得的团队合作机会。为了确保提案的可行性和有效性，员工往往需要与不同部门的同事密切配合，共同研究和探讨解决方案。这种跨部门的合作不仅能够促进资源共享和优势互补，还有助于打破部门壁垒，增进团队成员之间的理解和信任。在团队合作中，员工学会了倾听他人的意见、尊重不同的观点，并在此基础上达成共识，共同推动提案的实施。这些经历对于个人职业素养的提升和团队凝聚力的增强都有着不可估量的作用。

（四）可以提升企业的社会形象和品牌价值

企业管理提案活动的开展，不仅体现了企业在内部管理上的开放性和创新性，也向外界展示了其积极向上、勇于变革的企业形象。当员工积极参与提案活动时，外界能够看到企业重视员工意见、鼓励员工参与决策的态度，这无疑会增强公众对企业的信任感和好感度。此外，通过实施优秀的管理提案，企业能够不断提升自身的管理水平和运营效率，进而提高产品质量和服务水平，赢得更多客户的认可和支持。良好的社会形象和品牌价值不仅有助于企业在激烈的市场竞争中脱颖而出，还能吸引更多优秀人才加盟，为企业长远发展奠定坚实的基础。总之，企业管理提案活动不仅促进了企业内部的和平与发展，也为企业在社会上赢得了更多的赞誉和尊重，实现了内外兼修、双向共赢的良好局面。

企业管理提案活动的开展有助于促进企业文化的建设和发展，提高企业的运营效率和市场竞争力。企业管理提案活动也有助于员工的成长和发展，增强企业的凝聚力和向心力。

二、企业管理提案活动的设计

企业管理提案活动的设计旨在激发员工的创新精神，提升企业运营效率，优化管理流程，从而提高企业的整体竞争力。活动的核心目标是促进员工积极参与，挖掘内部潜力，通过集体智慧解决实际问题，推动企业持续进步。为此，企业需明确提案的内容要求，确保每一份提案都具有针对性、创新性、可行性和完整性。具体来说，提案应针对企业运营、管理中存在的具体问题或潜在改进空间，提出具有新颖性和创造性的解决方案，同时保证方案的实际操作性，避免过于理想化。每份提案都应详细描述问题、提供具体的解决措施，并预估实施后的效果，以便评审团队进行全面评估。

为了便于员工提交提案，企业可以采取多种征集方式。首先，建立一个内部提案平台，使员工能够随时随地上传自己的想法和建议，确保信息的及时传递。其次，定期组织提案征集会议，鼓励员工面对面交流和分享，激发更多灵感碰撞。此外，考虑到某些提案可能涉及敏感话题，企业应允许员工匿名提交，以保护其隐私和权益，从而鼓励更广泛地参与。通过这些多元化的渠道，企业可以最大限度地收集到来自不同层级、不同部门的宝贵意见。

在提案评审阶段，企业将依据一套严格的标准来筛选和评估每一份提案。评审团队将重点关注提案对问题的定义和识别是否准确，解决方案是否具备创新性，实施过程中所需的资源和难度如何，以及预计能够带来的效益。通过对这些关键指标的综合考量，评审团队能够客观公正地选出最具价值的提案。对于被采纳的优秀提案，企业将提供多方面的奖励与激励措施，包括但不限于物质奖励、荣誉证书、职业发展机会和专业培训机会。这些激励措施不仅能够直接嘉奖提案者的贡献,还能在全企业范围内营造一种积极向上的氛围,激发更多员工参与到提案活动中来。

为了确保被采纳提案的有效实施,企业需要制定详细的实施计划,明确时间节点、责任分工和资源配置。同时,建立一套完善的进度监控机制,定期检查提案的执行情况,确保各项任务按时高质量完成。实施完成后,企业应对提案的效果进行评估,总结成功经验和存在的不足,为未来的提案活动提供参考。最后,建立一个透明的反馈机制至关重要,它能让员工及时了解到自己提案的进展情况和最终结果,感受到自己的努力得到了重视和认可,从而增强参与感和归属感,为下一次提案活动打下良好的基础。通过这一系列周密的安排和持续的努力,企业管理提案活动将成为推动企业创新性发展的重要动力源泉。

三、企业管理提案的实施步骤

(一)提出管理提案

员工是企业最宝贵的资源之一,他们身处工作一线,往往能够更敏锐地发现问题并提出创新的解决方案。因此,企业应当鼓励员工通过多种渠道提交管理提案,如设置内部建议箱、组织定期的团队讨论会、开展员工满意度调查等。这些渠道不仅为员工提供了表达意见的机会,也有助于企业及时捕捉到内部运行中的潜在问题。当员工提出提案时,应尽量详细地描述问题的本质,分析问题产生的原因,提出具体的解决方案,并评估实施的可行性和预期效果。这不仅有助于提高提案的质量,也能让评审团队更直观地理解提案的价值所在。企业还应建立一套简便易用的提案提交系统,确保每位员工都能轻松参与,不受职位高低或部门限制,真正实现全员创新。

(二)评估和选择提案

收到员工提交的管理提案后,企业需要组织专门的评审团队对所有提案进行评估和筛选,以确定哪些提案最具价值和实施潜力。评估过程中,评审团队应综合考虑多个维度,包括但不限于提案的实施成本、预期效果、可行性以及潜在风险等。对于成本高昂但预期回报显著的提案,企业可以考虑分阶段实施或寻找资金支持;而对于成本较低但效果明显的提案,则应优先考虑采纳。此外,评审团队还应关注提案的创新性和实用性,优先选择那些能够为企业带来实质性改进的提案。通过科学合理的评估流程,企业可以从众多提案中筛选出最优解,为后续的实施奠定坚实基础。

(三)制定实施计划

一旦确定了需要实施的管理提案,企业就应该立即着手制定详细的实施计划。实施计划包括明确的时间表、具体的责任分配,以及必要的资源需求。时间表应设定清晰的里程碑,确保各阶段任务有序推进;责任分配则需明确每项任务的负责人及其职责,避免因职责不清导致的推诿扯皮现象;资源需求方面,企业应提前评估所需的资金、人力和技术支持,确保实施过程中不会因资源短缺而受阻。实施计划还应遵循科学的管理方法和流程,如采用PDCA(计划—执行—检查—行动)循环,确保项目的顺利推进。同时,企业应建立一套有效的沟通机制,确保所有相关人员都能及时了解项目进展,遇到问题时能够迅速协调解决。

(四)实施提案

实施阶段是将管理提案从理论转化为实践的关键环节。企业应严格按照既定的实施计划,分步骤、有条不紊地推进提案的落地。在此过程中,保持与员工和相关部门的紧密沟通至关重要。企业可以通过定期的项目进展会议、内部简报等形式,及时向相关人员通报项目进展情况,收集反馈意见,解决实施过程中遇到的问题。当遇到不可预见的困难时,应及时调整实施计划,确保项目能够顺利完成。此外,企业还应注重培养员工的主人翁意识,鼓励他们积极参与到提案的实施过程中,共同为企业的发展贡献力量。通过这样的方式,不仅可以提高提案的成功率,还能增强员工的归属感和责任感,形成良好的企业文化氛围。

(五)监测和评估

提案实施完成后,企业应对实施效果进行系统性地监测和评估,以验证提案的实际成效是否达到了预期目标。评估工作应从多个角度展开,包括但不限于经济效益、工作效率、员工满意度等方面。企业可以采用定量与定性相结合的方法,通过数据分析、问卷调查、深度访谈等方式收集相关信息。评估过程中,应重点关注提案实施前后变化的具体指标,如生产成本降低了多少、客户投诉减少了多少、员工流失率下降了多少等。如果评估结果显示提案实施效果不佳,企业应及时分析原因,查找问题所在,并采取相应措施进行调整和改进。通过持续的监测和评估,企业可以不断优化管理流程,提升整体运营水平。

(六)反馈和奖励

为了激励员工积极参与管理提案活动，企业应对提交提案的员工给予充分的反馈和适当的奖励。反馈不仅是对员工努力的认可，也是对他们提出改进建议的一种尊重。企业可以通过书面通知、电子邮件、内部公告等形式，向提案提交者通报提案的评审结果、实施进展，以及最终效果。对于被采纳并成功实施的提案，企业应给予物质和精神双重奖励。物质奖励可以是现金、礼品卡、额外的休假等；精神奖励则包括颁发荣誉证书、在企业年会上表彰、推荐参加晋级培训课程等。这些奖励措施不仅能够激发员工的积极性和创造力，还能在企业内部树立起崇尚创新、勇于担当的良好风尚。通过这种方式，企业能够不断吸引和留住优秀人才，为实现可持续发展奠定坚实的人才基础。

一线员工熟知作业和工作现场的正式生产、经营组织情况。制造企业如果能激励他们针对不合理的现象和需要解决的问题提出合理的提案，并及时解决这些提案，将带来巨大的效益。

四、企业提案管理系统介绍

提案系统是企业管理中的一项关键工具，可以帮助企业管理人员收集员工的建议和意见，有针对性地调整经营策略和流程，提高企业的竞争力。

(一)国有企业提案网

国有企业提案网是一家政府批准的互联网平台，为国有企业提供在线提案和建议管理服务。该平台允许企业员工通过在线渠道向企业领导、中央或地方政府管理部门提出建议。

(二)思科提案系统

思科提案系统是一种在线平台，可让员工在任何时间任何地点轻松提出对企业的建议。该平台提供了一个透明开放的环境，允许员工提交创新性的建议，以帮助改善企业运营。

(三)丰田提案系统

丰田提案系统是丰田公司采取的一种企业内部管理工具。该系统允许员工提交建议，通过丰田管理部门和员工之间的共同合作来持续改善生产过程和工作环境。

（四）得帆云企业提案管理应用

得帆云提案管理应用包含"新建提案""提案审批""提案积分""积分排行榜""积分商城"等模块，员工发现生产过程的问题，可以随时随地上传问题和改进措施，获得提案奖励积分，兑换礼品。

新建提案模块：员工点击"新增"之后弹出新增提案弹窗，相关个人信息自动导出，员工填写提案主题即可，提案改善类型也支持多选。

提案审批模块：员工提交提案后进入审批流程，如果经判断后提案需要实施，则走实施审批流程，通过后计算提案积分；如果不需要实施，可以直接走提案审批流程。

提案积分模块：员工的提案通过审批后，会根据预先配置的厂区提案等级积分规则，记录到"我的积分"中，并自动累加。员工每条积分记录都可关联到对应的提案，员工可以查看到个人每次的积分记录，管理员可以查看所有员工的积分记录。

积分排行榜模板：系统会计算每次员工提案通过后的积分，并自动累加，以员工为维度计算出当前得分最高者，并从高到低排序，生成积分排行榜。

积分商城模块：员工提交的提案奖励积分，可在"积分商城"中兑换奖品。行政管理人员负责维护礼品信息，他们可在"积分商城"上传商品信息、维护商品名称、维护兑换所需的积分，上传后自动生成商品编号。普通员工只能看到"兑换"按钮，管理员可以看到"编辑"和"兑换"两个按钮。员工点击"兑换"后会发起确认弹窗，员工确认后，系统后台会进行员工个人积分和商品积分的校验。如果积分满足可以直接兑换，如果积分不满足，则无法兑换。

提案分析模块：在提案分析中可查看提案数据分析，包括提案总数、改善提案类型、预计改善收益等。提案分析支持自定义扩展，用户可自行配置需要的图表类型和展示内容。

第三节　创新大赛活动设计与实施

　　创新对于一个国家而言，是发展进步的不竭动力，对于一个企业而言就是寻找生机和出路的必然条件，创新就是企业的立身之本、活力之源，一个企业如果不懂得自主创新，不懂得追求进取，那么这个企业的生机就停止了，同时濒临灭亡，创新的本质意义就是需要企业勇于突破自身的局限，在仅有的条件下创造出更多适应经济市场需求的新体制、新举措，这样才能走在时代潮流的最前面，为企业铸牢基础，赢得激烈的市场竞争，为企业带来新的增长点。

一、企业为什么举办创新大赛活动

（一）激发员工创新思维

　　创新是企业持续发展的动力源泉，而创新大赛活动则是激发员工创新思维的有效途径。通过创新大赛，企业可以鼓励员工发挥想象力和创造力，提出新颖的想法和解决方案，从而推动企业产品和服务的升级换代。在竞争激烈的市场环境中，只有不断创新，才能在市场中立于不败之地。

（二）提升内部创新能力

　　创新大赛不仅是一个展示创意的平台，更是一个培养和提升创新能力的平台。在准备和参加创新大赛的过程中，参赛者需要不断地挖掘市场需求、研究技术发展趋势、完善设计方案等，这都需要具备较强的创新能力。通过不断地实践和探索，企业可以逐步提升整体的创新能力，培养一支富有创造力的团队。

（三）展示企业创新成果

　　创新大赛为企业提供了一个展示创新成果的平台。通过大赛的展示环节，企业可以将自己的创新成果向外界展示，让更多的人了解企业的技术实力和创新能力。这不仅可以提升企业的知名度和品牌价值，还可以吸引更多的合作伙伴和投资者，为企业的发展带来更多的机会和资源。

（四）吸引外部人才加入

　　创新大赛也是一个吸引人才的有效途径。在比赛中，企业可以发掘具有潜力和才华的人才，为他们提供更好的发展机会和平台。同时，通过创新大赛的宣传和推广，企业也可以吸引更多的人才关注和加入，从而壮大企业的人才队伍。人才是企业发展的核心资源，吸引和留住人才是企业发展的重要保障。

（五）促进团队合作交流

创新大赛需要团队的合作和配合才能取得更好的成绩。在准备和参赛过程中，团队成员需要相互沟通、协作和支持，共同完成创意方案的制定、实施和完善。通过比赛，企业可以培养员工的团队合作意识和协作能力，促进团队内部的沟通与交流。一支优秀的团队需要团结合作、默契配合的精神，这样的团队才能更好地应对各种挑战和机遇。

二、企业创新大赛活动的设计

中大型企业在推动员工持续创新时，利用创新大赛去促进创新文化、激发组织创新的活力，自下而上获得创新成果是一种常见的做法。

设计与推动创新大赛时，如何让创新大赛更有效，人员更加积极参与，成果更接地气？可以从创新目标、流程组织、创意评选、激励机制与创新保障五个方面更好地设计创新大赛，称为创新大赛设计五步法（详见图6-1）。

创新目标 → 流程组织 → 创意评选 → 激励机制 → 创新保障

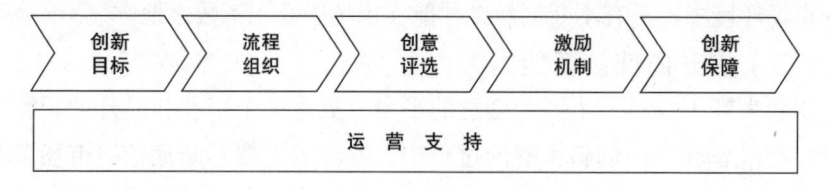

运营支持

图6-1 创新大赛五步法

（一）创新目标

企业的创新目标是指企业通过创新活动希望达到的预期效果和成果。企业的创新目标多种多样，根据企业的不同发展阶段和市场需求等因素而有所差异，但总的来说，主要包括：

一是技术创新。企业通过研发新技术、新产品或优化现有技术，提高产品质量、降低生产成本、满足市场需求，进而获取竞争优势和市场份额。

二是流程创新。企业通过改进或优化业务流程，提高生产效率、降低运营成本、提升服务质量，进而提高企业整体效益。

三是组织创新。企业通过改变组织结构、管理方式、企业文化等方式，激发企业内部活力、提高员工工作积极性、促进团队协作，进而提升企业整体实力。

四是市场创新。企业通过拓展新的市场领域、开发新的产品应用领域、创新营销方式等途径，扩大市场份额、提高品牌影响力，进而实现企业的市场扩张和发展。

（二）流程组织

企业举办活动的策划流程包括活动主题、活动目的、活动时间、活动地点、活动流程、注意事项、经费预算、活动总结等内容。

（三）创意评选

创新是企业生存和发展的灵魂，创意思维则是创新的源头和动力。比如2021年最火的非蜜雪冰城莫属了，一股甜蜜蜜之风起于B站，席卷微博、抖音、快手、微信……一时间大家都知道了那首"你爱我，我爱你，蜜雪冰城甜蜜蜜"的魔性歌曲，妥妥地刷屏。其主题曲的旋律是来自一首民谣《oh,Susanna》（音译《哦，苏珊娜》）这是一首由斯蒂芬·福斯特于1847年写的乡村民谣，至今已有174年历史。蜜雪冰城主题曲选用其中一段旋律进行改编，风格轻快活泼。

那如何评价一个好的创意呢？一般有以下四个维度：创新性、可行性、实用性和效益性。创新是指创意是否具有独特性和新颖性，能否打破传统思维模式，提出新的解决方案。可行性是指创意是否具有实施的可能性，包括技术可行性、经济可行性和组织可行性等方面。实用性是指创意是否有实际的应用价值，能否解决实际问题或满足市场需求。效益性是指创意是否能够为企业带来可观的经济效益或社会效益。

（四）激励机制

创新是引领发展的第一动力。企业是发展的主体，各种创新活动，都要通过企业来实现。当今世界，创新是企业生存发展的前提条件。没有创新，企业就无法生存和发展。创新不是天生而来的，而是在好的机制的土壤中生长出来的。

一是设立创新奖励机制。激励措施是推动创新的重要工具之一。企业应当设计一套全面的奖励机制，以表彰那些在研发和创新方面做出杰出贡献的个人或团队。这不仅包括传统的物质奖励，如奖金、礼品卡或其他形式的经济补偿，还应涵盖精神上的认可，比如颁发荣誉证书、公开表扬或是提供额外的职业发展机会。对于特别突出的创新成果，企业甚至可以考虑将其命名为某位关键贡献者的姓氏，以此来表达对其成就的高度评价。这种做法不仅能提高获奖者的自豪感和归属感，也会激励其他同事积极参与到创新活动中来。

二是提供研发资源和支持。确保研发团队拥有充足的研发资源是实现技术创新的基础条件。企业必须保证有足够的资金投入到研发项目中，购买先进的实验设备和技术工具，以及吸引和留住顶尖的人才。除了硬件设施外，软件支持同样重要——为研究人员提供最新文献资料访问权限、参加行业会议的机会等。建立跨职能协作小组，促进不同领域专家之间的知识共享与合作，也可以显著提升研发效率和质量。这些投入将转化为更具竞争力的产品和服务，帮助企业在全球市场中保持领先地位。

三是建立创新容错机制。任何有意义的创新都伴随着一定的风险，因此，企业必须建立起一种宽容失败的文化。这意味着当员工尝试新的解决方案时，即使最终未能达到预期效果，也应该得到理解和尊重。为此，企业可以制定明确的政策，规定哪些类型的错误是可以接受的，并且如何从失败中吸取教训。例如，可以通过定期举办"失败故事分享会"，让参与者讲述自己的经历，分析问题所在，讨论改进措施。这样的活动有助于减轻员工的心理负担，让他们更愿意冒险去追求突破性的成果。此外，企业还应该提供必要的培训和支持，帮助员工学会如何更好地应对挑战，从而提高成功率。

四是加强产学研合作。企业应积极寻求与高校及科研机构合作的机会，以获取外部的专业知识和技术资源。通过建立战略合作伙伴关系，不仅可以加速新技术的应用和发展，还能为企业注入新鲜血液——年轻而富有创造力的研究人员。共同申请政府资助的研究项目、参与行业协会的标准制定、共建联合实验室等形式的合作，都是提高企业创新能力的有效途径。此外，通过实习计划、客座教授制度等方式加强人才交流，也能够促进双方之间的了解与信任，进而形成更加紧密的合作网络。长期来看，这种产学研结合模式将极大地增强企业在国内外市场的竞争力和社会影响力。

（五）创新保障

创新不会凭空产生，企业要发展，也不能只凭一时的创新，而是建立一种创新的保障，让企业的创新源源不断。

1. 创建企业的创新文化

企业要想在激烈的市场竞争中脱颖而出，必须建立一种开放、包容的文化环境，鼓励员工大胆提出新的想法和创意。这种文化不仅仅是为了激发短期的创新成果，更是为了长远地培养一种持续创新的精神。企业需要营造一个支持和鼓励创新的文化环境，创造一个安全的空间，让员工可以自由地提出新的想法，并且不会因为失败而受到惩罚。作为企业的管理层应该通过各种渠道传达对创新的支持态度，例如在内部会议、公司通讯或社交媒体平台上分享成功的创新案例。企业还可以组织创意工作坊、头脑风暴会等活动，让不同部门的员工能够交流思想，碰撞出更多的火花。设立"创新日"或类似活动，允许员工暂时脱离日常职责，专注于探索新概念和技术，也能有效增强员工的创新意识和动力。

2. 加大研发投入

为了保持技术领先地位，企业必须加大对研发的投资力度，不断探索前沿科技，开发新产品和服务，以此提升核心竞争力。这不仅仅是资金上的投入，还包括为研发团队配备先进的实验设备和技术工具，以及提供充足的时间进行深入研究。同时，吸引和培养顶尖的研发人才同样至关重要。企业可以通过与高校合作开展科研项目、设立奖学金计划、提供实习机会等方式，挖掘潜在的优秀人才，并为他们创造良好的成长空间。此外，建立内部培训体系，帮助现有员工不断提升技能，也是提高整体研发效率和创新能力的有效手段。最终，这些投资将转化为更具市场竞争力的产品和服务，为企业带来长期的发展动力。

3. 鼓励跨部门协作

在现代企业管理中，打破信息孤岛和部门壁垒是实现高效运作的关键。企业应该鼓励不同部门之间的协作与交流，使资源和智慧得以更好地整合利用。为此，可以创建跨职能团队，负责解决复杂问题或推动特定项目的进展。通过定期举办跨部门会议、工作坊等活动，促进知识共享和技术交流，不仅有助于快速响应市场需求变化，还能激发更多创新灵感。此外，企业还可以引入数字化工具，如协同办公软件、项目管理平台等，以简化沟通流程，提高工作效率。通过这种方式，各部门能够更紧密地合作，共同为企业的发展贡献力量。

4. 持续改进，优化创新

持续改进是企业在快速变化的市场环境中保持竞争力的重要策略之一。企业不仅要专注于产品和服务的优化升级，还要关注内部管理和运营流程的改善。这意味着要时刻保持警觉，及时发现并解决问题，避免因循守旧。为此，企业可以采用精益生产、六西格玛等方法论，系统性地分析现状，寻找改进点。同时，密切关注行业动态和客户需求的变化，灵活调整战略方向和业务模式，确保始终处于市场前沿。此外，企业还应建立一套完善的评估机制，定期检查改进措施的效果，根据实际情况进行调整，以达到最佳状态。持续改进不仅是应对挑战的有效方式，也是实现可持续发展的必由之路。

5. 加强知识产权保护

在全球化背景下，加强知识产权保护对于维护企业的合法权益和发展至关重要。建立健全的知识产权管理体系，不仅可以有效防止侵权行为，还能为企业创造额外的价值。企业应制定明确的知识产权政策，涵盖专利申请、商标注册、著作权保护等方面，并确保所有员工了解其重要性和操作流程。此外，注重知识产权的运用和管理同样不可或缺。通过合理的授权、转让或许可协议，企业可以将其无形资产转化为实际收益。同时，积极参与国际标准制定和行业协会活动，也能为企业赢得更多的发言权和影响力。强有力的知识产权保护不仅是企业发展的重要保障，也是构建公平竞争环境的基础。

三、企业创新大赛活动的组织

（一）提出策划大赛方案

企业创新大赛的策划方案是确保活动顺利进行的前提。首先，明确大赛的目的至关重要。大赛的初衷可能是为了激发员工的创新精神，提升企业的整体创新能力，也可能是为了寻找新的业务机会或开发新产品。无论目标如何，都应具体而明确，以便参赛者能够清晰地理解大赛的方向。接着，设定大赛，这一步骤需要根据企业的实际需求和长远目标来确定。如果企业正处于转型升级的关键期，可以选择"数字化转型"或"绿色低碳"作为主题；若企业希望拓展新的市场领域，则可以围绕"市场开拓"或"产品创新"展开。主题的设定有助于引导参赛者有针对性地进行创新，提高提案的质量和实用性。此外，还需确定参赛对象和资格。大赛可以面向全体员工开放，也可以限定为特定部门或团队，甚至是外部合作伙伴。明确参赛资格有助于筛选出符合条件的参赛者，确保比赛的公平性和专业性。制定评奖标准是方案中的另一大重点，需提前设定好创新性、实用性、市场潜力等评价维度，确保评选过程的公正性和客观性。最后，大赛方案应简洁明了，避免产生歧义。方案中应包含详细的参赛流程、时间安排、奖励设置等内容，并制定应急预案，以应对可能出现的意外情况，如技术故障、突发事件等，确保大赛能够顺利进行。

（二）宣传推广大赛活动

宣传推广是提高企业创新大赛知名度和参与度的关键环节。制作宣传材料时，应充分利用企业内部的各种通讯工具，如企业内部网站、公告栏、海报、电子邮件等，确保信息能够快速准确地传达给每一位员工。同时，选择合适的外部宣传渠道也非常重要，如企业官网、社交媒体平台、行业媒体等，扩大宣传的覆盖面。对于大型企业，还可以考虑举办启动仪式，邀请高层领导发表讲话，提高大赛的曝光度和权威性。在宣传内容方面，务必保证信息的真实性和准确性，避免夸大其词，以免误导参赛者。宣传时还应注意内容的针对性，根据不同群体的特点和需求，定制化宣传策略。对于研发部门的员工，可以强调技术创新的重要性；对于销售团队，则可以突出市场开拓的机会。通过多渠道、多层次的宣传，确保大赛信息能够有效触达目标群体，激发他们的参与热情。

（三）做好报名及审核

报名及审核是确保大赛顺利启动的重要步骤。首先，需明确报名方式，是采用线上报名还是线下报名，或者两者结合。线上报名便捷高效，适合大多数企业；线下报名则更具仪式感，适用于规模较小或特定场合的大赛。无论选择哪种方式，都应详细说明报名流程和所需材料，确保参赛者能够轻松完成报名。报名材料通常包括个人信息、创新提案简介、团队成员名单等，企业应制定明确的提交要求，避免因格式不统一导致的混乱。审核环节同样重要，企业需成立专门的审核小组，对提交的报名材料进行严格审查，确保参赛者符合资格要求。审核过程中，应关注提案的创新性和可行性，排除不符合大赛主题的申请。审核结果应及时反馈给参赛者，告知其是否通过审核，未通过的应说明原因，以便参赛者改进后重新提交。此外，报名方式应尽量简便，避免设置过多的门槛，降低参赛者的积极性。通过严格的报名审核，可以为后续的比赛环节打下坚实的基础。

（四）组织好比赛活动

组织好比赛活动是确保大赛成功的关键。首先，制定详细的比赛规则，明确比赛的具体流程、时间节点和比赛方式。比赛规则应公平合理，避免引起争议，确保比赛的顺利进行。可以规定每个参赛团队有固定的展示时间和提问环节，确保每个团队都有平等的机会展示自己的提案。比赛前，根据比赛需要，提前准备必要的物资，如场地、设备、资料等。确保比赛现场布置合理，设施齐全，为参赛者提供良好的展示环境。比赛过程中，需要监督比赛的各个环节，确保比赛的公平公正。企业可以设立专门的监督小组，负责处理比赛中出现的问题，如技术故障、规则争议等，确保比赛顺利进行。此外，比赛期间还应安排专人负责记录比赛过程，包括参赛者的展示内容、评委的提问和点评等，为后续的评选和总结提供依据。通过精心的组织和周到的服务，可以为参赛者创造一个公平、公正、专业的比赛环境，激发他们的创新潜能。

（五）评选及颁奖

评选及颁奖是企业创新大赛的高潮环节，直接影响到大赛的公信力和影响力。首先，组建评审团是确保评选公正性的关键。评审团成员应具备专业性和独立性，避免利益冲突。企业可以根据比赛领域和评奖标准，邀请行业专家、学者、企业高管等组成评审团，确保评选的专业性和权威性。明确评审的维度和具体指标，如创新性、实用性、市场潜力等，确保评选的公正性和客观性。评审过程中，应监督评审团的评选过程，确保每位评委严格按照评分标准进行打分，避免主观因素的影响。评选结果应公开透明，及时公示，确保所有参赛者都能了解评选结果。颁奖仪式是表彰优秀参赛者的重要环节，企业应精心筹备，确保仪式隆重热烈。颁奖时，除了颁发奖杯、证书外，还可以提供一定的物质奖励，如奖金、培训机会等，以资鼓励。此外，企业领导应亲自为获奖者颁奖，并发表讲话，表达对创新精神的肯定和对获奖者的祝贺。通过公正透明的评选和隆重的颁奖仪式，可以进一步激发员工的创新热情，树立企业重视创新的良好形象。

（六）总结反馈

总结反馈是企业创新大赛的重要收尾环节，也是持续改进的关键。比赛结束后，企业应组织专门的团队对比赛结果进行总结和反馈，分析优胜者的成功经验和失败者的不足之处。总结内容应涵盖比赛的整体情况、参赛作品的亮点和不足、评委的点评和建议等，形成详细的总结报告。企业可以邀请获奖者分享他们的创新经验和心得体会，通过内部会议、培训等形式，促进企业内部的知识共享和经验传承。同时，企业还应向参赛者和员工征集对大赛的改进建议，为下一届大赛提供参考和借鉴。可以询问参赛者对比赛规则、评审标准、组织服务等方面的看法，了解他们的需求和期待。最后，将比赛的相关资料进行归档整理，包括参赛作品、评审记录、总结报告等，为企业未来的创新活动提供参考和借鉴。总结反馈是一个持续的过程，企业应重视每一个环节的反馈和改进，不断优化和完善创新大赛的组织方案，确保每一届大赛都能取得更好的效果。通过持续的总结和反馈，企业可以逐步建立起一套成熟的创新机制，为实现可持续发展奠定坚实的基础。

第四节　岗技符合（专业能力）活动设计

随着经济全球化的发展和企业之间竞争的加剧，企业核心竞争力的再造不仅依赖于资本和技术的实力，更重要的是取决于所拥有的人力资本的总体实力。但是一个企业光有人力资本的积累是远远不够的，还必须对其进行有效配置和合理使用，做到人岗匹配，即依靠有效的人力资源管理实践才能发挥人力资本的最大效益，否则只会使企业产生更大的内耗，造成企业成本的上升和人力资源的浪费。

盛田昭夫说过："优秀企业的成功，如果说有什么诀窍的话，那就是人。"当代企业之间的竞争归根到底是人才之间的竞争，人力资源是企业发展的第一资源，是生产力所有要素中最活跃、最具创造力、最有价值的因素。在目前全球经济不景气的特殊时期，企业更应该合理配置人力资源。

一、岗技符合（专业能力）

（一）人职匹配理论

美国学者弗兰克·帕森斯，于1908年在波士顿成立职业指导局，通过3次与求职者的访谈及测评，快速安置合适岗位。一旦匹配，就去工厂实习工作。他从中总结出一套有效的人职匹配机制：了解人的特质，了解职业的因素，从中找到合适的匹配。匹配了，双方满意；不匹配，继续寻找适合的人和岗位。

帕森斯的人职匹配理论主要关注个人的能力倾向、兴趣、价值观和人格性向等因素，这些因素在职业选择中起着关键作用。帕森斯认为每个人都有自己独特的人格模式，每种人格模式的个人都有其相适应的职业类型，职业选择的焦点就是人与职业的匹配，即寻找与自己特性相一致的职业。

（二）岗技符合（专业能力）

岗技符合（专业能力）是指员工在特定岗位上所具备的专业技能和知识，以及将这些技能和知识应用到实际工作中的能力。这种能力通常是指完成特定任务、解决问题和达成目标所必需的技术和知识，包括技术知识和技能、解决问题能力、团队合作能力、学习能力和适应能力。

技术知识和技能是员工在特定岗位上成功完成工作任务的基础。这不仅包括专业知识，如编程语言、数据分析方法、机械原理等，还包括实际操作技能，如软件开发、数据处理、机械设备操作等。对于软件工程师而言，掌握最新的编程技术和框架是必不可少的；而对于数据分析师来说，熟练使用统计软件和数据库管理系统则是基本要求。技术知识和技能的深度和广度直接影响到员工的工作效率和质量。企业通常会通过培训、认证考试和实践项目等方式，帮助员工不断提升这些技能，确保他们能够跟上行业发展步伐，满足不断变化的工作需求。

解决问题的能力是指员工运用已有的专业知识和技能，分析和解决实际工作中的复杂问题的能力。这包括识别问题的本质、分析问题的成因、提出有效的解决方案，以及实施解决方案的全过程。当软件开发过程中遇到性能瓶颈时，开发人员需要能够迅速定位问题所在，通过优化代码或调整架构来提高系统性能。在解决问题的过程中，员工还需要具备批判性思维和创造性思维，能够从多个角度思考问题，找到最优解。此外，良好的问题解决能力还要求员工具备较强的抗压能力和耐心，能够在压力环境下保持冷静，有序地推进问题的解决。企业可以通过案例分析、模拟演练和实战训练等方式，培养员工的问题解决能力，提高团队的整体战斗力。

团队合作能力是现代企业环境中不可或缺的一项软技能。在团队中，员工需要与他人有效沟通、协调合作、共同完成任务。这不仅要求员工具备良好的人际交往技巧，还需要具备一定的领导力和团队管理能力。项目经理需要能够统筹安排团队成员的工作，确保项目按计划推进；而普通团队成员则需要能够主动配合其他成员攻克难关。团队合作能力还包括处理冲突的能力，当团队内部出现意见分歧时，员工需要能够理性沟通，寻求共识，避免矛盾升级。企业可以通过团队建设活动、沟通技巧培训和跨部门合作项目等方式，提升员工的团队合作能力，增强团队的凝聚力和战斗力。

学习能力是指员工持续学习和提升自身技能和知识的能力。在快速变化的商业环境中，员工需要不断更新自己的知识体系，掌握新技术、新方法，以适应新的工作要求。学习能力不仅包括获取新知识的速度和深度，还包括将所学知识应用到实际工作中的能力。当企业引入新的业务流程或技术平台时，员工需要能够快速上手，熟练运用。此外，学习能力还要求员工具备自我驱动和自我管理的能力，能够主动寻找学习资源，制定学习计划，并坚持执行。企业可以通过提供在线课程、举办研讨会和工作坊、建立知识分享平台等方式，鼓励员工终身学习，形成良好的学习氛围。通过不断提升学习能力，员工可以更好地应对职业发展中的各种挑战，实现个人价值的最大化。

在当今多变的商业环境中，企业经常面临市场变化、组织结构调整、技术革新等挑战，员工需要具备高度的灵活性和应变能力。当企业实施新的业务战略时，员工需要迅速理解新的工作要求，调整自己的工作方式，以支持战略的顺利实施。适应能力还包括处理不确定性、应对压力和挫折的能力，员工需要能够保持积极的心态，从失败中汲取教训，不断进步。企业可以通过情景模拟、角色扮演和心理辅导等方式，帮助员工提升适应能力，增强他们在不确定环境中的生存和发展能力。通过培养员工的适应能力，企业可以更好地应对外部环境的变化，保持竞争优势。

岗技符合（专业能力）对于员工在职业生涯中的成功至关重要，它是实现个人职业发展和企业目标的基础。因此，企业通常会评估员工的岗技符合（专业能力）水平，并提供培训和发展机会，以帮助员工提升自己的专业能力。

二、企业如何开展岗位技能（专业能力）活动

企业开展岗位技能（专业能力）活动需要从技能培训、技能竞赛、模拟操作、在岗实践和技能评估五个方面入手。通过这些活动的开展，可以提高员工的技能水平，增强企业的核心竞争力。

（一）技能培训

技能培训是企业开展岗位技能活动的基础。企业应根据员工的岗位需

求，制定有针对性地培训计划，提高员工的业务技能和综合素质。在培训形式上，可以采用内部培训、外部培训、在线培训等多种方式，让员工根据自己的实际情况选择适合自己的培训方式。

（二）技能竞赛

技能竞赛是企业开展岗位技能活动的重要手段。通过技能竞赛，可以激发员工的积极性和创造力，提高员工的技能水平。企业可以根据实际情况，定期组织各种形式的技能竞赛，如操作技能竞赛、知识竞赛等，并对表现优秀的员工进行奖励。

（三）模拟操作

模拟操作是企业开展岗位技能活动的重要环节。通过模拟操作，可以让员工在实际操作前熟悉相关技能，提高操作效率和质量。企业可以建立模拟操作平台，为员工提供模拟操作的环境和条件，帮助员工更好地掌握相关技能。

（四）在岗实践

在岗实践是企业开展岗位技能活动的关键环节。通过在岗实践，可以让员工在实际工作中不断提高自己的技能水平。企业应安排员工在实际工作中积累经验，并定期组织交流分享会，让员工分享自己的经验和心得。

（五）技能评估

技能评估是企业开展岗位技能活动的必要环节。通过技能评估，可以对员工的技能水平进行客观评价，发现员工的不足之处，并提供改进建议。企业可以制定技能评估标准和方法，定期对员工进行评估，并将评估结果作为员工晋升和奖励的重要依据。

第五节 岗技符合（领导能力）活动设计

一、什么是岗技符合（领导能力）

（一）什么是领导力

领导力（Leadership）指在管辖的范围内充分地利用人力和客观条件在以最小的成本办成所需的事提高整个团体办事效率的能力，是指一系列行为的组合。这些行为将会激励人们跟随领导要去的地方，而不仅仅是简单地服从。

（二）什么是领导能力

领导能力是指能够在一定的管辖范围内，有效地利用人力资源和其他客观条件，以最低的成本完成所需任务，并且能提高整个团队的办事效率。它不仅是一种影响力，也是一种艺术或过程，涉及影响他人，使他们愿意并充满热情地为实现组织的目标而努力。领导能力也涉及激励他人的意愿，让他们自愿追随领导者的方向。领导能力不仅是中高层管理岗位的必备要素，而且在选拔管理人才时会被作为重要的考量因素。领导力的评定可以通过多种方式进行，包括传统的面试、背景调查，以及专业的心理测评工具，如大五人格量表、青年人格量表、MBTI性格测试等，这些都能对领导型人格的特征作出描述。领导力还体现在一系列行为上，这些行为能够激励人们跟随领导者的目标前进，而不仅仅是对命令的执行。领导能力包括但不限于学习能力、做事的能力、亲和下属的能力、沟通与协调能力、决策和分析判断能力、激励能力和指挥能力等，还包括个人的威信和对权力的运用艺术。领导能力还可以来源于个人的魅力和职位赋予的能力，以及对下属的关心和支持。

二、为什么企业管理者需要领导能力

（一）激发团队潜能

一个优秀的管理者需要具备领导力，以便更好地激发团队成员的潜能，提高团队整体的工作效率。领导力不仅体现在管理者个人的权威上，更在于其能否激发团队成员的积极性和创造力。通过建立良好的团队氛围，管理者可以使团队成员更愿意为共同的目标而努力

（二）决策能力

在职场中，管理者需要面临各种复杂的问题和挑战。具备领导力的管理者能够迅速做出明智的决策，引导团队走向成功。领导力不仅要求管理者具备扎实的专业知识，还要求他们能够在关键时刻做出正确的判断。

（三）沟通能力

有效的沟通是领导力的重要组成部分。一个优秀的管理者需要具备良好的沟通能力，以便更好地与团队成员、上级领导和其他部门进行协调。领

导力可以帮助管理者清晰表达自己的想法，同时也能倾听他人的意见，达成共识。

（四）培养团队成员

一个优秀的管理者需要关注团队成员的成长和发展。领导力可以帮助管理者发现团队成员的优点和潜力，提供培训和指导，帮助他们不断提升自己的能力。同时，领导力还可以帮助管理者激励团队成员，让他们更有动力地投入工作。

（五）适应变化

职场环境和市场状况总是在不断变化，管理者需要具备领导力来应对这些变化。领导力可以帮助管理者保持敏锐的洞察力，及时调整战略和方向，使团队能够在不断变化的环境中保持竞争力。

三、如何设计岗位技能符合（领导能力）活动

企业设计岗位技能（领导能力）活动需要从多个方面入手，包括领导能力培训、角色扮演与模拟、团队建设活动、导师制度、领导力工作坊、在岗实践评估、定期反馈与指导、领导培养项目、学习分享会和跨部门交流活动等。通过这些活动的开展，可以提高员工的领导力水平，增强企业的核心竞争力。

（一）领导能力培训

领导能力培训是提升员工领导力的基础。企业应定期为员工提供系统的领导力培训，涵盖领导力理论、管理技巧、沟通技巧等多个方面。培训形式可以多样化，包括内部培训、外部培训、在线培训等，以满足不同员工的学习需求。内部培训可以由企业内部的资深管理人员或人力资源部门组织，结合企业实际情况设计课程内容；外部培训则可以邀请行业专家、知名学者等进行授课，提供更广阔的视野和更专业的知识；在线培训则利用网络平台，让员工随时随地学习。通过这些培训，员工不仅能够掌握领导力的基本理论，还能学习到实用的管理技巧和沟通方法，为实际工作中的领导角色打下坚实的基础。

（二）角色扮演与模拟

角色扮演与模拟是提升员工领导力的有效方法。企业可以通过设定具体的模拟情境，让员工扮演不同的角色，如团队领导者、项目负责人、客户

等，模拟处理各种实际工作中的问题。这种沉浸式的培训方式能够让员工在实践中更好地理解和运用领导力。企业可以模拟一个项目管理的情境，让员工分别扮演项目经理、团队成员和客户，通过实际操作来练习如何协调团队、解决冲突、沟通客户需求等。通过反复练习，员工不仅能够提高自身的领导力，还能增强应变能力和团队协作能力。

（三）团队建设活动

团队建设活动是提升员工团队领导力的重要途径。企业可以定期组织各种形式的团队建设活动，如户外拓展、团队合作竞赛、团队晚餐等，增进员工之间的相互了解和信任。这些活动不仅能够增强团队的凝聚力，还能提高员工的沟通能力和协作能力。户外拓展活动可以让员工在自然环境中挑战自我，通过团队合作完成任务，从而增强团队的默契和信任；团队合作竞赛则可以激发员工的竞争意识和合作精神，帮助他们在竞争中学会如何更好地与他人合作。通过这些活动，员工不仅能够提升个人的领导力，还能增强团队的整体战斗力。

（四）导师制度

导师制度是帮助员工提高领导力的有效手段。企业可以为员工配备有经验的管理者作为导师，导师不仅可以在工作中给予员工指导和帮助，还可以帮助员工更好地了解企业文化和管理模式。导师可以定期与员工进行一对一的交流，提供个性化的职业发展建议，帮助员工解决实际工作中遇到的问题。导师可以指导员工如何处理团队冲突、如何进行有效的项目管理、如何与上级沟通等。通过导师的指导，员工不仅能够更快地适应工作环境，还能在职业发展中少走弯路，更快地成长为合格的领导者。

（五）领导力工作坊

领导力工作坊是一种较为深入的领导力提升方式。通过工作坊的形式，员工可以更加深入地了解领导力的各个方面，如决策制定、团队管理、沟通技巧等。工作坊通常采用案例分析、角色扮演、小组讨论等形式，帮助员工在实际操作中提高领导力。工作坊可以设计一个真实的商业案例，让员工分组讨论并提出解决方案，然后由导师进行点评和指导。通过这种互动式的学习方式，员工不仅能够理论联系实际，还能在实践中锻炼自己的领导能力。此外，工作坊还可以邀请成功的领导者分享他们的经验和心得，为员工提供宝贵的借鉴。

（六）在岗实践评估

在岗实践是提高领导力的关键环节。企业应安排员工在实际工作中积累领导经验，并及时进行评估和反馈。通过在岗实践评估，企业可以了解员工的实际工作表现，并提供有针对性的改进建议。企业可以为员工安排一些具有挑战性的项目，让他们在实际工作中担任领导角色，如项目负责人、团队组长等。在项目结束后，企业可以组织评估会议，让员工分享自己的经验和教训，同时由导师和同事提供反馈和建议。通过这种方式，员工不仅能够积累实际的领导经验，还能及时发现和改进自己的不足，不断提高领导力。

（七）定期反馈与指导

定期反馈与指导是领导力提升的重要保障。管理者应及时给予员工工作上的指导和反馈，帮助员工发现问题、分析原因，并给出解决方案和行动计划。管理者可以定期与员工进行一对一的面谈，了解员工的工作进展和遇到的困难，提供具体的改进建议。同时，管理者还应关注员工的职业发展，提供个性化的职业发展建议。对于有潜力的员工，管理者可以为其制定详细的职业发展规划，提供必要的培训和支持，帮助他们实现职业目标。通过定期的反馈与指导，员工不仅能够及时纠正工作中的错误，还能在职业发展中得到更多的支持和帮助。

（八）领导力培养项目

领导力培养项目是一种系统性的领导力提升方式。企业可以根据员工的实际情况和企业战略需求，设计有针对性的领导力培养项目。这些项目通常包括一系列的系统性课程和实践，旨在帮助员工全面提高领导力。企业可以设计一个为期一年的领导力培养项目，包括领导力理论课程、管理技能培训、沟通技巧提升、团队建设活动等。项目中还可以安排员工参与实际的领导角色，如担任项目负责人、团队组长等，通过实际操作来巩固所学知识。此外，企业还可以邀请外部专家举办讲座和指导，为员工提供更广阔的学习资源。通过这些系统性的培养项目，员工不仅能够全面提升领导力，还能为企业的长远发展储备更多优秀人才。

（九）学习分享会

学习分享会是帮助员工交流心得、互相学习的有效方式。企业可以定期组织员工分享自己的工作经历和感悟，促进知识的传播和经验的分享。企业可以每月举办一次学习分享会，邀请不同部门的员工分享他们在工作中的成功案例和失败教训，以及其他有益的经验和心得。通过这种分享，员工不仅能够从他人的经验中学习，还能增强团队的凝聚力和合作精神。此外，学习分享会还可以邀请外部专家进行专题讲座，为员工提供更丰富的学习资源。通过这些活动，企业可以营造一个积极向上的学习氛围，帮助员工不断提升自己的领导力。

（十）跨部门交流活动

跨部门交流活动是提高员工跨部门协作能力的重要途径。通过这些活动，员工可以了解不同部门的运作方式和管理模式，拓宽视野、增长见识，更好地适应企业的整体运作。企业可以定期组织跨部门交流活动，如部门间的联合培训、跨部门项目合作、跨部门座谈会等。企业可以组织一个跨部门的项目，让不同部门的员工共同完成一个任务，通过实际合作来增强彼此的了解和信任。此外，企业还可以举办跨部门座谈会，邀请不同部门的负责人分享各自的管理经验和工作心得，帮助员工了解不同部门的运作方式。通过这些活动，员工不仅能够提高跨部门协作能力，还能增强企业的整体凝聚力和竞争力。

第七章

CHAPTER 7

组 织 觉 醒 ： 8 步 构 建 企 业 文 化 生 态 体 系

流程优化工程

随着企业规模的扩大和业务的复杂化，如何有效地进行流程管理，提高工作效率，已成为现代企业亟待解决的问题。通过优化企业各个环节的流程，使企业沟通顺畅，决策快速下达，效率得以提升，从而提升整体竞争力。著名的华为流程优化三部曲"先僵化，后优化，再固化"。华为早期引入IBM的IPD（集成产品开发）流程体系的时候，提出流程优化三部曲，三部曲的第一个参考系就是IBM的IPD（集成产品开发），华为流程优化三部曲强调要僵化式地学习IBM的IPD（集成产品开发）流程体系，然后在僵化的基础上优化，而后再将流程固化下来使用，不断循环往复，实现螺旋式上升。

第一节　流程优化工程介绍

一、流程优化工程的概念

（一）什么是流程

流程无处不在，简单来讲，企业不管做什么事情，都有方法和步骤，这个做事的方法步骤，就是流程。如企业人员在OA系统中的请假、出差、报销、申购都是流程；ERP中的入库、领料等也是流程。

那到底什么是流程？迈克尔·哈默在《公司重组——企业革命宣言》提出了"业务流程再造"的概念，书中把流程定义为一组将输入转化为输出的相互关系、为客户提供价值的活动。从该概念可以看出，首先，流程是一组活动，而非一个单独的活动。其次，流程是一组能够为客户创造价值的活动。流程是为了完成某个目标而进行的一系列相互作用关系的活动的集合。

（二）什么是流程优化工程

"流程"，即业务的流转过程。它既有动态的"流"（协作关系）的部分，也有静态地分解到一定颗粒度的"程"（活动节点）的部分。流程是动静的结合体，动静互补，作为专业化分工后协同的产物，流程也是一种先分而后合的协作方案。

流程优化工程是一种全面而系统性的方法，致力于通过审查、识别问题、设计和实施改进措施，从而提高组织内部流程的效率、降低成本、提高质量，最终提升客户满意度，使整个业务运作更为流畅。这一概念融合了管理学、工程学和信息技术等多个领域的理念，以达到协同作业、精益生产和持续改进的目标。

在这一系统性方法中，首先进行的是对现有流程的审查，通过建立详细的流程图或模型，全面了解组织内部各个环节、步骤和关键的交付点。接着，通过数据收集、观察和与相关利益相关者的深入讨论，全面分析流程中存在的问题和瓶颈。

基于问题的识别和分析，流程优化工程进一步制定改进方案，可能涉及重新设计流程、引入先进的技术和系统、优化资源分配，以及改善沟通流程等多个方面。这些方案需要与组织的战略目标相一致，确保改进不仅是局部的，还能够为整个组织带来可持续的竞争优势。

实施改变是流程优化工程中的一个关键环节，需要通过精心规划和有效的变革管理确保新流程的顺利推进。同时，性能监控和持续改进成为工程的重要组成部分。通过建立科学的评估机制，利用关键绩效指标（KPIs）进行度量和评估，组织能够不断迭代和改进流程，以适应变化的市场需求和内部挑战。

流程优化工程并非一劳永逸，而是一个持续不断的过程。其适用范围广泛，无论是制造业，还是服务业；无论是小型企业，还是大型跨国企业，都可以从中受益。通过不断寻找并实施改进措施，组织能够在激烈的竞争环境中保持敏捷性和创新性，为长期成功打下坚实基础。

二、企业为什么需要流程优化

世界上第一条汽车生产流水线的建立，源于参观屠宰场的启发。福特汽车的一名员工有一天去芝加哥的屠宰场参观后，从屠宰场的整个流水作业中获得灵感，产生了汽车流水装配线的概念。

亨利·福特把该名员工的灵感做了改良，将流水线上所配备汽车的零件和材料进行标准工序划分，将工人们进行分工并分别负责流水线上各个环节的装配工作。就这样,每辆汽车的装配时间从原先12小时减少至90分钟,实现标准化生产被广泛运用于汽车生产中。1913年,亨利·福特创造出了世界上第一条流水线。到了1927年,流水线每24秒就能组装一部汽车。这就是流程优化带来的价值。

企业为什么需要对流程进行优化呢?

一是企业的业务流程具有相对的稳定性,它必然会滞后于业务的发展。企业的业务流程通常是在特定的历史背景下设计和实施的,具有相对的稳定性。这种稳定性在短期内能够确保业务的连续性和一致性,但随着时间的推移,市场环境、客户需求和技术条件都会发生变化,原有的业务流程可能会变得不再适应新的业务需求。一家制造企业在早期可能依赖手工操作和简单的流水线作业,但随着自动化技术的发展,这些传统的作业方式已经无法满足高效生产和质量控制的要求。如果企业不及时优化流程,就可能在成本、质量、服务和速度等方面落后于竞争对手,难以实现业绩的显著提升。因此,企业需要定期审视和优化业务流程,以确保其始终与业务发展的最新趋势保持一致。

二是企业的战略发生重大调整和变化后,其关键业务也会发生变化。企业的战略方向决定了其关键业务的重点和方向。当企业面临市场环境的变化、竞争态势的演变或内部资源的重组时,战略可能会发生重大调整。一家原本专注于国内市场的消费品企业,可能决定进军国际市场,这就要求其在供应链管理、市场营销和客户服务等方面进行全面升级。原有的一套业务流程可能无法支持新的战略目标,甚至会成为发展的障碍。在这种情况下,企业需要对业务流程进行彻底地改造,以确保新的战略能够得到有效执行。通过流程优化,企业可以更好地配置资源、提高运营效率,从而在新的市场环境中取得竞争优势。

三是企业随着组织的不断发展壮大,官僚组织的弊端也会滋生到严重影响流程的运行效率。随着企业的不断发展和壮大,组织结构往往会变得更加复杂,层次也会越来越多。这种复杂性有时会导致官僚主义的滋生,表现为决策缓慢、沟通不畅、责任不清等问题。这些问题会严重拖累业务流程的运行效率,增加管理成本,降低员工的工作积极性。一个大型跨国企业在全球范围内设有多个分支机构,如果缺乏有效的协调机制,各分支机构之间的信息传递和决策执行可能会出现延误,导致整体运营效率低下。因此,企业需要定期对组织结构和业务流程进行优化，简化管理层次，明确职责分工，提高决策和执行的效率。通过优化流程，企业可以消除冗余环节，减少不必要的审批和沟通，使组织更加灵活高效。

四是新技术、新的管理模式、新的商业模式的发展和深入运用，迫使企业需要改造现有的业务流程以增强竞争力。技术的快速发展和管理模式的不断创新，为企业提供了更多的可能性和机遇。云计算、大数据、人工智能等新兴技术的应用，可以显著提升企业的运营效率和决策质量；敏捷管理、精益生产等新的管理模式，可以帮助企业更好地应对市场变化和客户需求；平台经济、共享经济等新的商业模式，为企业开辟了新的增长路径。然而，这些新技术、新模式和新商业模式的应用，往往需要对现有的业务流程进行改造和优化。一家传统零售企业如果想要转型为电商平台，就需要对供应链管理、库存控制、物流配送等环节进行全面重构，以适应新的商业模式。通过流程优化，企业可以更好地利用新技术和新模式，提高自身的竞争力，实现可持续发展。

三、企业实施流程优化工程的意义

企业实施流程优化工程的意义，就在于让流程和业务匹配，让组织和流程匹配，实现企业资源的优化利用，从而产生更大的效益，提升企业的竞争力。企业实施流程优化工程对于提升综合竞争力和业务效能具有深远的意义。流程优化是一项系统性的工作，其目的在于通过精简操作流程、提高资源利用效率，使企业能够更加高效、灵活地运作。

（一）流程优化提高工作效率

流程优化的首要目标之一是提高效率，通过深入分析和优化操作流程，企业能够消除冗余步骤、降低烦琐手续，从而提高工作效率。这意味着任务能够更快速、更高效地完成，为企业节省宝贵的时间资源。同时，流程优化有助于识别并消除流程中的浪费、瓶颈和不必要的环节，从而降低运营成本。这包括减少人力资源的浪费、提高资源利用率，最终增强企业的经济效益。流程优化对于提升产品或服务质量也至关重要。通过标准化和规范操作流程，企业能够降低错误率，提供更一致的产品或服务，从而增强客户满意度。高质量的产品或服务是吸引和保留客户的关键因素之一。

（二）流程优化提升客户满意度

通过加速交付时间、提高服务质量，企业能够改善客户体验，增强客户忠诚度，进而在市场中获得更大的份额。流程优化还有助于提升企业的竞争力。具备高效流程的企业更能适应市场的变化，调整战略，推出新产品或服务，从而在竞争激烈的市场中保持领先地位。

企业实施流程优化工程是一项全面的、具有深远意义的工作。通过提高效率、降低成本、提升质量和客户满意度，企业能够在竞争激烈的市场中取得更大的成功。流程优化不仅是提高企业运营效能的手段，更是实现可持续发展和创新的重要途径。

四、流程优化的五个步骤

企业流程优化工程一般来说有以下五个步骤（详见图7-1）：

流程梳理 → 流程优化 → 流程试点 → 流程推行 → 流程运营

图7-1 流程优化五个步骤

第一步：流程梳理

流程优化要先梳理，如何梳理，梳理成什么样，流程梳理找到问题是关键。很多时候企业进行流程优化的最终结果没有达到预期效果，解决不了实际问题，导致流程优化失败，原因常常是流程梳理一开始就错了。流程优化的"需""求"是什么？"需"是问题，是痛点，是要解决的问题；"求"是问题的解决方案，解决之道。

流程优化的"需"——为什么要优化，企业流程的现实表现是怎样的，流程存在什么样的问题？这个阶段重在"实事求是"，采用需求调研的十六字方针：去伪存真，去粗取精，由此及彼，由表及里。要真实把握流程现状，把企业中有的流程拎出来，不论显性流程还是隐性流程。重点注意不能带有解决方案的思想来看待现状；在做流程梳理调研阶段，需要规避调研对象带着自己的理解和解决方案来呈现流程调研的内容。

要从企业业务着手，梳理输出《业务清单》和《业务流程清单》《流程清单》要输出业务流程的清单和每个业务流程的运行步骤、流程要素（诸如：流程Owner、流程提供者、输入、活动、活动关系、输出、流程客户、流程目标、流程机制、流程角色等）。流程梳理结合流程要素和流程对应的资源一起梳理。

一是流程是否促进业务走向，是否促进业务目标达成？

二是流程有没有缺失？

三是流程有没有断点，组织有没有断点，系统有没有断点？

四是流程有没有冗余，效率是否有待提升？

五是流程要素是否完整？

六是流程授权是否合理，监控是否到位？

七是流程边界是否清晰，是否与组织联动？

从问题的维度，对各业务流程进行评估，对流程各项要素进行评分，找出流程的短板，输出《业务流程梳理诊断评估表》。

第二步：流程优化

不同的企业流程优化的方案是不一样的。500人的企业与1000人的企业，以及集团下有子公司的企业，相同的业务，在不同规模的企业中，流程走向是不一样的。即使都是500人的企业，且都是属于同一个行业，做的业务方向也是一致的，流程也可能不一样。归根结底，每家企业的资源不一样！

因此，流程优化可以从不同的视角来实施，不论从效率、成本、质量、风险等哪一个视角来进行优化，都逃离不了与企业的资源相匹配。梳理识别了流程现状，流程问题就清晰了，从梳理出来的问题出发，逐一带着资源优化，有什么资源，用什么资源来配置流程，对流程的执行效率、成本降低、质量提升、风险控制起到有效的保障。

第三步：流程试点

流程试点在流程优化项目常常容易被忽略掉，任何产品在上线之前，或者产品发布之前，都需要做产品的测试和验证，以确保产品的缺陷都被暴露，从而使问题得到解决。同样，优化后的流程在正式使用时也要做试点这个环节。

华为的LTC流程管道中每年创造的价值就达到数千亿。2008年LTC流程在面向全公司推行的时候，也是经过了流程试点运行的过程；同样，早在1998年华为引入IBM的IPD，2002年在正式推行之前，也经过试点产品和试点产品线的验证，之后再向全公司各大产品线全面推行，历时五年，才完成了全公司的推广应用。

第七章 流程优化工程

企业在经营过程中，业务在原有的管道模式中运行，优化后的流程作为一种新的变革，要导入经营系统，势必会对原有的经营带来冲击，如果还是一个没有经过试点验证的流程，对企业经营的冲击会更大，甚至给公司带来巨大的风险和灾难。流程试点可降低变革对经营的冲击风险。

第四步：流程推行

流程推行有一个循序渐进的过程，真所谓"欲速则不达"，这个过程一般采用以下几个步骤：

一是理念传达。人类对于自己已经熟悉的方法，已经形成的做事习惯，要去改变它是要经历一定的痛苦，做一个"松土"尤为必要。从为什么要做这样的流程优化，给企业、给员工带来什么样的好处，会有怎样的提升。往往需要企业的高层牵头，对企业流程变革，流程优化的背景、企业目标、组织目标、员工成长进行宣导，在员工心中播下种子，以获取组织、员工对流程推行的支持。

二是流程培训。流程优化组织要做好流程推行的准备，包括流程中存在的痛点、问题，对组织效率、员工成长等带来的影响等问题要在培训中体现。要解决企业为什么要这么做，创新优化的流程怎么做，解决了哪些问题，带来了哪些收益？让员工掌握优化后的流程的使用方法，流程与流程之间的协作和衔接等关键要素。

三是实践辅导。在流程推行应用过程中，对流程应用进行陪伴式辅导，让流程执行中遇到的问题得到快速解决，杜绝问题没有快速解决带来的使用体验感降低。以服务客户的心态，让使用者感受到效率、结果。这个过程很关键，流程推行失败的原因常常是因为使用者的体验不够好，无形中慢慢滋生了对新流程的抵触，抵触多了，当然就是失败的结果。

四是推行总结。推行使用，还要不断发现、收集和总结遇到的流程问题、使用问题、流程与角色配置问题，对于问题及时地总结、贴近目标梳理、讨论，优化提升改进。不论是从PDCA来讲，还是从闭环改进来说，总结总是人们提升和升华的关键动作。流程推行过程的总结也必然会带来最大的收益。

第五步：流程运营

流程运营需要区别于流程运行，它更多是站在企业管理全局的角度出发，不仅包含流程的整个运行管理，还包含企业流程管理过程的计划、组织、实施和控制。流程运营就是实现企业流程资产管理、流程审计分析、流程优化管理、流程知识管理等全方位地对企业进行体系的流程管理。它是一种以规范化的构造端到端的业务流程，是一个操作性的定位描述，是为需求而设计，会随着内外环境的变化而需要同步被优化。

流程运营是立体的、系统的、存在逻辑关系的、要求承接落地的系统，是企业内部管道高效协同运作的机制所在。流程运营中重点关注：一是端到端流程的运作效率、效果、流程输出绩效；二是流程与流程之间的集成和协同；三是组织与流程之间的关系配置；四是资源与流程之间的协同。其目的是保障在企业有限的资源下，如何让流程高效地运营，流程运营又有力地支撑企业经营目标的落地，完成企业经营价值创造的过程（包含利润创造和价值创造）。

四、流程优化工程的方法

（一）取消

取消不增值的活动，包括过度控制、重叠环节、等待时间长和反复检验的环节；清除流程中冗余的环节，提升流程的执行效率；取消业务流程中不必要的步骤。通常情况下，供应商需要将供应的零部件运送到产品制造商，然后开箱、触摸、检验、重新包装。为确保按时供货，企业往往要存储经过检验合格的零部件，这是一般商业的惯例。比如，Dell有一家供应厂商的电脑显示屏做得非常好，Dell完全放心地让他们的产品直接打上Dell公司的商标。Dell公司先是花了很大力气和投资使这家供应商做到每百万件产品中只有1000件瑕疵品；通过绩效评估确信这家供应商达到要求的水准后，Dell公司就取消了原本必要的验收步骤。

（二）简化

对于流程中过于复杂的环节，如表格、程序、沟通渠道等，化繁为简，实现简单高效，让流程不成为执行者的负担，让流程变成对执行者的赋能工具。比如某企业一项资产申购的流程需要经过7个层级的审批，一个流程走下来，多则一个月，少则一两周。后来将申购流程调整为统一评审会签，简化了流程，每周一次，保障资产申购流程一周内完成。

（三）合并

合并主要针对重复环节、分拆过细环节或影响效率的两个以上的环节；

如果出现两个或两个以上的环节，比合并之后的效率低，那么这些环节就应该合并；是否合并还要与流程是否存在其他问题，以及企业的资源投入结合考虑。并非一定要合并或者一定要拆分才是最好的。

比如企业一项标书制作流程中包含了三个检查动作，一个是技术部分的检查，一个是商务部门的检查，还有一个整体标书的检查动作，后来将三个检查合并为两个，技术部分和商务部分的检查，商务部分检查动作在检查的时候要对整个标书的应答情况也做一个全面的检查。合并之前，其实商务部分检查所花的时间和整体检查所花的时间相对较少，整合之后减少了一个动作，提高了效率，同时，质量仍然保持不变。

（四）重组

重组的方法是针对原有流程各个环节的逻辑关系进行优化，是否将原有串行的流程调整为并行流程，或是将原有部分并行的环节调整为串行流程。基本的出发点是找到流程的最短路径，让时间、效率和资源达到优质的配置。

比如某企业的产品研发流程中，原来先完成结构模具设计，待模具样品出来之后，再做硬件PCB的设计，以保证PCB单板的尺寸与结构模具的尺寸一致，配合紧密。也就是先结构设计——模具设计——模具出样——PCB设计——装配调试。后来调整为：先出结构尺寸——结构设计与PCB设计并行——模具出样——装配调试。把这个流程做了调整和重组，节省了时间，提高了效率。

（五）自动化

流程优化不仅需要解决流程本身的效率问题，还必须关注流程运行机制的改进，以促进流程的自动化和标准化。通常，企业会借助IT系统，如ERP（企业资源计划）系统、OA（办公自动化）系统等软件工具，来实现这一目标。通过这些系统，企业可以将业务流程中的各个步骤进行数字化和自动化，确保流程顺畅运行。ERP系统可以整合企业的财务、采购、生产、销售等各个环节，实现数据的实时共享和自动流转，减少人工干预和错误。OA系统则可以优化办公流程，如审批、通知、文档管理等，提高办公效率。此外，这些系统还能加强数据收集、传输、分析和判定等环节的自动化，帮助企业快速获取和处理关键信息，做出更科学的决策。通过流程的自动化和固化，企业不仅能够提高运营效率，还能确保流程的一致性和规范性，为企业的持续发展提供坚实的基础。

（六）一体化

流程整体设计或业务流程重组，即对工作过程进行跨组织的再改造工程，以减少部门间的跨边界联系，使企业在质量、成本和周期等业绩指标上获得明显的改善。一体化的思维要围绕企业经营战略目标，以业务流程聚合资源，优化配置，高效地促进业务的执行落地。流程一体化，着重强调系统性的执行效率、执行过程和执行绩效，为其设计监管机制，确保流程体系不发生偏差，不因其他因素发生位移、错位、畸变等情况。

五、流程设计的七个原则

迈克尔·哈默提出了流程设计七原则，虽然已经过去多年，仍有参考意义。迈克尔·哈默认为："对于流程设计人员来说，选择的范围存在边界，而流程设计相当于在有限的选项中再进行选择。企业确定了设计应该关注的7个原则：工作内容、特定情况下的工作必要性、执行者、工作时间、工作地点、工作精确度、信息基础。"

（一）工作必要性

工作必要性是指一个流程活动是否应该做，它的判断依据是ROI，用投入产出比来衡量流程活动的必要性。在设计流程的时候，将流程中的步骤进行分类：增值、非增值、浪费，通过这个分类来做判断、筛选。这个理念用于破除旧有流程的惯性非常有效。

增值是对于客户价值来说的，是必需的活动，如做产品使用手册；非增值是对于客户没有直接的价值增加，但是对于企业来说是必需的，如财务审核活动（风险管控等业务活动）；浪费就是纯粹的冗余活动了，如在产品物流包装箱上绣一朵花，运输途中就抹平了，体现不出价值来。在流程设计的时候，需要有一个环节评审或判定这些流程活动的必要性。有必要则执行，无必要则跳过（取消或合并）。

（二）工作精度

工作精确度要求高的活动，比如：医生给病人注射的药剂量、实验室的实验数据测量、产品质量指标监控等。精确度要求不那么严格的活动，如：后勤处厨师炒菜放油，没有必要每一道菜都用计量器去量，但是可以做总量控制。把资源投入该用的地方，合理分配，价值最大化。管理的颗粒度、精度，根据不同的业务场景而定。

（三）信息基础

信息基础是衡量企业流程管理成熟度的重要维度。对于大部分企业来说，都拥有大量的数据，但如何灵活运用这些数据来驱动流程顺畅运行，并非每个企业都了解。历史数据和最新数据，理论数据和实际数据，微观数据和宏观数据，如何选择并使用这些数据以确保流程在多个方面都得到好好地执行。以采购为例，从销售预测开始到货物入库，中间涉及诸多环节。而最为关键的是采购数据的源头，即销售预测。如果这个数据预测有误——正常来说，有误差才是常态，那么其他工作，包括采购订单、交付计划、资金安排准备、仓储准备、生产与零售安排等，都会发生连锁反应。管理好销售预测数据，其他的工作改善就水到渠成了。

（四）工作时间

工作时间是指某个流程中何时需完成某项工作的原则。时尚行业，以服装为例，一年四季每个季节消费者的偏好都不同，气候、流行风格、色彩都可能影响到最后的成本与销量，在流程管理方面就显得尤为重要。改变工作时间的方法很多，常见的有：流程活动调整顺序，串行活动改成并行活动，或者改变某些流程活动的相对执行顺序等。

（五）执行者

在重新设计流程的时候，最常见的变化是工作的执行者变了，人与人之间的交互、合作方式变了。在确定"谁做什么工作"这个问题上，以人为中心而不是以工作为中心是最常见的错误。应该优先定义的是完成流程活动的角色，通过角色匹配岗位匹配人，而不是基于某个人拥有的工作技能，把流程活动直接与人绑定。尤其需要注意的是，不应为了适应特定的个人而不得不在流程中设置重复的活动，在流程设计中不应该存在这种特殊的个体。

（六）工作地点

工作地点，在交通、通信不方便的年代是一个重大的问题。随着时代的发展，曾经认为遥不可及的事，现在能很快完成。但，到底是集中化还是分散化，还有很多因素要权衡。比如，采购供应商选择，是同一个区域的好，还是分散在各地的好，要评估多种因素，包括政治、气候、物流、资源约束等。将成品配送给分销商，到底是集中配发还是分散配发，同样要综合考虑成本、效率等因素。

（七）工作内容

工作内容是流程设计的基础，它提出了所有工作的核心问题：为了实现客户需求，企业需要做什么。工作内容的真正难点在于如何淘汰非增值工作，即企业必须做，但客户并不关心，也不会为此付出成本的工作。而比较理想的情况是，达到一种平衡或者双赢的局面。航空公司自助值机模式，做了有益的探索。乘客可以自助值机，不必前往柜台办理。从流程的角度看，航空公司的活动减少了，人员减少了，成本变低了；而旅客虽然增加了自己操作换登机牌的动作，但排队时间明显减少，自助值机设备也节省了乘客到处找柜台的时间，实际上更加便捷了，实现了双赢。

流程设计的七个原则并不能提供完整的流程设计步骤，只是提供了思路，给予指引。

第二节 流程优化大赛活动设计与实施

流程优化不仅仅是管理者的责任，更是事关广大员工的工作，有时一流工作者更加了解企业的流程处理，如何更好地优化流程，鼓励员工积极参与企业内部业务进行流程优化，包括但不限于：采购、生产、销售、仓储、物流等环节。一些企业举办流程优化大赛活动，通过活动获得提案，提高企业运营效率、降低成本、提升客户满意度。

一、流程优化大赛

在这个快速变化的商业环境中，组织必须积极应对市场需求的不断演变和复杂业务挑战的迎头赶上。为了保持竞争力，流程优化工程大赛活动应运而生，成为组织内部一项引人注目的竞争性活动。

流程优化工程大赛活动不仅仅是一场比赛，更是一次团队的全面协作和创新的盛会。旨在通过集体的智慧，提高工作效率、降低成本，并持续不断地改进和优化组织内部的各项流程。这一活动力图在激烈的市场竞争中脱颖而出，通过内部的努力和创意，为组织赢得更大的市场份额。

活动的核心目标是激发团队成员的创造力。通过这场比赛，每个团队成员都有机会将自己的创意和想法付诸实践，为流程优化带来新的思路和方法。这种创造性的发挥不仅对个体成员的职业发展有积极的影响，也对整个组织的创新力和灵活性产生深远的影响。通过流程优化工程大赛活动，组织能够实现整体业务绩效的提升。通过优化内部流程，提高效率，降低成本，组织将更加灵活应对市场的变化，提供更高质量的产品和服务，从而在竞争中占据有利地位。

流程优化工程大赛活动不仅是一场内部竞赛，更是一次推动组织发展的引擎。企业通过激发创造力、促进流程创新和提高业务绩效，这一活动成为组织内部团队合作和个人成长的重要平台，为应对未来的商业挑战奠定坚实基础。

二、流程优化大赛活动设计

在设计流程优化工程大赛活动时，首先需要明确活动的核心目标。这一目标通常应与组织的战略目标相一致，以确保活动对业务产生实质性的积极影响。而后，明晰的规则和标准是确保比赛公正透明的关键因素。通过清晰地定义比赛的规则、评审标准和参与资格，可以保证所有参赛团队在公平的基础上展开竞争。

为了保证活动的成功实施，组织者需要为参赛团队提供充足的支持和资源。企业包括培训、技术支持以及必要的人力资源。这种支持有助于确保参赛团队具备必要的知识和技能，从而更好地应对流程优化的挑战。

团队合作和创新是流程优化工程大赛的核心要素。因此，活动设计中应该包含激发团队协作和创新的元素。通过组织团队建设活动，可以提高成员之间的协作和沟通能力，进而增强团队的整体创造力。

为了有效评估参赛团队的成果，必要的评审机制也是不可或缺的。专业的评审团队应该由对流程优化有深刻理解的专家组成，以确保评审过程既公正客观，又具有全面性。激励机制是活动成功的另一关键要素。通过设计具有吸引力的奖励和认可机制，可以激发参赛团队的积极性和动力，使他们更加专注于活动的实质性目标。

及时地反馈和改进机制有助于确保活动能够不断优化。建立有效的反馈渠道，了解团队在流程优化中面临的挑战和取得的成就，有助于及时调整活动设计，提高其针对性和实际效果。

还可通过促进知识分享和学习，可以将活动打造成一个学习型平台。组织分享会议或平台，让各团队分享经验、成功案例和教训，有助于形成良性循环，推动流程优化的不断发展。通过这一系列综合考虑，一个设计良好的流程优化工程大赛活动将能够在组织内部激发创新和推动业务的全面提升。

三、流程优化大赛活动实施

在当今竞争激烈的商业环境中，流程优化是提高组织效率、降低成本、优化服务质量的关键。为促进创新和分享最佳实践，组织一场流程优化工程大赛活动是一个复杂而充满挑战的任务。下面是一份详细的指南，涵盖了各个方面的考虑因素，以确保活动的顺利进行和取得成功。

（一）确定目标和范围

在策划活动的初期，最为迫切的任务之一就是通过明确定义的核心目标，为整个活动确立明晰的方向。这就需要深入思考，企业的主要关注点是提高工作效率，还是优化服务质量？这个问题不仅在活动的规划阶段需要被认真考虑，也直接关系到活动的最终成果。

核心目标的清晰界定是活动成功的关键因素之一。如果企业的焦点是提高效率，那么活动的设计和评判标准将侧重于流程的迅速执行、资源的最优利用，以及工作流程的高效性。而如果企业的目标是优化服务质量，那么关注点则会更多地集中在提升客户满意度、提高服务水平，以及确保流程中的每一个环节都能够达到高质量标准。

确定了活动的核心目标后，企业需要进一步细化活动的范围。这包括明确活动所涵盖的具体流程或项目，以确保参与者能够全面理解活动的深度和广度。活动的范围明晰，不仅有助于组织者更好地掌握整个活动的运作，也让参与者能够更具针对性地投入活动中。

清晰的活动范围为参与者提供了更为具体的工作方向，使其能够更有针对性地提出和实施流程优化方案。这样的明晰度有助于避免在活动执行过程中的混淆和偏离主题，确保每一个参与者都能够充分理解活动的焦点，并朝着期望的结果共同努力。

在整个规划阶段，将核心目标和活动范围相互关联，形成一个紧密配合的框架，是确保活动成功的关键一环。只有通过深度的思考和明晰的定义，企业才能够为参与者提供一个清晰的指引，让每个人在活动中都能明确自己的任务和目标，最终为整个团队的成功贡献力量。

（二）制定详细的规则和标准

确保比赛的成功，关键在于建立一套既透明又公正的运作机制。在这一过程中，制定详尽的规则至关重要。这不仅涉及参赛团队的资格，更包括提交要求、评审流程等方方面面的细节。通过清晰而明确的规则，能够为整个比赛打下坚实的基础，确保每个参与者都在公平的竞争环境中展示其最佳水平。

首先，要确保比赛的开展，需要从参赛团队的资格入手。这涉及确定参赛团队的合法性、资格要求，以及任何可能影响比赛公正性的因素。通过制定明晰的资格规定，可以确保只有符合条件的团队才能参与，从而保证比赛的参与者都具备一定的实力和背景。另一个关键点是规定提交要求，包括确定参赛团队需要提交的具体材料、文件或方案，并确保这些要求对每个团队都是一致的。透明的提交要求有助于消除模糊不清的因素，确保每个团队都在相同的标准下进行比赛，为评审提供明确的依据。

为了确保评审过程的客观性和准确性，必须建立清晰的评审标准。企业包括对流程优化方案的各个方面进行详细的解释，以及评分细则的明确定义。透明度是确保评审公正的基石，评审团队需要在一个清晰的框架下操作，以确保他们的评估是一致的、公正的。评审流程的设计也是不可忽视的一环。明确定义评审的步骤、流程和时间表，可以避免混乱和不必要的延误。同时，及时的反馈机制也是保证公正的关键，确保每个团队都能够理解评审结果，并从中汲取经验教训。

总体而言，透明和公正的原则需要贯穿比赛的方方面面，从资格审查到评审标准，再到评审流程的设计，每一个环节都需要精心规划和详细制定，以确保比赛的公正性和成功进行。

（三）招募参赛团队

在确保一项活动成功的过程中，招募阶段可谓是其坚实的基石。通过多元化的渠道广泛宣传活动，包括社交媒体、企业内部通信，以及与行业合作伙伴的合作，可以最大程度地扩大活动的曝光度，吸引更广泛的目标群体的关注。

首先，社交媒体平台成为不可或缺的招募工具。通过在主流社交平台上发布吸引眼球的宣传内容，如精美的活动海报、引人入胜的活动介绍视频，能够有效地引起潜在参与者的兴趣。此外，结合互动式的内容，如抽奖、问答环节等，可以增加参与者的积极性，形成良好的口碑传播。企业内部通讯是另一个重要的招募渠道。通过企业内部的通讯工具，如内部邮件、员工通告等，向内部员工广泛宣传活动，不仅可以激发员工的参与热情，也有助于构建团队凝聚力。这种内部推广的方式有助于活动信息在企业内部快速传播，形成集体参与的氛围。

同时，与行业合作伙伴的合作也是一个有效的招募策略。通过与行业合作伙伴建立合作关系，可以共享资源、共同宣传，扩大活动的影响范围。行业合作伙伴可能还能够提供专业的支持和意见，为活动的顺利进行提供有力支持。

在招募材料的准备中，关键在于确保包含活动的吸引点。企业包括活动的独特性、参与者利益亮点等。通过突出这些吸引点，可以在招募材料中激发潜在团队成员的兴趣和积极性，使其愿意参与并为活动的成功贡献力量。

一个成功的活动始于招募阶段的精心策划和执行。通过多渠道宣传，包括社交媒体、企业内部通信和行业合作伙伴，以及在招募材料中突出活动吸引点，可以确保活动吸引到最合适的参与者，为活动的成功奠定坚实的基础。

（四）提供培训和支持

在活动的起步阶段，为参赛团队提供充分的培训和支持显得尤为关键。这一阶段的目标是确保每个团队成员都能够熟练掌握并应用成功完成流程优化任务所需的关键技能。为此，企业提供了多层次的培训方案，旨在为参赛者提供全面而深入的学习经验。

企业需要设立专业培训课程，涵盖流程优化各个方面。这些课程由经验丰富的专业人士和行业专家组成的团队主持，他们将分享实用的案例研究和成功经验，帮助参赛团队理解流程优化的核心理念和实施方法。通过系统性的知识传授，参赛者将能够建立起对任务的深刻理解，为实际操作奠定坚实基础。此外，企业还需要安排一系列专题讲座，邀请业界领先的专家分享他们在流程优化领域的前沿见解。这不仅为参赛者提供了与实践经验直接对接的机会，还能够激发团队成员的创新思维，帮助他们更好地应对复杂的流程挑战。

通过这套全面的培训和支持计划，企业致力于确保每个参赛团队都能够在活动中取得卓越的成绩。培训不仅仅是传授知识，更是激发团队的潜力，

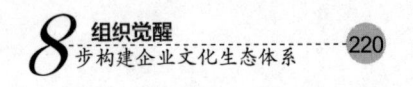

使他们具备应对复杂挑战的信心和实力。企业相信，有了这样的支持，每个团队都将在流程优化的征程中迈出坚实的步伐。

（五）建立评审团队

评审团队的专业性和公正性是任何比赛成功与否的关键因素。在确保比赛结果客观公正的同时，企业注重建立一个充满专业素养的评审体系。

首先，企业要对评审团队成员进行严格筛选，确保他们在相关领域拥有深厚的知识和丰富的实践经验。这意味着评审团队将由一群业内领先的专业人士组成，他们对流程优化任务的核心概念和实际挑战有着清晰的了解。这样的专业性保证了评审团队能够对参赛作品进行全面而准确的评估，从而有效挖掘出最具创新性和实用性的解决方案。

为了进一步保障评审的一致性和公正性，企业需要建立一套系统的评审团队培训机制。在这个培训过程中，评审团队将深入了解比赛的评审标准和流程，以确保每位评审成员都能够在相同的标准下进行评分。这种一致性的评审方法有助于消除主观因素的影响，使评审结果更加客观和可靠。培训还包括对可能出现的辩证问题和复杂情境的讨论和应对策略。评审团队成员将被赋予足够的灵活性，以适应比赛中可能涉及的多样性和创新性，同时保持评审标准的稳定性。

通过这个严谨的专业培训机制，企业确信评审团队将能够在比赛中充分发挥其专业素养，为参赛者提供公正、客观、具有深度的评价。这不仅有助于选拔出最杰出的团队，也将为整个比赛增色不少。

（六）设立奖励和认可机制

在构建奖励机制时，需要巧妙平衡吸引参赛团队的热情和确保奖励与他们的付出成正比。精心设计的奖励体系既可以激发团队的积极性，又能为他们的努力提供实质性的回报。

奖金作为奖励的核心元素，是对参赛者付出的最直接的认可。企业致力于确保奖金水平既具有竞争力，吸引高水平的团队参与，又合理公正，让每一个付出努力的团队都感受到公平的竞争环境。此外，企业考虑到不同项目的复杂性和挑战性，将奖金分为多个层次，以便更全面地奖励各个层次的优秀团队。其次，证书是对团队成就的一种正式认可。

除了直接的经济奖励，企业也注重通过媒体曝光为参赛团队提供更广泛的认知和机会。在比赛后，企业将通过各种媒体渠道，包括社交媒体、行业刊物和网络平台，全面宣传优胜团队的项目和成就。这不仅有助于提升他们的专业声望，还为其未来的发展打下坚实的基础。

企业的奖励机制不仅需要关注短期回报，更注重长期价值的积累。通过平衡奖金、证书和媒体曝光等多种形式的奖励，企业旨在激发每个参赛团队的创造力和团队合作精神，为他们提供一个充满挑战和机遇的平台。这样的奖励体系将成为比赛的亮点之一，吸引更多高水平团队的积极参与。

（七）创建有效的沟通渠道

在构建一个具有高效沟通机制的竞赛生态系统时，企业着眼于建立开放、及时的沟通渠道，以确保参赛团队、评审团队和其他利益相关者之间能够顺畅、透明地交流各类信息。这一方面有助于促进合作，另一方面则有助于项目的顺利进行和最终的成功。

企业可以引入定期的会议制度，旨在为所有相关方提供一个亲密互动的平台。这些会议不仅是信息传递的场所，更是参赛团队与评审团队之间深入交流的契机。通过面对面的沟通，团队能够更清晰地理解项目的方向和要求，评审团队也能提供更及时的指导和反馈。这样的双向互动有助于最大程度地发挥参赛团队的创造力，同时保证评审过程的公正性和专业性。企业还可以设立在线论坛，作为一个集体讨论和交流的平台。这个虚拟社区将为参赛团队提供一个分享经验、解决问题的空间，同时也是评审团队提供指导和反馈的场所。通过在线论坛，企业期望打破时间和地域的限制，使得各方能够更灵活地参与到竞赛的各个阶段。

一个高度互动和透明的竞赛生态系统可以通过开放、及时的沟通渠道，将参赛团队、评审团队和其他利益相关者连接在一起。这将为每个团队提供更多支持、更多机会，也将为整个竞赛过程注入更多的活力和创新。

（八）组织比赛活动

在确保比赛期间活动组织顺利进行的重要任务中，企业致力于精心管理参赛团队的各项提交，有效安排比赛流程，并策划一系列相关活动，旨在促进团队之间的积极互动和深度学习。

为了确保比赛的顺利进行，企业将建立一个高效的提交管理系统。这种系统将为参赛团队提供一个友好且易于使用的平台，以提交其项目成果、文档和其他相关材料。通过规范的提交流程，企业能够保证信息的准确性和完整性，为评审团队提供清晰的材料基础，同时为参赛团队提供一个透明和可追溯的提交历史。同时，为促进参赛团队之间的互动和学习，企业将组织一系列相关活动，其中包括但不限于中期报告、工作坊和讨论会。中期报告将为团队提供一个展示其进展和面临挑战的机会，同时为其他团队提供借鉴和学习的机会。工作坊则是一个知识共享和技能提升的平台，通过专家分享和小组讨论，推动团队在比赛过程中不断成长。

这些活动不仅仅是为了比赛本身，更是为了构建一个共同学习的社区，激发创新思维和团队协作精神。通过这一系列的组织，企业期望参赛团队在比赛中获得更多的启发、支持和共鸣，进而提高项目质量和团队素养。

（九）收集反馈和改进

在活动落下帷幕之际，企业注重不仅仅是结束的喜悦，更是对活动整体进行全面深入的反馈收集与分析。这一关键步骤对于企业的未来活动改进至关重要，为了确保企业持续提供令人满意的体验，企业将采取一些措施。

为了全面了解参赛团队的体验，企业将设计一份详尽的参赛团队反馈调查问卷。该问卷将覆盖活动组织、评审过程、中期活动，以及其他相关方面。企业的目标是深入挖掘参赛团队对整个比赛过程的感受，以及他们对于未来改进的建议。通过定性和定量数据的结合，企业能够更全面地理解参赛团队的需求和期望。同样重要的是从评审团队获得宝贵的反馈信息。企业将定制专门的反馈调查，聚焦评审标准、参赛项目的质量和评审流程的效率。评审团队的经验和洞察对于评估活动的成功因素至关重要。他们的反馈将直接指导企业未来如何提升评审过程的专业性和公正性。

获得反馈之后，企业将进行深入的数据分析和总结。这涉及整合各类反馈数据，从中发现共性和独特之处。企业将特别关注正面的成功经验，以及指出需要改进的方面。这个过程不仅仅是为了了解问题所在，更是为了发现企业取得的成就，以便在未来活动中更好地利用和强化这些成功因素。基于对反馈的深入分析，企业将制定详细的改进计划。企业涉及优化流程、提升沟通、加强培训等多方面的改进举措。企业承诺将每一份反馈都视作宝贵的意见，为企业的活动质量提升提供有效的指引。通过以上综合性的反馈收集和分析，企业确信未来的活动将更好地迎合参与者的需求，提供更为精彩和有意义的体验。

（十）知识分享和总结

在活动的成功落幕之后，企业迫不及待地要进入一个更为深刻的阶段——知识分享与经验交流。这不仅是为参赛团队提供了一个展示成果、分享心得的机会，更是一个致力于推动行业发展和促进跨界合作的平台。

企业将策划一场专门的知识分享会议，为参赛团队搭建一个深入交流的舞台。这将是一个汇聚行业精英和创新者的盛会，他们将分享在工程大赛中获得的宝贵经验和成功实践。通过分享案例、技术亮点和团队协作经验，参赛团队将能够从彼此的经验中受益，共同成长。

除了正式的分享会议，企业还将举办座谈会，以更加轻松和开放的形式进行互动。这为参赛团队提供了一个放松的环境，可以畅所欲言、提出问题、分享见解。座谈会的目的是促使更深入的讨论，使得参与者能够在实践中得到启发，并建立起更广泛的合作关系。

这个阶段也是企业对活动的总结与反思的时刻。企业将聚焦于活动的经验教训，深入剖析成功的因素和潜在的改进点。通过深度讨论，企业将制定未来工程大赛流程优化的详细计划，以确保下一届活动更为顺畅、更为精彩。这种知识分享和经验交流不仅仅是为了在本次比赛中积累经验，更是为了构建一个行业内的持续性学习和合作平台。企业相信，通过这样的平台，不同团队和个人将能够汲取更多的智慧，推动整个行业的技术水平和创新力的提升。

第三节　新员工价值观行为面试评估

招聘新员工是企业发展中至关重要的一环。在这个竞争激烈的市场环境下，雇主迫切需要找到具备技术能力，而且在价值观和行为模式上与企业文化契合的人才。因此，针对新员工的价值观和行为特征进行面试评估，已成为招聘流程中不可或缺的一部分。这类评估并非仅仅关注应聘者的技能和经验。它更侧重于探寻候选人的内在核心，即其所持有的价值观念、道德准则，以及在工作场景中展现的行为模式。企业希望找到与本企业价值观相一致的员工，他们能真正融入企业，并为企业的发展提供人才支持。

一、价值观行为面试评估的概念

新员工价值观行为面试评估（Values-Based Behavioral Interviewing，简称

VBI）是一种招聘和选拔过程中常用的方法，其目的是评估应聘者的价值观和行为是否与企业文化和核心价值观相匹配。这种方法不仅关注应聘者的专业技能和工作经验，更注重其在实际工作中的行为表现和价值观是否符合企业的期望。

新员工价值观行为面试评估着重于了解应聘者的核心价值观念、道德准则和行为模式，以确保其与企业文化和价值观相契合。因此面试官通常会采用一系列开放性和行为导向的问题，以便更深入地了解应聘者的思维方式、决策过程以及与他人合作的能力。比如，面试官可能会问："请描述一个你在团队中解决冲突的经历。"通过应聘者回答的具体行为实例，评估应聘者在面对挑战、解决问题和与他人合作时的表现。比如还会就诚信、创新、团队合作、客户导向等价值观问题，提出问题"请描述一个你在工作中遇到伦理或道德困境的情况，你是如何处理的？""请分享一个你提出创新解决方案并成功实施的经历？""请描述一个你在团队中担任领导角色的经历，你是如何协调团队成员的？""请举例说明你如何处理一个客户的投诉，最终使客户满意？"通过这些问题，面试官可以了解应聘者的核心价值观念，了解其是否与企业所倡导的文化和价值观相一致。以确保其不仅在技术能力上匹配岗位要求，同时与企业的文化和价值观相符合，从而为企业的长期成功和员工的职业发展创造有益的合作基础。

新员工价值观行为面试评估也注重候选人的自我认知和反思能力。面试官可能会探询应聘者对自己职业发展的目标、对成功的定义，以及对团队合作和领导力的看法等方面的观点。通过这些问题，企业可以更好地理解应聘者是否具备与企业共同成长的意愿和潜力。

二、价值观行为面试评估的意义

新员工的招聘是任何组织成长和成功的基石，而新员工的价值观和行为特征对于一个企业的文化和发展至关重要。因此，通过价值观行为面试评估，企业能够更全面地了解应聘者的核心价值观、行为反应和职业特质，这对于构建强大、符合企业愿景和使命的团队至关重要。

（一）企业能够评估应聘者的文化适应性

一个组织的文化是其运作的灵魂，拥有共同的价值观和行为准则能够促进团队的凝聚力和协作性。新员工价值观行为面试评估方法通过深入探讨应聘者过去的行为和经验，帮助企业确定哪些应聘者更有可能融入和贡献于组织的文化。面试官可以通过提问了解应聘者在团队合作中的具体表现，如"请描述一个你在团队项目中遇到冲突并成功解决的经历。"这样的问题不仅能够揭示应聘者在团队中的角色和行为，还能评估其是否具备企业所倡导的团队合作精神。通过这种评估，企业可以确保新员工能够迅速适应企业文化，增强团队的稳定性和发展性。这种文化适应性的评估有助于减少新员工的磨合期，提高团队的整体效能，为企业的长期发展奠定坚实的基础。

（二）有助于评估应聘者的道德和诚信观

道德和诚信是企业可持续发展的基石。通过新员工价值观行为面试评估，面试官可以深入了解应聘者在面对伦理挑战时的决策方式。面试官可以提出道德情境问题，如"请描述一个你在工作中遇到伦理或道德困境的情况，你是如何处理的？"这类问题不仅能够揭示应聘者的道德观和诚信水平，还能评估其在实际工作中的行为是否符合企业的价值观。通过这些评估，企业可以确保招聘到的员工在各种情况下都能够代表企业的形象，维护企业的商业道德和声誉。这对于建立一个诚信、透明的工作环境至关重要，有助于提升客户和合作伙伴的信任度，增强企业的竞争力。

（三）降低企业招聘人才的风险

招聘合适的人才是企业成功的关键。新员工价值观行为面试评估通过更深入地了解应聘者的行为、态度和价值观，帮助企业避免雇佣那些可能与企业文化不符或行为不当的员工。面试官可以通过行为面试问题，如"请描述一个你在高压环境下工作的经历，你是如何保持冷静并解决问题的？"来评估应聘者在压力下的表现和应对能力。通过这种评估，企业可以筛选出那些不仅具备专业技能，而且在行为和价值观上与企业高度契合的候选人。这有助于减少员工流失率，提高员工满意度，降低因文化不匹配或行为不当导致的潜在风险。通过降低招聘风险，企业可以为长期的发展奠定坚实的基础，确保团队的稳定性和高效运作。

Zappos（美捷步，网上卖鞋的企业）是一家以电子商务为主的企业，以其独特的企业文化和强调员工幸福感而闻名。公司致力于为客户提供卓越的服务，并将企业文化视为成功的关键因素。在招聘新员工时，Zappos特别注重候选人的文化适应性和核心价值观。为此，他们实施了一套全面的行为面试评估，确保新员工能够与企业文化相融合，并体现企业的服务理念和价值观。

通过这套面试评估，Zappos成功地构建了一支具有共同价值观的团队。新员工不仅在技能上匹配，更在文化上高度契合，这使得他们更有可能积极参与企业活动，更好地理解和体现Zappos追求的客户服务和员工幸福感。Zappos的文化和面试评估方法已成为业界的标杆，其成功经验表明，注重新员工的核心价值观和行为特征，能够帮助企业建立更具凝聚力和协同性的团队，为可持续发展奠定坚实基础。

新员工价值观行为面试评估是招聘过程中的重要环节。它不仅仅是为了找到技能匹配的候选人，更重要的是找到与企业文化相契合、具备良好行为特征和价值观的员工。这将有助于建立一个稳健、协作和充满活力的团队，为企业的长期成功打下坚实的基础。

三、设计与实施

在招募新员工的过程中，确保价值观和行为的一致性对于组织的长期成功至关重要。为了构建一支具有强大文化共鸣的团队，设计和实施一种有效的价值观行为面试评估是不可或缺的。

（一）确认面试评估的要素

在开始设计面试评估之前，确保整个团队和组织对所需的价值观和行为特征有清晰的共识。这一步骤至关重要，因为它为后续的面试评估提供了明确的指导方向。企业应与关键利益相关方进行深入的讨论，明确定义组织文化中所重视的核心价值观，如诚信、创新、团队合作、客户导向等。通过这些讨论，确保所有利益相关方都理解并认同这些重要元素。Zappos在招聘过程中特别强调诚实、团队合作和客户服务，这些价值观是其成功的关键。通过明确这些要素，企业可以确保面试评估的焦点始终集中在最重要的方面，从而提高招聘的准确性和有效性。

（二）问题设计采用开放式

采用开放式的方法激励应聘者分享他们的职业经验和个人观点。开放式问题能够鼓励应聘者详细描述具体的情境和行为，而不仅仅是给出简短的答案。可以问："请分享一个在工作中遇到的道德困境，并描述您是如何处理的。"这类问题有助于揭示应聘者对于关键价值观的理解，以及他们在面对困境时的反应和决策方式。通过开放式问题，面试官可以更全面地了解应聘者的思维方式和行为模式，从而更准确地评估其是否符合企业的文化和价值观。此外，开放式问题还能帮助面试官发现应聘者的潜在优势和不足，为后续的评估提供更多的信息。

（三）关注过去的具体经验和行为

通过深入询问应聘者过去的具体经验和行为，企业可以更全面地了解他们的工作风格、决策模式，以及是否符合组织价值观。面试官可以问："请描述一个你成功解决团队冲突的经历。"或"请分享一个你如何在高压环境下保持高效工作的例子。"这些问题不仅能够揭示应聘者在实际工作中的表现，还能评估其在面对挑战时的应对能力。通过这些具体的经验和行为，企业可以更准确地判断应聘者是否具备所需的价值观和行为特征。此外，具体的经验和行为还能帮助面试官发现应聘者的潜在问题和改进空间，为后续的培训和发展提供参考。

（四）提供具体的情境

提供一些具体的情境，了解应聘者在压力下或面对挑战时的反应。询问他们在团队协作、解决问题或领导团队时的经验，以便更全面地评估他们的行为特征。具体的情境问题可以帮助面试官更真实地了解应聘者在实际工作中的表现。可以问："假设你正在领导一个项目，突然遇到一个重大的技术问题，你会如何处理？"或"请描述一个你在有限时间内完成紧急任务的经历。"通过这些情境问题，面试官可以评估应聘者的应变能力、决策能力和团队合作精神。此外，面试官还可以通过这些情境问题，了解应聘者在面对压力和挑战时的态度和行为，从而更准确地判断其是否适合企业的文化和价值观。

（五）采用多样化的评估方法

考虑采用多样化的评估方法，包括参考调查、模拟工作任务或团队活动。这样可以从不同的角度获取价值观和行为信息，进一步提高评估的全面性和准确性。参考调查可以帮助企业了解应聘者在前雇主那里的表现和评价，模拟工作任务可以让应聘者在实际操作中展示其技能和行为，团队活动则可以评估应聘者的团队合作能力和领导潜力。企业可以安排应聘者参与一个模拟项目，观察他们在团队中的表现和决策过程。通过这些多样化的评估方法，企业可以更全面地了解应聘者的能力和价值观，从而做出更准确的招聘决策。

（六）确立清晰的评估标准

确立清晰的评估标准，以保障对应聘者一致性的评估。这有助于维持评估的客观性和公正性，使面试官能够根据共同的标准做出决策，从而确保挑选出最适合组织文化的候选人。评估标准包括具体的行为指标和价值观指标，团队合作能力、解决问题的能力、诚信度等。面试官在评估过程中应严格按照这些标准进行打分和记录，确保评估的透明性和一致性。此外，企业还可以为面试官提供培训，帮助他们更好地理解和应用这些评估标准，从而提高评估的准确性和公正性。通过确立清晰的评估标准，企业可以确保招聘过程的公平性和透明性，提高招聘的质量和效率。

（七）定期评估方法效果，并根据反馈进行调整

持续改进面试流程，以确保其与组织的发展和变化保持一致，同时确保招聘流程始终符合企业的核心价值观和文化理念。企业应定期评估面试方法的效果，收集来自面试官、新员工和现有员工的反馈，了解面试方法的优势和不足。可以通过定期的回顾会议，讨论面试过程中遇到的问题和挑战，分享成功的经验和最佳实践。根据这些反馈，企业可以不断优化面试流程，调整问题设计和评估标准，确保面试方法始终有效。此外，企业还可以定期更新面试培训内容，确保面试官掌握最新的评估技巧和方法。通过持续改进，企业可以不断提升招聘的质量和效率，确保招聘到的员工不仅在技术能力上匹配要求，而且在文化和价值观方面与企业相契合。

第四节　员工价值观考核评估

在当今迅速变化的商业环境中，员工价值观考核评估正日益成为塑造企业成功的关键工具。通过评估员工的价值观和行为，企业能够确保新员工与企业文化高度契合，增强团队的凝聚力和协作性。这不仅有助于提高员工的满意度和留存率，还能提升客户体验和企业声誉，为企业的长期发展奠定坚实基础。价值观考核评估确保企业在快速变化的市场中保持一致性和稳定性，增强组织的适应能力和竞争力。

一、员工价值观考核评估概念

企业文化是组织成功的关键驱动力之一。通过员工价值观考核评估，企业能够确保员工的核心信念与企业文化保持一致，从而创造更加融洽和积极的工作环境。这种文化契合不仅提高了员工满意度，还有助于形成强大的团队协作力量。然而，传统的招聘和评估方法通常侧重于技术技能和专业经验，难以识别员工的内在核心价值观。而员工价值观考核评估则为企业提供了更全面的洞察，通过识别并理解员工的潜在潜力和发展领域，企业能够提供有针对性的培训和发展计划，实现员工与组织的共同成长。了解员工的核心价值观，企业能够更好地预测员工在团队中的融合度和对组织长期目标的贡献。这种评估方法不仅对企业有益，也是员工个人发展的有力助力。

员工价值观考核评估在当今企业管理中扮演着不可或缺的角色。它不仅使企业能够更好地挖掘和培养人才，还有助于构建一个契合文化、积极向上的工作团队。随着企业环境的不断演变，这一评估方法将继续发挥关键作用，推动组织实现长期成功和可持续发展。

Salesforce是一家全球领先的客户关系管理（CRM）软件公司。其核心价值观是通过创新、平等和社会责任来推动业务增长和社会变革。Salesforce进行定期的绩效评估，不仅考核员工的工作成果，还注重考核员工是否践行了企业价值观。评估由员工的直接主管和同事参与，以全面了解员工在团队中的表现。Salesforce定期进行员工参与度和满意度调查，包括企业文化和价值观的认同程度。这些调查结果被用于改善企业文化和制定相关政策。企业建立奖励和认可机制，奖励那些积极践行企业价值观的员工。这种积极的回馈机制鼓励员工践行价值观，同时树立榜样。Salesforce提供广泛的培训和发展机会，帮助员工更好地理解和实践企业价值观。这些培训包括伦理道德、多元化和包容性等方面。

Salesforce通过员工价值观考核评估，成功地将企业价值观融入日常运营中。这不仅加强了企业文化的一致性，还促进了员工的成长和组织的发展。企业价值观考核评估是企业实现成功和可持续发展的重要策略之一。

尽管员工价值观考核评估带来了诸多优势，但在实践中仍然面临一些挑战，如主观性的评估和文化多样性的管理。企业需要克服这些挑战，建立科学严谨的评估体系，并不断改进以适应不断变化的工作环境。员工价值观考核评估不仅仅是一次性的工具，更是一个促使组织保持持续适应性的机制。通过定期的评估，企业能够调整员工的角色和发展路径，以更好地满足市场需求和组织变革。

二、考核评估标准

员工价值观考核评估是一种全面了解员工核心信念和行为方式的重要方法。在制定和应用这一评估标准时，需要明确一系列关键要素，以确保评估的科学性和准确性。

评估标准的第一步是明确定义组成员工核心价值观的要素，包括责任感、团队协作、创新思维等。每个要素都应该具有清晰的定义，以避免主观解释的不确定性。每个核心价值观要素需要与具体的行为指标相对应。如果团队协作是一个要素，相应的行为指标可能包括分享知识、积极参与团队讨论等。这样的指标使评估更加客观和具有可操作。

为了确保综合性和客观性，评估标准应该采用多元的评估方法，包括员工自评、同事评价、直接主管评价等，以获得更全面的信息。同时将员工的核心价值观评估与业绩评估结合起来，以便更好地观察员工的全貌。同时，根据评估结果制定个性化的发展计划，帮助员工在核心价值观上不断提升。员工的核心价值观可能随着时间和经验的积累而发生变化。因此，评估标准应该具有一定的周期性，以便及时捕捉这些变化。定期的评估也有助于组织调整评估标准，以适应变化的业务环境。

建立透明和开放的沟通机制是确保员工价值观考核评估有效性的关键。企业应通过多种渠道，如内部会议、培训课程和员工手册，明确传达评估标准的目的和过程。透明度不仅能够帮助员工理解评估的具体要求，还能消除误解和疑虑，增强员工的信任感。企业可以定期组织培训，详细解释评估标准的制定背景、评估过程的每个步骤，以及评估结果的应用方式。此外，管理层应主动倾听员工的反馈和建议，及时解答他们的疑问，确保评估过程的公正性和透明性。通过这种方式，企业能够建立起一种开放和信任的文化，使员工更加积极地参与评估过程，提高评估的有效性和公平性。

评估标准不应仅仅关注员工目前的状态，还应考虑他们的潜力和发展方向。这不仅有助于企业发现和培养未来的领导者，还能激励员工不断提升自己，实现个人和组织的共同发展。评估标准可以包括员工的学习能力、适应变化的能力、创新思维等潜在素质，而不仅仅是当前的绩效表现。同时，确保员工的核心价值观与组织的文化相契合，是促进组织长期稳健发展的关键。通过评估员工的价值观，企业可以筛选出那些不仅具备专业技能，而且在行为和态度上与企业文化高度契合的员工。这些员工更容易融入团队，积极参与组织的各项活动，为企业的长期目标做出更大的贡献。综上所述，全面的评估标准能够帮助企业更好地挖掘和培养人才，推动组织实现可持续发展。

三、考核评估的三步法

第一步：行为描述法

在描述行为规范时，首先需要对员工进行分层分类。分层通常可以分为高、中、基层。分类则可以分为干部和员工，或者更细致地分为营销序列、职能序列、技术序列、管理序列等。最常见的分类方法是将员工分为干部和普通员工。接下来，需要确定行为规范的维度。在确定维度时，有两个基本要求：第一，维度要全面覆盖；第二，各维度之间要相互独立。

一种常用的方法是三维度法，分为发展客户、发展组织、发展个人。这是华为使用较多的方法，也被许多企业所模仿。一个员工需要以客户为中心，成就客户；对内需要发展组织，对整个企业有所贡献；还需要发展个人，使自己得到提升。另一种方法是六维度法，分为客户、绩效、组织协同、团队建设、个人的组织认同、个人成长。员工对外需要面向客户，对内需要做出绩效。在内部，需要进行组织的协同和团队建设。组织协同和团队建设的差别在于，组织协同更注重跨部门、跨岗位、跨流程的配合，确保上下游的协作；团队建设则更倾向于团队的概念，如人才队伍的能力建设、梯队建设、结构优化等。组织认同则表现为员工主动维护企业的名誉，主动承担非本职工作等。最后是个人成长，员工需要不断学习和提升自己，实现个人的职业发展。

行为规范的形成一般通过团队共创的方式进行。团队共创是指通过集体讨论，共同确定符合企业价值观的行为规范。具体过程包括组织员工进行讨论，明确什么样的做法符合企业价值观，什么样的做法不符合企业价值观。然后从讨论中提炼出关键的行为关键词，对这些关键词进行行为编码，形成具体的行为规范。最后，对行为编码进行统计分析，确保行为规范的全面性和独立性。通过团队共创的方式，企业可以确保行为规范既符合员工的实际工作需求，又能够充分体现企业的核心价值观，从而提高员工的参与感和认同感，确保行为规范的适用性和有效性。

第二步：构建价值观评价与绩效评价关系

构建价值观评价与绩效评价的关系是确保员工行为与企业文化和业务目标相一致的关键步骤。主要可以通过两种方式来实现这一目标：

第一种是相互独立。在相互独立的方式中，价值观评价和业绩评价各自分别进行，互不影响。个人绩效主要关注的是工作结果，而价值观评价则侧重于员工的行为和态度。这种方式的优点是，两者的评价标准和方法可以更加明确和具体，避免了相互干扰。个人绩效评价可以基于具体的业务指标和成果，如销售额、项目完成情况等；而价值观评价则可以基于员工在日常工作中表现出的行为，如团队合作、客户导向、诚信等。这种分离的评价方式使得每个评价维度都能充分发挥其作用，确保评价的公正性和准确性。

第二种是相互影响。在相互影响的方式中，价值观评价和业绩评价相互结合，共同影响最终的绩效评估结果。这种方式强调价值观和业绩的双重重要性，确保员工不仅要有出色的工作表现，还要在行为和态度上符合企业的核心价值观。阿里巴巴采用的就是这种模式，价值观评价和业绩评价各占50%，即一个人的最终绩效等于50%的价值观评价加上50%的业绩评价。这种高比例的价值观评价能够强烈地引导员工重视企业文化和价值观，促进团队的凝聚力和整体效能。

更多的企业则采用一种较为平衡的方式，即价值观评价占比30%，业绩评价占比70%。这种方式既强调了业绩的重要性，又不失对价值观的关注。某科技企业可能将30%的绩效权重放在价值观评价上，考察员工的团队合作、客户导向等行为，而70%的权重则放在具体的业绩指标上，如项目完成质量和时间。这种平衡的方式能够确保员工在追求业绩的同时，不忘企业的核心价值观，从而实现个人和组织的共同发展。

通过构建价值观评价与绩效评价的关系，企业不仅能够更全面地评估员工的表现，还能确保员工的行为和态度与企业文化和战略目标保持一致，从而促进组织的长期稳健发展。无论是采用相互独立，还是相互影响的方式，关键在于确保评价标准的明确性和公正性，以及评价过程的透明度和可信度。

第三步：明确评价流程

第一是明确考核责任主体。企业文化建设组织机构包括文化建设委员会、文化建设办公室、文化推进小组等等。文化建设办公室，一般是跨部门的相互评价机构。人力资源部是主责部门。文化推进小组，是由各个部门的负责人加部门员工构成的。因为我们需要各个部门充分地参与到企业文化建设与价值观评价当中去，因此必须有一个组织机构来承担相应的责任。

第二是确定价值观考核流程。主要流程，首先有员工自评，其次需要直接上级+隔级上级的评价。在经过初审、复审、申诉、公示的环节后，就完成了价值观评价。在开展全方位评价时，应当加入自评、同级和上下级评价。因为自评时难免会对公正性存疑，而上下级评价会产生偏好性，应当综合考量，做到谁了解谁评价，谁公正谁评价。在全方位评价结束后，需要有初审和复审，对极高分和极低分等极端情况，需要给出充分的事实证明。

第三是确定价值观考核方式。就考核周期来说，有年度、半年度、季度、月度等。年度考评不建议，因为会产生近因效应，为了对其进行强化和纠偏，需要进行及时反馈。同时，为了避免工作量太大等问题，可以使用月度打分、季度应用、年度汇总的方式。可以进行月度评价，在季度进行奖金激励等。

第四是确定价值观考核积分标准。积分方式主要分为两种：行为等级锚定，行为条目触发式。例如阿里的新六脉神剑，共有六条，前五条是需要打分的，最后一条只参考不打分，只是提倡项。第一条价值观是"客户第一，员工第二，股东第三"。他对这条价值观进行了诠释，在打分的时候，按照0/1的方式进行。同样地，对于此后的四个行为描述，都需要进行打分。

第五是得出价值观考核结果。考核结果需要进行应用，因此需要强制性地拉开梯次，将结果分布变为2-7-1正态分布，至少第一级人数不超过30%。此外，需要区分出前后两端的人员，便于进行两头管理，对后面的人进行末位赋能，让价值观很好的员工得到正反馈。

第六是价值观考核结果应用。企业价值观考核的结果主要用于人才盘点，奖金并非主要的部分。因为奖金是由业绩决定的，价值观决定的是企业所需要的、与其价值观相吻合的人。所以，无论其应用于人才盘点、干部选拔、中长期激励、惩罚和培训，最终落脚点都在用人上——选拔志同道合的人，使企业形成共同的氛围、共同的气质。因此，不能将其与奖金有绝对的挂钩。

第五节　职位晋升价值观考核评估

在现代组织中，职位晋升价值观考核评估是一项关键的管理实践，其重要意义在于确保晋升的员工不仅具备专业能力，还与企业文化和价值观高度契合，从而提升团队的凝聚力和协作精神，增强客户信任和品牌忠诚度，减少内部冲突，培养未来的领导者，最终促进企业的长期稳定发展和整体效能的提升。

一、职位晋升价值观考核评估概念

职位晋升价值观考核评估是企业用来评估员工是否符合晋升条件的一种工具，通常包括工作绩效、个人能力、团队协作等多个方面。通过面谈、观察、项目评估等方式收集相关数据，并对这些数据进行分析和比较，以确定员工的得分。

在职位晋升价值观考核评估中，除了关注员工在当前职位上的技术能力外，还应全面考虑其在组织文化中的融入度、团队协作能力，以及领导力等方面的表现。职位晋升价值观考核评估必须根据组织设定的明确价值观标准进行，以确保员工的晋升与组织价值观的一致性。这些标准可能涵盖道德操守、创新意识、团队协作等方面。

除了上级的直接评估，员工还应参与自我评估，对比个人价值观与组织期望的一致性，以形成更全面的评估。职位晋升价值观考核评估旨在确保晋升的员工与组织的核心价值观保持一致，从而有助于维护和强化组织文化的一致性。通过对员工在价值观方面的评估，组织可以识别出具有领导潜质的个体，有针对性地提供培训和发展机会，促进领导力的发展。

当员工感知到组织对价值观的重视，并认为这是晋升的关键因素时，他们更有可能保持高度的工作动力和对组织的承诺。通过确保晋升的员工具备与组织价值观一致的素质，组织可以更好地实现整体绩效目标，因为员工将更有动力为共同目标而努力。

职位晋升价值观考核评估是组织管理中至关重要的实践，有助于维护组织文化的一致性、促进领导力的发展，并提高员工的工作动力和承诺水平。这一过程需要在组织中得到有效的贯彻，以确保晋升决策与组织价值观的契合度。

二、考核评估标准

职位晋升价值观考核评估的标准是多方面的，涵盖了员工在组织中的职业道德、文化融入度、团队协作、领导力等方面的表现。这些标准是确保员工晋升与组织价值观一致的关键因素。

（一）职业道德

职业道德是一个重要的标准。员工应当展现出高度的职业操守，遵循组织的道德准则和行为规范。这包括对待客户、同事和其他利益相关者的公正和尊重，以及处理潜在冲突和道德困境的能力。员工在面对客户的投诉时，是否能够保持耐心和专业，提供满意的解决方案；在处理内部冲突时，是否能够公平公正地协调各方利益，确保团队的和谐。通过评估员工的职业道德，企业可以确保晋升的员工具备高度的责任感和诚信，为组织树立良好的形象。

（二）文化融入度

文化融入度是另一个关键的标准。员工需要展现出对组织文化的理解和认同，将组织的价值观融入日常工作中。这包括对组织使命和愿景的理解，以及在工作中体现组织核心价值观的能力。员工是否能够积极参加企业组织的文化活动，是否在日常工作中主动推广和践行企业的核心价值观。通过评估文化融入度，企业可以确保晋升的员工不仅具备专业能力，还能够在行为和态度上与企业文化和价值观高度契合，从而提升团队的凝聚力和协作精神。

（三）团队协作

团队协作是晋升考核的重要方面之一。员工应展现出良好的团队合作精神，能够有效地与同事协作，共同实现团队和组织的目标。这包括分享知识、支持同事的发展、积极参与团队项目等。员工是否愿意在团队项目中承担额外的责任，是否能够主动帮助同事解决问题，是否能够有效地沟通和协调团队成员之间的关系。通过评估团队协作能力，企业可以确保晋升的员工具备良好的团队合作精神，能够带领团队共同前进，实现组织的目标。

（四）领导力和创新意识

领导力也是晋升评估的一个重要维度。即使员工目前的职位并非管理层级，但其领导潜力和影响力同样值得考察。员工是否展现出在压力下做出决策的能力、激励和引导团队的能力，以及是否具备为组织未来发展提供方向的远见等，都是领导力评估的关键要素。此外，创新意识也是一个重要的标准。员工是否具备创新精神，能够提出新的想法和方法，以推动组织的不断进步和发展。员工是否能够提出改进工作流程的建议，是否能够开发新的业务模式或产品。通过评估领导力和创新意识，企业可以确保晋升的员工不仅具备当前的岗位能力，还具备未来发展的潜力，为组织的长期成功和可持续发展打下坚实的基础。

三、考核评估的开展

（一）明确评估标准和流程

在组织中进行职位晋升价值观考核评估是一个复杂而严谨的过程。首先，为了确保公平性和客观性，评估的开展需要明确的评估标准和流程。这些标准应该明确定义组织所重视的价值观要素，如诚信、创新、团队合作、领导力等，以便能够对员工的表现进行评估和比较。明确的标准和流程能够确保评估的透明性和公正性，避免主观判断和偏见。企业可以制定详细的评分标准和评估表格，列出每个价值观要素的具体表现指标，确保评估者在评估过程中有明确的依据。

（二）培训评估者和参与者

在开展评估之前，需要对评估方法和流程进行说明和培训，确保所有参与者对评估标准和要求有清晰的理解。这可以通过组织内部的培训课程、说明文档或会议来实现。培训内容包括评估标准的解读、评估工具的使用方法、评估流程的详细步骤等。同时，评估者需要被授权和培训，以确保他们能够有效地应用评估标准，并保持评估的一致性和公正性。通过培训，评估者能够更好地理解评估的目的和重要性，提高评估的专业性和准确性。

（三）多种评估工具和方法的综合使用

为了全面评估员工的表现，通常采用多种评估工具和方法。这些工具和方法相互补充，能够提供多角度、全面的评估信息。常见的评估工具和方法包括员工的绩效评估报告、全方位反馈结果、自我评估报告、案例分析、项目评估、培训记录，以及面试和讨论等。

（四）综合评估和反馈

在实际评估中，首先对员工的绩效进行审查和评估。评估者会查看员工在工作中的表现，考察其对组织价值观的贡献和体现程度。企业需要查阅员工的工作报告、业绩指标、工作成果等相关文件和数据，确保评估的客观性和准确性。通过收集来自员工的上级、同事、下属，以及其他利益相关者的意见和反馈，评估者可以获取更全面、客观地评估信息，了解员工在团队合作、沟通技能等方面的表现。同时，自我评估也是评估过程中的重要组成部分。员工通过自我评估来审视自己的表现，并提供自己在组织价值观相关方面的认识和反思。案例分析和项目评估可以帮助评估者了解员工在实际工作情境中的表现，通过分析员工在特定案例或项目中的角色、贡献和团队合作能力，评估者可以更深入地了解员工在实际工作中对组织价值观的应用程度。培训记录和参与情况也提供了关键信息，反映了员工对自我成长和组织文化的重视程度。面试和讨论也是评估过程中的重要环节。通过面对面的交流，评估者可以直接了解员工对组织价值观的理解和在实际工作中的应用情况。这种直接的沟通方式有助于捕捉员工的潜在潜力和发展方向，为最终的评估结果提供有力支持。

第六节 领导干部价值观民主评议

领导干部价值观民主评议是在面对社会变革、腐败问题、治理体系现代化的需求下，通过建立更加开放和多元的评价机制，促进领导者更好地履行职责，服务人民。这也是在中国特定的政治、文化和社会背景下对治理模式的创新尝试。

一、领导干部价值观民主评议概念

领导干部价值观民主评议是一种基于民主理念的评价体制，主要通过广泛收集、整合和反馈来自各方面的意见和评价，全面客观地评估领导干部的思想政治表现、工作作风、廉政风险、群众基础等方面的表现。领导干部价值观民主评议反映了对领导者责任与权力的双重平衡，以确保领导者在履行职责过程中能够真实地反映出服务对象的需求，以及对广泛社会期望的响应。

价值观民主评议的核心理念在于推动领导干部的决策与行为更贴近民意、更符合社会期许。这一评议机制的建立旨在减少信息不对称，打破信息壁垒，通过开放透明的方式，让领导者了解到更广泛的社会声音。评议过程中，来自不同领域、不同层面的评价都被充分纳入，包括群众、专业领域的代表、媒体等，以形成一个全面、多角度的评估体系。

领导干部价值观民主评议在于它有助于建立一个相对公正的领导干部评价机制，避免了过于集权的弊端。通过征求多元意见，评议可以更客观地发现领导者的优势与不足，从而提供更科学的评估依据。同时，价值观民主评议也有助于增强领导者的责任感和服务意识。

领导干部价值观民主评议要求领导者应该保持开放的心态，倾听各方面的声音，以更好地引导自己的工作。通过这样的评议机制，领导者能够更深入地了解社会的真实需求，及时调整决策和行为，确保自身的工作与社会的整体期望相一致。

领导干部价值观民主评议是一种通过广泛征集意见、全面评估领导者综合表现的制度。它倡导开放透明，推动领导者更好地履行职责，保持与社会的良性互动，以实现更贴近民意、服务社会的目标。领导干部价值观民主评议是对领导者的一种监督机制，更是对民主价值的积极践行，为建设更加和谐、公正、民主的社会体制提供了重要的参考。

二、领导干部价值观民主评议实施流程

领导干部价值观民主评议的设计中，确立法治基础是保障公正性和合法有效性的首要任务。明确评议的法律依据、程序和目的，不仅有助于确保整个评议过程的合法性和合规性，也为评议结果的合法性提供了坚实的法律支持。这种法治基础不仅是评议的基石，更是确保社会对评议过程公正性的信心之源。

在现代企业管理中，价值观民主评议成为一种重要的管理方式，它通过广泛征求员工的意见和建议，为领导干部的绩效评估提供了更为全面和客观的数据支持。中国煤炭科工集团，其领导团队一直以来致力于推动企业文化建设，强调价值观在企业中的重要性。为了进一步提升领导干部的综合素质

和价值观，企业决定进行一次价值观民主评议。中国煤炭科工集团成立了一个专门的评议委员会，该委员会由企业高级管理人员和员工代表组成。评议委员会制定了详细的评议流程，包括制定评价指标、征集员工意见、组织座谈会等环节。通过内部通知和在线平台，中国煤炭科工集团广泛征集员工对领导干部价值观的看法。员工可以匿名提出建议，也可以通过参与座谈会等形式直接表达意见。在座谈会中，员工们提出了对领导干部的期望和建议，围绕领导者是否关心员工、是否具备良好的团队合作能力、是否体现企业价值观等方面进行了深入的讨论。评议委员会收集了大量的员工反馈，并将其整理成综合报告。这些反馈包括正面的表扬和建议改进的意见，形成了对领导干部价值观的全面评价。

评议委员会将评价报告提交给各级领导干部，并组织了一次反馈会。在这个会议上，领导干部听取了员工的意见，并就反馈中提到的问题进行了积极回应。领导干部对于员工的反馈表示感激，并承诺将积极采纳一些建议，并在工作中作出相应的改进。同时，他们也分享了一些困惑和困难，希望员工能够理解并支持他们在复杂环境中的工作。通过价值观民主评议，中国煤炭科工集团不仅收集到了宝贵的员工意见，也增进了领导干部与员工之间的沟通和理解。可以看出，领导干部价值观民主评议一般包括以下几个流程：

（一）制定评价指标

为了确保领导干部价值观民主评议的科学性和客观性，首先需要制定明确的评价指标。这些指标应涵盖思想政治表现、工作作风、廉政风险、群众基础等多个方面。具体指标可以包括：思想政治表现、工作作风、廉政风险、群众基础等。为了确保评价指标的全面性和科学性，可以邀请专业机构、学术界专家参与指标的制定过程，确保评议既具备社会大众的声音，又具备专业性和科学性。这种多元参与机制有助于剖析问题的多个维度，使评议更全面、公正。

（二）征集员工意见

信息收集是评议过程中的关键一环，其科学性和客观性直接关系到评议结果的可信度。为了实现评议结果的代表性，必须建立多元参与的机制，广泛征集公众意见。具体步骤包括：问卷调查、座谈会、个别访谈。在信息收集过程中，需要对数据进行质量控制，防范操纵和失真的可能性。确保数据的真实性和全面性是评议科学性的基础。

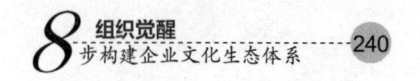

(三)组织座谈会

座谈会是评议过程中一个重要的环节,通过面对面的交流,可以更深入地了解各方的意见和建议。具体步骤包括:确定参会人员、制定议程、记录和整理、反馈和沟通。通过这些步骤,座谈会不仅能够提供丰富的意见和建议,还能增强评议过程的透明度和公正性。

第八章

CHAPTER 8

组 织 觉 醒 ： 8 步 构 建 企 业 文 化 生 态 体 系

核心价值观主题建设工程

企业核心价值观是企业最具价值的无形资产，并且在不断地创造新的价值。企业核心价值观是企业文化的"核动力"源，其能量渗透到企业的目标、战略、政策、日常管理及一切活动中，反映到每个部门、每个职工、每个产品上，也辐射到企业的外部。随着社会的发展，只有与时俱进，不断构建适应时代需要的新的企业核心价值观，才能使企业立于不败之地。

海尔集团能在短短的20多年时间内，从一个亏损147万元的小厂，一跃成为品牌价值数百亿元的世界知名企业，被美国《家电》杂志列入全球家电十强之一，凭的是什么，就是文化力。那么文化力的根源又在哪里呢？海尔CEO张瑞敏说："企业发展的灵魂是企业文化，而企业文化最核心的内容应该是核心价值观。"

第一节 核心价值观主题建设工程介绍

一、企业核心价值观主题建设工程的概念

企业核心价值观是指组织内在的信仰、原则和理念，它们指导着企业的行为、决策和文化。这些价值观可以在整个组织中传播，并作为员工行为的指导原则。核心价值观回答了"我是谁"的问题，是企业所具有的不可交易和不可模仿的独特文化元素，是一个企业解决自身发展中如何处理内外矛盾的一整套准则，表明了企业如何生存的主张和用以判断企业运行当中大是大非的根本原则，即企业提倡什么、反对什么、赞赏什么、批判什么。核心价值观既不能被混淆于特定经营实务，也不可以因为企业的财务收益和短期目标而改变。比如，当创新、服务和短期利益发生矛盾时，不同企业的行为选择就明显受到企业价值观的支配，利益导向的价值观会放弃服务质量的提升而维持既得的利益；而服务导向的价值观则会不惜代价提高服务质

量。这些做法看似是企业长远利益与短期利益的选择，其实背后都是价值观在起作用。

因此，可以做一个阐述，企业核心价值观主题建设工程是指一个特定的项目或计划，旨在构建、发展或强化企业核心价值观。企业核心价值观主题建设工程是指一个特定的项目或计划，旨在构建、发展或强化企业核心价值观。

二、企业核心价值观主题建设工程的内容

（一）定位和定义企业核心价值观

企业要明确本企业的核心价值观应该具有独特性和可区分性，能够体现企业的核心竞争力和文化特色，并将其与企业的使命、愿景和战略目标相结合。企业定位和定义核心价值观的过程是一个深入思考和讨论的过程，需要考虑企业的使命、愿景、价值观，以及与外部环境的契合度。

企业首先需要明确自己的使命和愿景，即企业为什么存在和将来要成为什么样的企业。一个电子产品制造企业的使命可能是提供高品质、创新的电子产品，愿景是成为全球领先的电子产品供应商。企业可以通过内部调研、员工访谈、问卷调查等方式，了解员工和利益相关者对企业的期望和价值观的看法，这有助于收集多元化的意见和建议，为核心价值观的定位提供参考。

企业需要了解地域文化和行业文化的特点，来有针对性地制定本企业的价值观。不同地区的文化和价值观存在差异。企业应该了解并尊重所处地域的文化背景、价值观念和社会习俗。通过与地域文化相契合的核心价值观，企业可以更好地融入当地市场，与顾客建立共鸣，并获得他们的认可和忠诚度。不同行业有其独特的文化和价值观。通过制定与行业文化相符合的核心价值观，企业可以在行业中建立自身的地位。

企业需要分析自身的核心竞争力和文化特色，即企业在市场上的独特优势和文化传承。一个注重创新和团队合作的企业可能将创新和合作作为核心价值观。企业可以确定一些关键词或短语来表达核心价值观。这些词语应该能够概括企业的核心信念、行为准则和文化价值观念。

企业核心价值观的主要内容包括：以人为本、用户至上、不断创新、竞争进取、质量兴企。它们之间互为条件、相辅相成，共同构成企业的核心价值观，成为企业文化的"核动力"源。世界知名大企业的发展历程，尽管它们的核心价值观表述不尽相同，但无不闪现出这五大核心价值观的光芒；而

某些企业巨星的陨落，主要原因也在于没有能坚守住价值观。

（二）员工广泛讨论核心价值观

企业可以通过内部调研、座谈会、员工培训等方式，广泛征求员工对核心价值观的意见和建议。通过广泛讨论核心价值观的过程，员工可以参与到企业文化的塑造中，感受到自己的意见和价值被重视。这有助于提高员工的参与感和认同感，增强他们对企业的忠诚度和投入度。在广泛讨论过程中，员工来自不同的背景和角度，拥有各自的价值观和经验。他们的参与和讨论可以带来多元化的意见和建议，丰富和完善企业的核心价值观。这有助于避免单一视角的局限性，使核心价值观更加全面和包容。

此外，员工广泛参与讨论核心价值观可以提前发现潜在的问题和障碍。他们可以提出关于核心价值观的疑问、担忧或建议，并与管理层进行深入的交流和沟通。从而确保核心价值观的可行性和可接受性，避免过于理想化或脱离实际的情况发生。通过广泛讨论，员工可以逐渐形成共同的文化认同和共享的价值观念。他们可以理解和接受企业所倡导的核心价值观，并在日常工作中加以践行。这有助于形成一种凝聚力强、团结一致的企业文化，为企业的发展和成功奠定基础。

2019年9月10日，阿里巴巴正式推出"新六脉神剑"的核心价值观（详见图8-1）。该价值观的修改从2018年8月正式启动，从基层员工、中层管理者

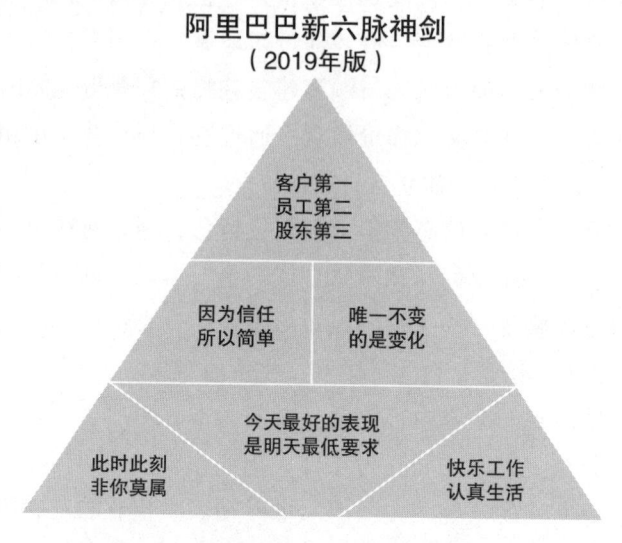

阿里巴巴新六脉神剑
（2019年版）

- 客户第一
- 员工第二
- 股东第三

- 因为信任所以简单
- 唯一不变的是变化

- 今天最好的表现是明天最低要求

- 此时此刻非你莫属
- 快乐工作认真生活

图8-1　阿里巴巴新六脉神剑企业文化图

到组织部,再到合伙人,上上下下,反复打磨,历时一年有余。"新六脉"出炉全过程不仅经过5轮合伙人专题会议,还有海内外9场沟通会,467名组织部成员激烈讨论,涵盖全球各事业群,不同司龄、岗位、层级、年龄的员工参与调研,给出近2000条建议反馈;从上到下,从下而上;历经400多个小时的专题讨论,前后修改20余稿,最终才成形。正是因为在员工内部进行了广泛讨论,所以其核心价值观得到了内部的广泛认可与拥护。

(三)传播和培育企业核心价值观

企业需要将核心价值观以简洁、明确的方式表达出来,并制定相应的宣言或口号。宣言应该能够概括企业的核心价值观,易于理解和传播。因此,企业需要开展内部培训和沟通活动,确保所有员工了解和理解企业的核心价值观。这可以通过培训课程、内部沟通、企业文化活动等方式来实现。

一是内部沟通和宣传。通过内部沟通渠道,如员工会议、内部新闻通讯、企业内部网站等,向员工传达企业的核心价值观。这可以包括分享企业的使命和愿景,讲述核心价值观的重要性和意义,并举例说明如何将其应用于日常工作中。

二是培训和教育活动。组织培训和教育活动,以帮助员工理解和内化企业的核心价值观。这可以包括举办培训课程、研讨会、工作坊等形式的活动,让员工学习如何应用核心价值观于实际工作中,并提供案例分析和互动讨论的机会。

三是引导和示范。领导层在塑造和传播企业核心价值观方面起到重要的示范作用。领导者应该以身作则,通过自己的行为和决策展示核心价值观的重要性,并与员工分享经验和故事。这种示范效应可以激励员工积极践行核心价值观。

四是奖励和认可机制。建立奖励和认可机制,以鼓励员工践行企业的核心价值观。这可以包括设立奖励计划,如员工表彰、奖金、晋升等,以表彰那些积极践行核心价值观的员工,并向其他员工展示榜样。

五是反馈和改进。建立反馈机制,鼓励员工提供对企业核心价值观的反馈和建议。这可以通过定期的员工满意度调查、开放式反馈渠道、员工参与讨论等方式实现。通过倾听员工的声音,企业可以不断改进和完善核心价值观的传播和培训方式。

六是故事和符号传播。利用故事和符号来传播企业的核心价值观。故事可以通过内部媒体、员工分享会等方式传达，讲述企业的历史、成功案例和核心价值观的实际应用。符号可以通过标志、口号、企业文化活动等方式体现，帮助员工记忆和理解核心价值观。

（四）整合核心价值观到业务实践

企业需要将核心价值观融入组织结构、人力资源管理、业务流程、产品设计等各个方面。通过与实际工作的结合，使核心价值观成为企业日常运营和决策的指导原则，将核心价值观整合到企业的业务决策、流程和实践中。

1. 将核心价值观融入组织结构

企业要想将核心价值观真正融入组织结构，需要从高层领导到基层员工全面贯彻。首先，高层领导应以身作则，通过自己的行为和决策展示核心价值观的重要性。CEO可以在企业会议上分享自己如何在决策中应用核心价值观的案例，强调这些价值观对企业长期成功的重要性。此外，企业应建立专门的价值观委员会，负责监督和推动核心价值观在企业中的落实。该委员会可以定期召开会议，讨论和解决价值观问题，确保每个部门和员工都明确知晓并践行这些价值观。在组织架构设计上，企业应明确各部门的核心价值观要求，客户服务部门应强调"客户第一"，技术研发部门应强调"创新"。通过这些措施，企业可以确保核心价值观成为组织结构的一部分，影响每个层级的决策和行为。

2. 将核心价值观融入人力资源管理

人力资源管理是企业文化和价值观传递的重要渠道。在招聘过程中，企业应不仅考察候选人的专业技能，还要评估其价值观是否与企业相匹配。可以通过行为面试、价值观问卷等方式进行评估，确保新员工在入职前就与企业价值观高度契合。新员工入职培训中，应包含核心价值观的培训内容，帮助新员工快速理解和内化企业的核心价值观。在绩效管理中，企业应将核心价值观作为重要的考核指标，绩效评估表中可以设置"价值观践行"这一项，占总评分的一定比例。此外，企业应设立价值观奖项，表彰在践行核心价值观方面表现突出的员工，通过物质和精神奖励，激励员工积极践行核心价值观。通过这些措施，企业可以确保核心价值观在人力资源管理的各个环节得到有效落实，成为员工行为的指导原则。

3. 将核心价值观融入业务流程

业务流程是企业日常运营的核心，将核心价值观融入业务流程可以确保企业在每个环节都遵循一致的价值观。企业应定期审查和优化业务流程，确保每个流程都符合核心价值观的要求。在客户服务流程中，企业应强调"客户第一"，确保每个员工在与客户互动时都能展现出高度的服务意识和专业素养。在供应链管理中，企业应强调"诚信"和"合作"，确保供应商和合作伙伴都遵循相同的道德标准。在项目管理中，企业应强调"创新"和"团队合作"，鼓励员工提出新的想法和方法，共同解决问题。通过这些措施，企业可以确保核心价值观成为业务流程的一部分，影响每个环节的决策和执行。此外，企业应建立反馈机制，鼓励员工提供对核心价值观的反馈和建议，通过定期的员工满意度调查、开放式反馈渠道、员工参与讨论等方式，倾听员工的声音，不断改进和完善业务流程。

4. 将核心价值观融入产品设计

产品设计是企业与客户直接接触的窗口，将核心价值观融入产品设计可以确保企业的产品不仅满足功能需求，还能传递企业的文化和价值观。在产品设计初期，企业应明确产品的核心价值观定位，如果企业的核心价值观是"创新"，产品设计应注重技术创新和用户体验的提升；如果企业的核心价值观是"环保"，产品设计应注重可持续性和环保材料的使用。在设计过程中，企业应鼓励跨部门合作，确保产品设计团队充分理解企业的核心价值观，并在设计中予以体现。可以通过定期的设计评审会议，邀请不同部门的代表参与，共同讨论如何在产品设计中融入核心价值观。此外，企业应建立产品测试和反馈机制，确保产品在上市前能够充分反映企业的核心价值观。通过这些措施，企业可以确保产品设计不仅满足市场需求，还能传递企业的文化和价值观，增强客户的认同感和忠诚度。最终，核心价值观将成为企业产品设计的内在驱动力，推动企业在激烈的市场竞争中脱颖而出。

（五）培育和践行社会主义核心价值观

企业需要通过培训、激励机制、文化建设等方式，促使员工认同和践行核心价值观。同时，企业的领导层也应该以身作则，成为核心价值观的榜样和引领者。

首先，企业需要明确并制定清晰的核心价值观。这些价值观应与企业的使命、愿景和战略目标相一致，并能够指导员工的行为和决策。明确的核心价值观不仅能够增强员工的归属感，还能为企业的长期发展提供方向。

在领导层面，领导层在培育和践行社会主义核心价值观方面起着重要的示范作用。领导者应以身作则，通过自己的行为和决策展示核心价值观的重要性，并与员工分享经验和故事。这种示范效应可以激励员工积极践行核心价值观，形成良好的企业文化氛围。

企业可以组织培训和教育活动，帮助员工理解和内化企业的核心价值观。培训课程、研讨会、工作坊等形式的活动可以帮助员工学习如何在实际工作中运用核心价值观，并提供案例分析和互动讨论的机会。通过这些活动，员工可以更深入地理解核心价值观的意义和实践方法。

企业应建立反馈机制，鼓励员工提供对核心价值观的反馈和建议。通过定期的员工满意度调查、开放式反馈渠道、员工参与讨论等方式，倾听员工的声音，企业可以不断改进和完善核心价值观的培育和践行方式。这种双向沟通有助于增强员工的参与感和认同感。

要持续地培育和践行社会主义核心价值观，企业需要定期评估员工对核心价值观的理解和应用情况。通过定期的培训和沟通活动，不断强化和提醒员工核心价值观的重要性。这种持续的努力和监测可以确保核心价值观深入人心，成为企业文化和员工行为的一部分。

第二节　客户价值观建设

客户价值观对于企业的成功至关重要，因为它们直接影响客户的忠诚度和口碑，进而影响企业的市场份额和盈利能力。因此，企业需要建立并维护良好的客户价值观，以赢得客户的信任和支持。

一、客户价值观概念

客户价值观指的是企业在提供产品或服务时所秉持的价值观，这些价值观与满足客户需求、客户满意度和忠诚度密切相关。这种价值观强调以客户为中心，注重客户的利益和需求，以及在与客户互动中的诚信、公正和尊重。企业的客户价值观通常包括对客户的承诺和关注，强调企业与客户之间的关系，以及提供超出期望的价值。

（一）客户至上

客户至上是一种以客户为中心的价值观和服务理念，它将客户的需求、满意度和忠诚度置于组织利益之上，始终以客户的需求为出发点，以客户的满意度为评价标准。企业实施客户至上战略时，应从客户角度出发，关注客户的需求，尊重客户的体验，提供高质量的产品和服务，创造客户价值，维护客户忠诚度。同时，企业应建立客户反馈机制，及时收集和分析客户反馈信息，不断改进产品和服务，以满足客户不断变化的需求。

（二）服务质量

服务质量包括两个方面，一个是预期服务质量，一个是感知服务质量。预期服务质量即顾客对服务企业所提供服务预期的满意度。感知服务质量则是顾客对服务企业提供的服务实际感知的水平。如果顾客对服务的感知水平符合或高于其预期水平，则顾客获得较高的满意度，从而认为企业具有较高的服务质量，反之，则会认为企业的服务质量较低。从这个角度看，服务质量是顾客的预期服务质量同其感知服务质量的比较。而如何评价企业的服务质量，一般认为有五个因素，分别是可靠性、响应性、保证性、移情性和有形性。

一是可靠性。可靠的服务行为是顾客所期望的，它意味着服务以相同的方式、无差错地准时完成。这就要求企业避免在服务过程中出现差错，从而帮助企业降低经济损失，维护企业的潜在顾客。

二是响应性。响应性是指帮助顾客并迅速有效提供服务的愿望。让顾客等待，特别是无原因的等待，会让顾客对服务质量感知造成不必要的消极影响。对于顾客的各种要求，企业能否给予及时地满足将表明企业的服务导向，即是否把顾客的利益放在第一位，反映了企业的服务质量。研究表明，顾客等候服务的时间是关系到顾客的感觉、顾客印象、服务企业形象以及顾客满意度的重要因素。所以，尽量缩短顾客等候时间，提高服务传递效率将大大提高企业的服务质量。

三是保证性。保证性是指员工所具有的知识、礼节，以及表达出自信和可信的能力。它能增强顾客对企业服务质量的信心和安全感。当顾客同一位友好、和善并且学识渊博的服务人员打交道时，他会认为自己找对了公司，从而获得信心和安全感。因此，企业在服务时，友好的态度和胜任的能力两者是缺一不可的。服务人员缺乏友善的态度会使顾客感到不快，而如果他们的专业知识懂得太少也会令顾客失望。

四是移情性。移情性是服务质量的一个关键组成部分，它强调服务提供者必须具备设身处地为顾客着想的能力，并给予顾客特别的关注。这种特性不仅仅是表面上的礼貌和友好，而是深入理解顾客的需求、期望和感受。首先，接近顾客的能力意味着服务人员能够主动与顾客建立联系，通过面对面交流或数字平台等方式，确保顾客感受到他们的存在和支持。其次，敏感性是指服务人员对顾客情绪和需求的敏锐感知能力，他们能够快速识别出顾客可能存在的困扰或不满，并及时作出反应。最后，有效地理解顾客需求则是指服务人员不仅能够听取顾客的直接表达，还能够通过细致观察和提问技巧挖掘潜在的问题，从而提供更加个性化和贴心的服务。

五是有形性。有形性作为服务质量的一部分，指的是那些可以被顾客直观感知到的服务元素，包括设施、设备、人员以及沟通材料的外观等。例如，干净整洁的服务场所、现代化的办公设备、专业形象良好的员工，以及精心设计的宣传资料，都能够给顾客留下深刻的印象，增强他们对服务质量的信任感。此外，有形性的评价还可以延伸到其他正在接受服务的顾客的行为上。当顾客看到周围的人得到了高质量的服务时，他们会不自觉地提高自己对该服务的整体满意度。因此，企业应当重视每一个细节，确保所有有形元素都达到高标准，以此来提升顾客体验并树立良好的企业形象。不断更新和完善这些有形资产，可以使企业在竞争激烈的市场中保持优势地位，吸引更多的新顾客，并留住老顾客。

（三）诚信经营

诚信是作为商业经营与管理的核心，它是企业赖以生存的土壤，能让企业打开市场，扩大经营份额。在企业的内部管理中，上层领导与下层领导，管理者与普通员工之间，同样是建立在相互信任的基础上，企业才能健康发展，反之如果缺乏互信，企业整体就会失去战斗力与凝聚力。

中国有句谚语，叫作"诚招天下客，誉从信中来。"加强企业诚信经营非常重要，企业要行稳致远，必须坚持依法诚信经营，牢记道德底线不可触碰、法律红线不可逾越，强化合规经营意识，提升诚信经营水平，通过提供优质的产品和服务来赢得消费者的信任。

（四）尊重隐私

各种移动应用的蓬勃发展为消费者带来了极大的便利，然而，与此同时，与网络产业紧密相连的个人隐私数据保护问题也日益突出。各类侵权手段层出不穷，愈加具有专业化、智能化的特点，侵权手段方式也越来越不易被察觉。若用户在某线上购物网站搜索一特定商品进行浏览，几分钟之后，在其他知名门户网站浏览新闻时，网页边栏的广告位就会出现刚才所搜索过的类似商品的推荐广告或促销信息。这么精准的广告投放，这么快速的网站关联，实在让人不得不担心，自己的需求是如何在这么短的时间内被收集，并被不同类型的网站迅速关联的，并且自己的个人资料到底被了解到了何种程度？被哪些网站或者部门或者个人所收集？将用于何用处？

　　隐私权是人的重要基本权益，隐私保护不仅关乎个人利益，而且关乎公共利益。正因为如此，我国《中华人民共和国网络安全法》确立了以"合法、正当、必要"为体，以"知情同意"为用的基本保护规则，这就是互联网企业个人信息收集利用行为的"底线"和"红线"。

　　数据控制者具有告知义务、合法获取义务、安全保障义务等核心义务。在收集数据前应尽量遵守"通知与同意"的原则，告知数据所有者收集数据的目的和用途。并且在获取数据后一定要采取积极的措施保护数据不受侵害。

　　我国目前还没有独立的隐私权保护法，只能透过间接的形式进行保护，因此应加强法律的完善，以免不法分子钻了漏洞。此外法律侵权惩戒应从补偿到惩罚。传统的隐私侵权之后的救济手段多为补偿性质，即按照后果的严重性来进行补偿惩戒力度较小。大数据时代数据的监督变得更困难，建议采用惩罚手段进行制约，规定侵权应付出的代价，将更有助于规范数据保护。

二、客户价值观建设十项因素

在进行客户价值观建设时，需要考虑以下十项因素。

（一）客户至上

客户至上是企业对客户关注和尊重的核心价值观。这一价值观强调提供卓越的客户服务，确保客户的需求得到满足。通过建立以客户为中心的企业文化，企业可以显著提高客户满意度和忠诚度，建立良好的口碑，增加客户口碑传播。中国知名企业"胖东来"，始终坚持"客户至上"的理念。在胖东来，仅是购物工具就准备了七种：手提购物篮、儿童购物车、双层购物车等，这七种购物工具分别为不同性别和年龄段的人群所准备，其中为老年群体准备的工具还配备了放大镜，购物工具旁还放置了使用标识说明适用年龄和容量，防止客人挑选错误。胖东来还专门为"社恐"人群准备了"购物免打扰"服务，只要在购物工具上挂上这种牌子就不会有任何导购员进行推销和搭话，让顾客自己精心挑选和选购。在胖东来的门口还有着免费的物品储物柜，可以让顾客存放从外面带来不方便购物时携带的物品，这其中甚至还有冷冻柜，用来放置顾客那些需要低温保存的商品。就连喜欢带着宠物逛街的客人也不必担心，因为胖东来还设置了宠物寄存处，甚至有人专门进行照顾和喂水喂食。在超市内部还有许多饮水机和微波炉，让口渴和饥饿的顾客喝上一口热水或者对食物进行加热，微波炉盘还有着详细的使用说明手册。超市中所有商品的周围都竖立着"解说牌"，上面有着包括商品的产地、口味、储存方式，甚至缺点和不足等在内的一切信息，比如提示游客西瓜未全熟。在结账时，收银员还会贴心地将水果的绿叶枝干全部去掉、海鲜水分控干，让顾客一点也不花冤枉钱，多少钱买多少货。在收银台附近还有着专门的称重秤，如果客人不放心可以自己称一称。

尽管"胖东来"超市的规模不及国际巨头，但胖东来的"客户至上"的经营理念却深深植根于中国消费者心中，成为行业内的一面旗帜。

（二）创新驱动

创新驱动是企业对产品、服务和解决方案不断创新的核心价值观。这一价值观强调对新思想和新技术的开放态度，以满足客户不断变化的需求。通过持续创新，企业可以提高品牌的竞争力，吸引创新型客户，促使业务不断进步和发展。苹果公司一直以创新著称，从iPhone到iPad，再到Apple Watch，苹果不断推出革命性的产品，引领行业潮流。苹果的创新不仅体现在硬件上，还体现在软件和服务上。App Store为用户提供了一个丰富的应用生态系统，极大地提升了用户体验。通过不断创新，苹果不仅巩固了其在市场上的领先地位，还吸引了大量追求创新的客户。创新驱动的价值观使企业能够迅速适应市场变化，保持竞争优势。

（三）质量承诺

质量承诺是企业对产品和服务质量的坚定承诺。这一价值观体现了对卓越品质和可靠性的追求，以建立客户信任，提高品牌声誉，减少客户投诉，提高客户满意度。丰田汽车一直以高质量和可靠性著称，其"丰田生产方式"（TPS）强调零缺陷和持续改进。丰田通过严格的生产和质量控制，确保每辆汽车的质量达到最高标准。这种对质量的承诺不仅赢得了客户的信任，还为丰田赢得了"全球最可靠的汽车品牌"这一美誉。在售后服务方面，丰田也提供了全面的支持，包括定期保养、故障维修等，确保客户在整个使用过程中都能享受到优质的服务。通过质量承诺，丰田不仅减少了客户投诉，还提高了客户满意度，建立了强大的品牌忠诚度。

（四）可持续发展

可持续发展是企业对环境和社会责任的承诺。这一价值观强调可持续性的经营理念，吸引越来越关注社会责任的客户。通过实施可持续发展战略，企业可以增强品牌形象，有助于长期可持续经营。宜家家居一直致力于可持续发展，从产品设计到生产，再到物流和销售，每个环节都注重环保和社会责任。宜家推出了"人民和地球正数"计划，目标是在2030年前实现碳达峰，使用100%可再生和回收材料。宜家还通过减少包装材料、优化物流等方式，降低环境影响。此外，宜家还积极参与社区公益项目，支持教育和环境保护。通过这些举措，宜家不仅吸引了大量关注环保和社会责任的客户，还提升了品牌形象，增强了客户忠诚度。可持续发展的价值观使企业能够在满足客户需求的同时，为社会和环境作出积极贡献，实现长期可持续发展。

（五）定制服务

定制服务是企业对客户个体需求的理解和满足的核心价值观。这一价值观强调提供个性化和定制化的服务，建立个性化的客户体验。通过深入了解每个客户的独特需求，企业可以提供更加精准和贴心的服务，提高客户体验，增加客户忠诚度，满足特定客户群体的需求。耐克通过"Nike By You"平台，允许客户根据自己的喜好和需求定制运动鞋的颜色、材质和图案。这种个性化的服务不仅满足了客户的个性化需求，还增强了客户的参与感和满意度。通过定制服务，耐克不仅提高了客户忠诚度，还吸引了更多追求个性化体验的年轻消费者。定制服务的价值观使企业能够在激烈的市场竞争中脱颖而出，赢得客户的青睐。

（六）合作伙伴关系

合作伙伴关系是企业与客户建立长期合作关系的核心价值观。这一价值观强调共同成长和互利共赢的理念，建立稳固的客户关系。通过与客户建立长期的合作伙伴关系，企业可以更好地了解客户的需求和期望，提供更加符合客户要求的产品和服务，从而促进业务的长期合作，提高客户保持率。IBM与许多大型企业建立了长期的合作关系，不仅提供技术支持和咨询服务，还与客户共同开发解决方案，实现双赢。通过这种合作伙伴关系，IBM不仅赢得了客户的信任，还巩固了其在行业中的领导地位。合作伙伴关系的价值观使企业能够在客户心目中树立可靠和值得信赖的形象，促进业务的持续增长。

（七）透明度和诚信

透明度和诚信是企业与客户建立诚实、开放沟通的核心价值观。这一价值观强调与客户建立可信度和忠诚度。通过透明的沟通和诚信的行为，企业可以获得客户的信任，增加客户对企业的信赖感，有助于建立良好的企业声誉。星巴克在其供应链管理中强调透明度，通过公开其咖啡豆的采购来源和生产过程，让消费者了解每一杯咖啡的来历。这种透明度不仅增加了消费者的信任，还提升了星巴克的品牌形象。此外，星巴克还通过定期发布社会责任报告，向公众展示其在环保和社会责任方面的努力。透明度和诚信的价值观使企业在客户心目中树立了可靠和值得信赖的形象，增强了客户的忠诚度。

（八）社群参与

社群参与是企业积极参与社区和行业活动的核心价值观。这一价值观强调建立强大的社群感和归属感，使客户感受到参与的价值。通过积极参与社区活动和行业交流，企业可以增加品牌的社会影响力，建立品牌认知度，吸引具有社会责任感的客户。可口可乐在全球范围内开展了多项社区参与项目，如"5by20"计划，旨在帮助500万女性创业者实现经济自立。通过这些项目，可口可乐不仅提升了品牌形象，还吸引了大量关注社会责任的消费者。社群参与的价值观使企业在客户心目中树立了积极的社会形象，增强了品牌的吸引力和影响力。

（九）价值共创

价值共创是企业与客户共同创造价值的核心价值观。这一价值观强调与客户合作，共同推动业务和创新。通过与客户共同参与产品和服务的开发过程，企业可以更好地了解客户的需求，提供更加符合市场需求的解决方案，从而提高客户参与感，增强客户黏性，激发客户与企业合作创新的积极性。小米通过其"米聊"平台，邀请用户参与产品设计和功能改进的讨论，收集用户的反馈和建议。这种价值共创的模式不仅提高了产品的市场竞争力，还增强了用户的参与感和忠诚度。价值共创的价值观使企业能够在客户心目中树立合作和创新的形象，促进业务的持续发展。

(十) 员工关怀

员工关怀是企业对员工的关爱和培养的核心价值观。这一价值观强调员工的重要性，传递一个关心员工的企业形象，使客户感受到人性化的一面。通过提高员工满意度和忠诚度，企业可以间接提高服务质量和客户体验。

三、客户价值观主题建设七步法

(一) 市场调研

市场调研是构建客户价值观主题的第一步。通过细致的调研，企业能够全面了解行业趋势、竞争对手的表现，以及客户的真实需求。某家快消品企业在进行市场调研时，发现消费者对环保产品的需求日益增长。通过问卷调查和焦点小组讨论，企业收集了大量客户反馈，了解到客户不仅关注产品的质量，还愈发重视产品的可持续性和环保性。这一信息促使企业在产品研发和品牌传播中，将环保作为核心价值观进行强调，从而更好地满足客户的期望和需求。因此，深入的市场调研不仅能够帮助企业识别机会，还能为后续建设提供坚实的基础。

(二) 明确定位和企业使命

在完成市场调研后，企业需要明确其定位和使命。这一过程涉及回答"我们为什么存在？"和"我们希望为客户创造什么价值？"的问题。以某知名科技公司为例，其使命是"用科技改善人类生活"，这一使命明确了公司存在的意义，并为其产品和服务的开发指明了方向。通过将客户的期望与企业的核心使命相结合，这家公司能够在产品设计、市场营销等各个方面保持一致性，确保客户在接触品牌时感受到企业的价值观与使命的共鸣。明确的定位和使命不仅增强了客户的品牌忠诚度，也为企业在激烈的市场竞争中指明了清晰的方向。

(三) 确定目标客户群体

成功建设需要明确目标客户群体。通过对客户特征、偏好和价值观的深入分析，企业能够更好地调整其主题以契合客户需求。一家专注于年轻消费者的时尚品牌，通过社交媒体分析和市场调查，发现其主要客户群体偏好个性化和独特的设计。于是，品牌在主题建设中强调"个性化时尚"，并通过与年轻设计师的合作推出限量版产品，吸引目标客户的关注。这种精准的客户定位不仅提升了品牌的市场竞争力，也增强了客户的参与感和归属感，使企业能够在市场中脱颖而出。

（四）挖掘企业独特优势

企业在进行主题建设时，需深入挖掘自身的独特优势。这些优势可以是产品的独特性、服务的专业性、文化的独特性或技术的创新性。一家专注于健康食品的公司，发现其产品采用的原材料均来自有机农场，且经过严格的质量检测。该企业决定将"健康与自然"作为其主题，通过讲述原材料来源的故事，传达其对客户健康的承诺。通过强调自身的独特优势，该企业不仅能够吸引健康意识强的客户，还能够在竞争中形成明显的差异化，增强品牌的认知度和美誉度。

（五）设计主题制定传播策略

在明确了核心价值观后，企业需要设计一个能够引起客户共鸣，并制定相应的传播策略。以某家旅游公司为例，其主题为"探索未知的美好"，旨在激发客户的探索欲望。为了有效传播这一主题，该企业通过社交媒体、线上广告和线下活动等多种渠道进行宣传，邀请客户分享他们的旅行故事，并设置主题活动吸引客户参与。通过多元化的传播策略，企业能够最大限度地覆盖目标客户群体，增强客户对品牌的认同感和参与感，从而推动销售和客户忠诚度的提升。

（六）整合渠道加强对外传播

确保企业内部员工理解并认同设计是成功传播的关键。以一家大型零售企业为例，该公司在推出新的品牌主题时，组织了内部培训和分享会，让员工了解品牌的核心价值观和主题内容。同时，企业还鼓励员工在与客户的互动中积极传递这一主题，增强对外传播的一致性。通过员工的参与和认同，该企业在客户中形成了良好的口碑，员工的积极态度也提升了客户的购物体验。这种内外一致的传播策略不仅增强了品牌形象，也为客户提供了更为连贯的品牌体验。

（七）评估和调整

主题建设是一个动态的过程，企业需要定期评估主题的有效性，并根据客户反馈进行调整。以某家汽车制造商为例，该企业在推出新车型时，主动邀请客户参与试驾活动，并收集他们的意见和建议。通过分析客户反馈，企业发现客户对某些功能的期望与实际体验之间存在差距。于是，企业迅速调整了产品设计，并在后续的市场推广中强调改进后的特点。定期的评估和调整不仅帮助企业保持主题的新鲜感和有效性，也增强了客户的参与感和满意度，使企业能够在快速变化的市场环境中保持竞争力。

第三节　创新价值观主题建设

企业进行创新价值观主题建设能够帮助企业在竞争激烈的市场中脱颖而出，通过明确创新价值观，企业不仅能够激发员工的创造力和积极性，还能吸引具有相似价值观的客户，从而增强品牌忠诚度。

一、创新价值观概念

企业创新价值观主题建设工程是一项漫长而战略性的计划，需要全员参与。在当前迅速变化的商业环境中，企业为了确保持续竞争优势，必须不断推动创新。创新价值观主题建设的核心目标不仅仅是将创新作为独立的战略方向，更是将其深度融入企业DNA的各个层面，使创新成为企业文化的核心价值。

创新价值观主题建设需要企业领导层坚定的承诺和卓越的领导力。高层领导必须在组织内外强调创新的重要性，将其视为企业战略发展不可或缺的关键因素。这种战略性定位是确保全员认同和支持创新价值观的首要步骤。

创新价值观主题建设还涉及对企业文化进行深刻的重塑。创新不仅仅关乎采用新技术或推出新产品，更是一种思维方式和行为模式。因此，企业需要建立一种鼓励探索、接受失败并从中学习的文化。企业需要改变传统的工作方式，鼓励员工提出新想法，提供创新资源和支持，以及创造一个容忍试错的环境。并且这项工程还需要通过培训和教育普及创新理念。员工培训可以包括创新方法、设计思维、团队协作，以及解决问题的技能。这有助于激发员工的创新潜力，使他们更愿意在工作中尝试新的方法和理念。在推动这一工程的过程中，企业还需要建立一套激励机制，以奖励和认可在创新方面作出贡献的员工。

创新价值观主题建设是一个不断进化的过程。随着时代的变迁和技术的进步，企业必须不断适应变化，调整和改进创新价值观。评估和监控工程的效果至关重要，只有通过不断反思和调整，企业才能确保创新价值观始终与时俱进，保持在不断变化的市场中的竞争优势。

二、创新价值观主题建设

（一）创意工作坊

企业可以通过举办创意工作坊来培养员工的创新思维和解决问题的能力。这种活动通常围绕一个具体的商业挑战或行业趋势展开，比如提高客户满意度的新方法或是开发新产品线。参与者被分成小组，每个小组在有限的时间内（如一天或半天）提出创新解决方案。企业可以邀请外部专家或内部资深员工作为导师，提供指导和支持。此外，工作坊结束时，可以组织一个简短的展示会，让各小组展示他们的想法，并由评委团进行评价。这种方式不仅促进了团队合作，还能够挖掘出潜在的创新点子，为企业带来实际利益。

（二）科技展览

科技展览是展示企业最新技术成果、激发员工和客户科技兴趣的有效方式。企业可以定期或不定期地举办这样的展览，展出企业内部研发的新产品、原型机或者概念设计。为了增加互动性和吸引力，可以设立专门的体验区，允许参观者亲自操作和测试展品，感受技术创新带来的便利和乐趣。同时，也可以安排现场讲解和技术演示，解答观众的疑问，进一步加深他们对技术的理解。通过这种方式，企业不仅能够展示自身的研发实力，还能增强品牌形象，吸引更多潜在客户和合作伙伴。

（三）创新论坛

举办创新论坛是企业加强内外部沟通、促进知识共享的重要手段之一。论坛可以邀请来自不同行业的知名企业家、科学家和技术专家作为嘉宾，围绕特定主题发表演讲，分享他们在创新道路上的成功经验和面临的挑战。除了主讲人的发言外，还可以设置互动环节，鼓励参会人员积极提问和交流，形成良好的对话氛围。企业内部的员工也有机会参与进来，与行业领袖面对面交流，开阔视野，激发灵感。通过这样的活动，企业能够构建起一个开放、包容的创新生态系统，为长远发展奠定坚实的基础。

（四）创意竞赛

创意竞赛是激励员工发挥创造力、促进团队协作的有效途径。企业可以根据自身的业务特点和市场需求，设计不同类型的比赛项目，如APP开发、产品设计、营销方案等，吸引不同背景和专业的员工参与。比赛过程中，可以设立多个阶段，从初选到决赛，逐步筛选出最优秀的作品。为了保证公平公正，企业应制定明确的评分标准，并邀请行业内外的专业人士组成评审团。最后，为获奖者颁发荣誉证书和物质奖励，以此表彰他们的努力和成就。此类活动不仅能发现和培养内部人才，还有助于营造积极向上的企业文化。

（五）创新训练营

创新训练营是一种集理论学习与实践操作于一体的综合性培训活动，旨在全面提升员工的创新能力。企业可以邀请行业内的顶尖专家和学者，就创新管理、设计思维、商业模式创新等主题进行授课。除了课堂讲授外，还应安排大量的实战演练，让学员们在模拟的真实场景中应用所学知识，解决实际问题。通过小组讨论、案例分析等形式，促进学员之间的交流与合作。训练营结束后，每位学员都需要提交一份完整的创新项目报告，作为考核依据。这种深度参与式的培训模式，有助于企业培养一批具备创新能力的核心人才，推动企业的持续发展。

（六）社区创新项目

企业参与社区创新项目，既是对社会责任的履行，也是探索可持续发展模式的机会。项目可以从改善当地环境、优化公共服务、支持小微企业等方面入手，鼓励员工利用业余时间参与到项目中来，贡献自己的智慧和力量。企业可以提供必要的资金支持和技术指导，帮助项目顺利实施。针对城市交通拥堵问题，企业可以联合政府部门和社会组织，发起"绿色出行倡议"，推广低碳交通工具；又如，在农村地区，可以协助建设小型水利工程，解决灌溉难题。通过这些实践活动，员工不仅能够获得成就感，还能增强团队凝聚力，同时提升企业在公众中的形象。

（七）创新故事分享会

创新故事分享会是一种非常有效的内部沟通形式，它通过讲述真实案例，激发员工的共鸣和灵感。企业可以定期组织此类活动，邀请那些在某一领域取得显著成绩的同事，或者是邀请外部的成功创业者，来到企业分享他们的创业历程、面对困难时的态度，以及最终克服障碍的方法。通过聆听这些生动的故事，员工可以更加深刻地理解创新的价值所在，学会如何在日常工作中运用创新思维。此外，这种形式的交流还有助于塑造正面的企业文化，鼓励更多人勇于尝试新事物，共同推动企业向前发展。

（八）创新书籍阅读俱乐部

成立创新书籍阅读俱乐部，有助于企业内部形成浓厚的学习氛围，促进知识的积累和传播。俱乐部可以定期推荐一些关于创新思维、企业管理、市场营销等方面的经典著作，鼓励员工自主阅读，并定期组织线下或线上讨论会，分享各自的读书心得。讨论会上，大家可以自由发言，互相启发，甚至可能碰撞出新的创意火花。此外，企业还可以邀请作者或相关领域的专家来进行专题讲座，解答读者的疑惑，提供更深层次的解读。通过这样的活动，企业不仅能够提升员工的专业素养，还能激发他们对创新的兴趣，为企业的创新发展注入源源不断的动力。

三、企业创新价值观建设的步骤

（一）明确企业愿景与目标

在构建创新价值观的过程中，首先需要明确的是企业愿景中创新的地位和重要性。企业应当将创新视为实现长远目标的关键驱动力，而不仅仅是一项短期任务。

（二）审视现行文化与价值观

企业需要对现有的文化和价值观进行全面评估，了解它们如何支持或阻碍创新。这一步骤可以通过问卷调查、一对一访谈或小组讨论等方式进行。宝洁公司在转型期间，通过广泛的员工调研发现了阻碍创新的主要因素，包括过度的官僚主义和风险规避态度。基于此，宝洁制定了多项措施，如简化审批流程、鼓励跨部门合作，从而有效提升了创新效率。通过这样的评估，企业可以识别出哪些方面需要改进，为后续的变革奠定基础。

（三）发起内部对话与参与

为了激发全体员工的创新热情，企业需要创建一个开放和支持性的环境，鼓励内部对话与参与。一种有效的方式是定期举办创新工作坊，邀请员工分享创意和建议。华为公司每年都会举办"创新日"活动，邀请全体员工提交创新提案，并为优秀提案提供资金支持。此外，企业还应建立有效的沟通与反馈机制，确保每个人的声音都能被听到。阿里巴巴设有"阿里云"内部社区，员工可以在平台上自由发表意见，与其他同事交流想法。这种开放的沟通渠道有助于收集多样化的观点，促进创新思维的碰撞。

（四）确定并传达新的价值观

在明确了创新的重要性后，企业需要确立一套基于创新的核心价值观，并将其与企业的使命和愿景对齐。这些价值观应当简洁明了，易于理解和记忆。腾讯公司的核心价值观之一就是"用户为本，科技向善"，强调在追求技术创新的同时，始终关注用户体验和社会责任。为了确保所有员工都能理解和接受新的价值观，企业需要通过多种渠道进行传达，如内部培训、企业文化手册、领导讲话等。此外，高层领导的示范作用也非常关键，他们应当通过实际行动展示对创新价值观的承诺，树立榜样。

（五）建立支持框架和制度

为了将创新价值观转化为实际行动，企业需要建立一系列支持框架和制度。首先是设计合理的奖励机制，激励员工积极参与创新活动。苹果公司设立了"苹果创新奖"，表彰在产品设计、技术研发等方面做出突出贡献的员工。其次是提供必要的资源和支持，包括资金、时间、工具等。小米公司实行"小团队作战"模式，每个项目组都有充分的自主权，可以快速响应市场变化。

（六）持续评估与改进

创新文化的建设是一个持续的过程，需要定期评估和改进。企业可以设计一套评估指标体系，如创新项目的成功率、员工参与度、新产品上市速度等，定期对创新文化进行健康检查。海尔集团每年都会进行一次全面的创新文化评估，通过数据分析和员工反馈，发现问题并及时调整策略。此外，企业还需要保持灵活性，根据市场变化和员工需求不断调整和完善创新机制。微软在转型过程中，通过不断优化组织结构和管理流程，从传统的软件巨头成功转变为云计算和人工智能领域的领导者。

（七）领导层的积极参与

领导层的积极参与和组织内部的广泛支持是成功建设创新价值观的关键。高层管理者不仅要在战略上给予创新足够的重视，还需要在日常工作中体现对创新的支持。阿里巴巴创始人马云经常亲自参与创新项目的讨论，鼓励员工大胆尝试新事物。同时，企业需要营造一个包容失败的文化氛围，让员工敢于冒险和挑战现状。

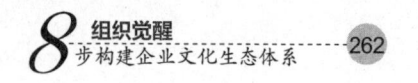

第四节　品质价值观主题建设

企业品质相关核心价值观主题建设作为企业发展的重要一环，通过清晰的愿景和价值观，企业能够在组织内部营造出一种积极向上、追求卓越品质的文化氛围。核心在于通过确立和强调品质核心价值观，引导和激励组织内的每个成员，在日常工作中都秉持对卓越品质的追求。

一、品质价值观概念

品质价值观是指企业在经营过程中对产品质量和服务质量的重视程度，以及这种重视如何体现在企业的文化、行为规范和决策过程中。品质价值观不仅是企业的一种内在信念，也是对外界承诺的一部分，它直接影响到企业的品牌形象、客户满意度和市场竞争力。

品质价值观需要将品质不仅仅视为产品或服务的一个特性，更是整个组织文化的灵魂和动力源泉。通过清晰的愿景和价值观的设定，企业向内部员工和外部利益相关者传递一个坚定的承诺，即品质是企业取得成功、赢得信任的基石。

小米的核心价值观不仅仅是价格的性价比，更是品质的性价比，强调了产品不仅要提供经济实惠的价格，还要具备高品质。小米在智能手机领域以提供高性价比的产品而著称。小米手机不仅价格相对亲民，而且在技术规格和用户体验方面也力求达到行业领先水平，这体现了小米对于性价比的坚持，包括经济实惠的价格和高品质的硬件与软件。

因此，在品质价值观建设过程中，领导扮演着关键的角色，他们需要成为品质文化的倡导者和榜样，通过自身行为影响整个团队。领导者的参与不仅仅是支持，更要体现在实际行动和决策中，让品质观念成为组织运营和战略决策的基石。

内部宣传和培训是推动品质文化深入人心的手段之一。只有通过有针对性地培训，员工能够更好地理解和贯彻企业所制定的品质标准和行为准则，才可以激发员工的自豪感和对品质的认同感，从而形成一种集体的品质意识。在对外沟通中，企业需要向市场传递一致的信息，展示其对品质的坚守和承诺。这有助于树立企业在消费者心目中的形象，提高品牌的知名度和信任度。

品质价值观建设并非一劳永逸的，而是一个持续改进的过程。企业只有不断优化品质管理体系，适应市场变化和客户需求的不断演变，将品质观念需要融入企业的血脉，成为组织DNA中的一部分，才能在竞争激烈的市场中保持领先地位。

二、品质价值观建设因素

（一）产品品质

强调对产品品质的承诺和追求。企业需要明确产品设计、生产和测试的标准，确保产品符合客户期望并具有持久的价值。高品质产品赋予企业良好的声誉和竞争优势，提高客户忠诚度和口碑传播，促进销售增长。同时也能减少售后服务问题和成本，提升品牌价值。

（二）技术创新

强调对技术创新的承诺，使企业能够在竞争激烈的市场中保持领先地位。这包括持续投资研发、关注新兴技术趋势，并确保产品和服务能够满足不断变化的客户需求。持续的技术创新有助于企业保持竞争优势，满足不断变化的市场需求，推动业务发展并吸引更多的客户。创新也可能带来新的商机和市场领导地位。

（三）客户体验

突出对客户体验的关注，包括提供卓越的售前和售后服务。企业应该致力于了解客户需求，积极回应客户反馈，并提供令人满意的购物和使用体验。优质的客户体验能提高客户满意度、忠诚度和口碑，带来重复购买和推荐，为企业赢得更多市场份额。

（四）质量管理体系

建立和维护有效的质量管理体系，确保产品和服务在整个生命周期中保持一致的高质量水平。这包括从供应链管理到生产流程的全面控制。健全的质量管理体系有助于提高产品和服务的一致性和稳定性，减少错误和浪费，提高效率和生产力。

（五）社会责任

将品质与社会责任联系起来，强调企业对环境、社区和社会的承诺。这包括可持续发展、环保倡议，以及对员工和供应商的公正对待。体现企业社会责任的行为可以增强企业声誉，获得社会认可，提高客户忠诚度，并吸引更多有责任感的消费者。

（六）透明度和诚信

强调透明度和诚信的原则，在客户和利益相关方之间建立信任。企业应该真实地传达产品特性、质量承诺和服务水平。构建诚信和透明的企业形象有助于赢得客户信任，降低交易摩擦成本，提高品牌忠诚度。

这些方向共同构成了一个综合的企业品质价值观建设。不同企业可能会根据其行业、市场定位和核心价值选择不同的侧重点。成功的价值观建设需要在组织的各个层面得到贯彻执行，确保价值观不仅仅停留在口号上，而是真正融入企业的文化和运营中。

三、企业品质价值观建设步骤

（一）识别关键价值观

确定品质核心价值观是构建企业品质文化的首要步骤。这些价值观应涵盖产品质量、客户体验、持续改进和创新等方面，并与企业的使命和愿景保持一致。丰田公司的核心价值观之一是"品质第一"，这与企业的使命——"为社会提供最好的汽车"——完美契合。通过明确这些价值观，企业可以为员工提供明确的指引，确保每个人都在同一目标下工作。苹果公司强调"设计卓越"和"用户体验至上"，这些价值观贯穿于产品设计、生产和销售的各个环节，确保了苹果产品的高质量和市场竞争力。通过识别和明确这些关键价值观，企业能够为品质文化的建设奠定坚实的基础。

（二）建立文化和领导力支持

领导层在推动品质价值观的实施中起着至关重要的作用。他们需要成为价值观的倡导者和实践者，通过自己的言行展示对品质的坚定支持。通用电气（GE）的前CEO杰克·韦尔奇以其对品质的高度重视而闻名，他经常亲自参与质量改进项目，并通过激励和奖励机制来推动员工的积极性。领导层的支持不仅体现在口头承诺上，更需要通过实际行动来落实。华为公司设立了"质量月"活动，高管们亲自参与质量检查和改进项目，展示了企业对品质的坚定承诺。通过领导层的示范作用，企业能够营造出一种积极向上的品质文化，鼓励员工积极参与品质提升活动。

(三)设定可度量的目标和指标

为了确保品质价值观的有效实施,企业需要设定具体、可度量的目标和指标。这些目标应与企业的战略目标对齐,以便评估实施效果。宝马公司设定了"零缺陷"的生产目标,通过严格的检测和质量控制,确保每一辆出厂的汽车都符合最高标准。具体的目标和指标不仅可以帮助员工明确工作方向,还可以通过定期的绩效评估来监测进展情况。亚马逊公司通过设定"客户满意度指数"和"订单准确率"等指标,不断优化其物流和客服系统,确保客户获得最佳的购物体验。通过设定和跟踪这些目标,企业能够持续改进品质管理,提升整体业务表现。

(四)整合到业务流程中

将品质价值观融入企业的各个业务流程和决策中,是确保品质文化落地生根的关键。从产品设计、生产制造到销售和售后服务,每一个环节都需要体现对品质的重视。丰田公司通过实施"丰田生产方式"(TPS),在生产过程中严格执行质量控制标准,确保每一个零部件都达到最高标准。在产品设计阶段,企业可以通过用户研究和市场调研,确保产品满足客户的需求和期望。小米公司在产品设计阶段广泛征求用户意见,通过"米粉"社区收集反馈,不断优化产品功能和设计。通过将品质价值观贯穿于整个价值链中,企业能够确保每一个环节都符合高标准,从而提升整体业务水平。

(五)激励和奖励体系

建立激励措施和奖励体系,是鼓励员工积极践行品质价值观的重要手段。企业可以通过奖金、认可、晋升机会等多种方式,表彰在品质提升方面做出突出贡献的员工。海尔集团设立了"品质之星"奖项,每年评选出在质量改进方面表现突出的员工,给予丰厚的奖金和职业发展机会。此外,企业还可以通过定期的培训和辅导,提升员工的品质意识和技能。三星公司为员工提供系统的质量管理和创新培训,帮助他们在工作中更好地践行品质价值观。通过这些激励和奖励措施,企业能够激发员工的积极性和创造力,推动品质文化的持续发展。

(六)持续改进和反馈机制

建立持续改进和反馈机制,是确保品质价值观有效实施的重要保障。企业需要通过多种渠道收集客户反馈、员工建议和数据分析,不断优化品质管理流程。星巴克公司通过"我的星巴克想法"平台,鼓励顾客提交改进意见，公司定期评估这些建议并实施。此外，企业还可以通过内部审计和第三方评估，确保品质管理的有效性。

（七）传播与沟通

通过内部和外部沟通渠道，不断强调企业对品质价值观的承诺和成果，是提升企业形象和品牌价值的重要手段。内部沟通可以通过培训、会议、内部通讯等多种途径实现，确保每一位员工都了解并认同企业的品质价值观。IBM公司定期举办"品质大会"，邀请全体员工参与，分享品质管理的最佳实践和成功案例。外部沟通则可以通过品牌宣传、营销活动、社交媒体等渠道展现。宜家家居在其官方网站和社交媒体平台上，详细介绍了其在可持续生产和环保包装方面的努力，赢得了消费者的广泛认可。通过有效的传播和沟通，企业能够增强内外部的信任和支持，为品质文化的建设创造良好的环境。

第五节　诚信价值观主题建设

在竞争激烈的商业环境中，企业诚信价值观已经成为企业成功不可或缺的基石。诚信不仅是企业经营的道德准则，更是建立稳固关系和塑造卓越声誉的关键因素。加强诚信价值观建设，企业可以树立良好的社会形象和品牌声誉，赢得广大消费者的信任和忠诚，从而促进销售增长和市场份额的提升。随着社会对企业社会责任的关注不断增加，诚信已经超越了简单的商业道德，演变成了企业社会责任的重要组成部分。

一、诚信价值观概念

企业诚信，作为一个重要的商业价值观，是指企业在商业活动中遵守规则，履行承诺，诚实守信的品行和态度。一个诚信的企业注重维护客户利益，遵循道德和法律准则，建立良好的商业信誉，以实现长期的可持续发展。

企业诚信价值观是指企业在经营过程中所遵循的诚信原则和行为规范，是企业文化和价值观的重要组成部分。企业诚信价值观体现在与客户、员工、供应商和合作伙伴，以及社会的关系中。企业通过诚实沟通和透明定价，提供高质量的产品和服务，确保客户满意，并提供及时有效的售后服务，赢得客户的信任和忠诚。在员工关系方面，企业提供公平的薪酬和福利，管理决策透明，尊重员工的合法权益，维护良好的劳动关系。在与供应商和合作伙伴的交往中，企业建立公平、互惠的关系，采购过程透明，按时支付货款，维护良好的商业信誉。此外，企业还积极履行社会责任，采取环保措施，参与社会公益事业，遵守法律法规，合法经营。通过这些行为，企业不仅能够树立良好的社会形象和品牌声誉，还能降低交易成本和风险，提高员工士气和凝聚力，实现可持续发展。企业诚信价值观的建设是企业成功的关键，能够为企业带来长期的竞争优势。

二、诚信价值观建设的因素

（一）透明度与公正

企业诚信价值观首先体现在商业活动的透明度和公正性上。透明度要求企业在财务报告、决策过程、产品定价等方面保持公开透明，确保所有利益相关方都能获取真实、准确的信息。上市公司通过定期发布详细的财务报告，让股东和投资者了解企业的财务状况。公正性则要求企业在对待员工、客户、合作伙伴和竞争对手时保持一致性和公正性。这不仅有助于提高企业的信誉度，还能增强员工和客户对企业的信任。透明和公正地运作有助于减少负面舆论和法律风险，为企业的长期发展奠定坚实基础。

（二）社会责任

企业诚信价值观还包括对社会和环境的积极贡献。企业应将社会责任纳入其发展战略，通过在可持续发展、环保、慈善事业等方面的承诺和实际行动，展示其对社会和环境的关心。宜家家居在全球范围内推行可持续生产和环保包装，减少对环境的影响。强调企业对社会和环境的积极贡献，有助于形成正面的企业形象，增强消费者的信任和支持。

（三）客户关系

客户关系是企业诚信价值观的核心之一。企业应强调提供优质产品和服务、真实守信的原则，建立客户信任。在处理客户关系时，企业应秉持公平、公正和透明的原则，确保客户能够获得真实、可靠的信息。苹果公司通过透明的沟通和高质量的产品，赢得了全球消费者的信任。提供真实守信的产品和服务，建立客户信任，有助于提升客户满意度，促使客户忠诚度增加，从而为企业带来长期的商业利益。

（四）合作伙伴关系

在与供应商、合作伙伴的互动中，企业应强调诚实守信，建立基于互信和共赢的合作伙伴关系。这不仅有助于推动业务发展，还能减少不必要的摩擦和纠纷。华为公司通过建立透明的供应链管理和公平的合作机制，与全球众多供应商建立了长期稳定的合作关系。基于互信和共赢的合作伙伴关系，合作伙伴更倾向于与诚实守信的企业建立长期稳定的伙伴关系，共同推动业务发展，实现互利共赢。

（五）法律合规

企业诚信价值观要求企业在商业运作中遵守法律法规，以合法合规的方式经营。企业应建立健全的合规制度和内部控制体系，防范潜在的法律风险。阿里巴巴通过建立严格的合规审查机制，确保其平台上的交易活动合法合规。保证企业在合法合规的框架内运营，可以减少法律风险，维护企业声誉和稳定经营。遵守法律规定有助于企业树立良好的社会形象，增强客户的信任和合作伙伴的信心。

（六）廉洁文化

企业诚信价值观还包括建立反腐倡廉机制，确保组织内部的清廉文化。这包括设立举报渠道、培养员工拒腐防变的意识等。中兴通讯通过建立完善的举报和调查机制，鼓励员工举报不法行为，有效防止了腐败现象的发生。建立清廉文化，减少腐败风险，有助于提高组织的整体道德水平。员工参与反腐倡廉，有助于构建诚信企业形象，增强企业的内部凝聚力和外部竞争力。

（七）员工关系

企业诚信价值观还体现在与员工的关系中。企业应提供公平的薪酬和福利，管理决策透明，尊重员工的合法权益，维护良好的劳动关系。尊重员工的权益，维护良好的劳动关系，有助于提高员工的工作积极性和忠诚度，促进企业的持续发展。通过建立诚信的员工关系，企业能够营造一个积极向上的工作环境，提升员工的归属感和满意度。

三、企业诚信价值观建设的步骤

（一）审视现状和识别核心价值观

团队主题价值观建设的第一步是审视现状并识别核心价值观。这可以通过多种方式实现，如开展员工调查、客户访谈和合作伙伴座谈会，收集各方的意见和建议。通过这些活动，企业可以全面了解现状，识别出哪些价值观已经深入人心，哪些需要进一步强化。

（二）确立明确的目标和愿景

在明确现状的基础上，企业需要设定明确的目标和愿景，以指导价值观建设的实施。这些目标可以是提高透明度、增强社会责任感或树立良好的企业声誉。例如，一家制药公司可以设定目标，确保所有临床试验数据完全透明，增强公众对企业的信任。制定长期愿景时，企业应确保这些目标与企业的整体战略相一致。

（三）制定行动计划和策略

制定具体的行动计划和策略是确保价值观得到贯彻执行的关键。企业需要设计一系列措施，包括培训、沟通和激励机制。例如，企业可以组织定期的诚信培训课程，增强员工的诚信意识；通过内部通信和会议，加强诚信价值观的传播；设立奖励机制，表彰在诚信方面表现突出的员工。这些措施应与企业的运营目标和实际行为相一致，确保价值观能够在日常工作中得到有效落实。

（四）内部文化营造

建立内部文化，将诚信和透明度融入企业的日常运营中，是价值观建设的重要环节。企业可以通过多种方式实现这一点，如奖励诚信行为、培训诚信意识和建立有效的内部沟通机制。例如，企业可以设立"诚信行为奖"，表彰那些在工作中表现出高度诚信的员工；定期举办诚信主题的培训和研讨会，提升员工的诚信意识；建立内部沟通平台，鼓励员工分享诚信实践的经验和建议。通过这些措施，企业可以营造一个积极向上的工作环境，促进诚信文化的形成和发展。

（五）外部沟通和品牌建设

向外部传达企业的诚信和价值观，是提升企业形象和市场竞争力的重要手段。企业可以通过品牌宣传、社交媒体、公共关系和市场营销等渠道，传递其诚信形象。例如，某食品企业在其官方网站和社交媒体平台上，详细介绍了其在食品安全和透明度方面的努力，赢得了消费者的信任。企业还可以通过参与公益活动和社区服务，展示其对社会责任的承诺。通过这些外部沟通活动，企业可以增强公众对其诚信价值观的认知，提升品牌的美誉度和影响力。

（六）持续评估和改进

建立评估机制，定期检查企业文化和运营实践是否符合诚信价值观，是确保价值观持续贯彻的关键。企业可以通过定期的内部审计、员工满意度调查和客户反馈，评估价值观建设的成效。根据评估结果，企业应及时调整和改进方案，确保价值观在实践中得到有效落实。

第六节　团队价值观主题建设

华为的创始人任正非一直强调团队合作对于企业成功的重要性。华为核心价值观之一是"团队合作"，强调员工之间的协同工作和共同努力，以实现企业的战略目标。华为往往通过在招聘、培训和领导力发展方面的投资来培养员工的团队合作精神。企业内部还建立了一系列的团队合作机制和沟通渠道，以促进不同团队之间的信息共享和协同工作。

企业团队价值观不仅是一个道德和行为的指南，更是一个组织文化和团队协同的基础。通过价值观的引导，团队能够更好地应对挑战，实现共同的目标，同时在竞争激烈的商业环境中取得成功。

一、团队价值观概念

团队是由员工和管理层组成的一个共同体，有共同理想目标，愿意共同承担责任，共享荣辱，在团队发展过程中，经过长期的学习、磨合、调整和创新，形成主动、高效、合作且有创意的团体，解决问题，达到共同的目标。

团队具有目标导向、激励、凝聚、控制等功能。团队精神的培养，可以让企业员工的心力凝聚起来，拧成一股绳。团队还可以激励员工，向最优秀的员工看齐，这种激励，不仅仅是物质上的，还是一种团队的认可。每一个团队都需要培养群体意识，只有员工在长期的实践中形成共同的习惯、信仰、动机、兴趣，引导人们产生共同的使命感、归属感和认同感。反过来，这种观念的力量和良好的氛围，又可以去影响、约束规范，控制职工的个体行为，帮助员工实现在该氛围内的自我约束与自我提升。

因此，加强企业团队价值观建设非常重要。企业团队价值观是组织内共同认可的行为规范和信仰，是企业在经营管理过程中所秉持的一系列核心信念和行为准则，这些价值观反映了企业对员工、客户、合作伙伴及社会的基本态度和期望。企业团队价值观不仅是一套抽象的理念，更是指导员工行为的具体规范，影响着团队的凝聚力和执行力。

谷歌的核心价值观之一是"用户至上"，这要求员工在决策和行动中始终将用户体验放在首位。通过明确和践行这些价值观，企业能够建立统一的文化氛围，提升团队成员的归属感和责任感。同时，这些价值观也有助于企业在市场竞争中树立良好的品牌形象，赢得客户的信任和支持。团队价值观像一面明亮的旗帜，引导着团队在复杂多变的商业环境中前行。团队价值观不仅是组织的灵魂，更是塑造团队文化和协同工作的框架。

二、团队价值观建设的十大因素

（一）参与式设计

企业进行团队价值观建设时，鼓励广泛的团队参与是非常重要的。这包括各个层级和职能的员工。通过工作坊、团队会议或在线平台，企业可以收集员工对于企业价值观的看法和建议。这种参与式设计不仅能够确保价值观的广泛认同，还能提高员工的参与感和归属感。

（二）企业历史和文化考量

在设计团队价值观时，企业需要考虑企业的历史和文化传统，确保新的团队价值观与之保持一致。这可以通过回顾企业创立初衷、里程碑事件等元素来实现。例如，某百年老店在制定新的团队价值观时，特别强调了"传承与创新"的理念，既保留了企业的历史底蕴，又注入了现代发展的活力。通过这种方式，企业能够确保新的价值观不仅符合现代管理的要求，还能与企业的文化传统相融合，增强员工的认同感和自豪感。

（三）关注共识点

在团队价值观建设过程中，找出员工之间的共同价值观是至关重要的。这有助于确保大多数人能够认同和奉行这些价值观。企业可以通过问卷调查、小组讨论等方式，了解员工在价值观上的共识点。例如，某跨国企业在全球范围内进行了价值观调查，发现"尊重多元文化"和"团队合作"是员工普遍认同的两个核心价值观。通过聚焦这些共识点，企业可以制定出更具普适性的团队价值观，确保它们能够在不同地区和文化背景下得到广泛认同和实践。

（四）突出核心信息

团队价值观的设计应聚焦在关键信息上，确保它们能够简洁、清晰地表达企业期望的核心价值，避免过于复杂或抽象的表述，以免员工难以理解和执行。例如，某医疗保健企业将其核心价值观总结为"关爱、专业、诚信、创新"，每个词都简洁明了，易于记忆。通过这种方式，企业能够确保价值观在员工心中留下深刻印象，成为指导日常工作的行为准则。简洁明了的价值观更容易被员工接受和践行，从而提高其在团队中的实际效果。

（五）与企业战略一致

确保团队价值观与企业的战略目标相一致，是价值观建设的重要原则。价值观应该是支持企业长期愿景和业务发展的关键要素。例如，某金融科技公司制定了"以客户为中心、创新驱动、安全可靠"的团队价值观，这些价值观与其战略目标——成为领先的金融科技解决方案提供商——高度契合。通过将价值观与战略目标相结合，企业能够确保员工在日常工作中始终朝着同一个方向努力，提高团队的凝聚力和执行力。这种一致性还有助于企业在市场竞争中保持优势，实现可持续发展。

（六）具体而具有启发性

设计团队价值观时，不仅要确保它们具体可行，还要具有启发性，能够激发员工的行动。具体的价值观可以让员工在实际工作中更容易理解和执行，而具有启发性的价值观则能够激发员工的创造力和积极性。例如，某零售企业将其核心价值观之一定义为"客户至上"，并具体表述为"始终以客户的需求为导向，提供超越期望的服务"。这种具体而具有启发性的表述，不仅让员工明白如何在工作中践行这一价值观，还能激发他们不断创新，提升客户体验。通过这种方式，企业能够确保价值观在实际工作中得到有效落实，提升团队的整体表现。

（七）故事叙述

采用故事叙述的方式，讲述与主题相关的真实故事和案例，是增强员工对团队价值观情感共鸣的有效方法。通过具体的例子，员工可以更好地理解和内化这些价值观。例如，某制造企业在培训中分享了一位普通员工通过发现生产线上的一个小问题，避免了重大事故的真实故事，强调了"安全第一"的价值观。这种故事不仅能够引起员工的共鸣，还能激发他们在工作中更加注重安全。通过故事叙述，企业能够将抽象的价值观具象化，使其在员工心中生根发芽，成为指导行为的准则。

（八）图形和视觉元素

引入图形、符号或标志，以视觉化地表达团队价值观，是提高主题记忆度和识别度的有效手段。视觉元素能够帮助员工更好地记住和理解价值观，增强其在团队中的影响力。例如，某互联网企业设计了一套包含核心价值观的图标，每个图标都代表一个价值观，如"创新"用闪电符号表示，"合作"用握手符号表示。这些图标不仅在企业内部广泛使用，还被印制在办公用品、海报和员工手册上，成为企业文化的一部分。通过视觉化表达，企业能够使价值观更加生动和具体，提高员工的认同感和参与感。

（九）定期反馈和修订

在团队价值观设计完成后，企业需要定期收集员工的反馈，看是否需要进行调整和修订。员工的参与感和认同感对于价值观的成功实施至关重要。企业可以通过定期的调查、座谈会或在线平台，了解员工对价值观的看法和建议。例如，某咨询公司每半年进行一次价值观评估，收集员工的反馈，并根据反馈进行必要的调整。通过这种方式，企业能够确保价值观始终保持与时俱进，符合员工的实际需求和期望。定期反馈和修订还有助于增强员工的主人翁意识，使他们更加积极地参与价值观的建设和实践。

（十）整合到培训和发展计划中

将团队价值观整合到新员工培训和现有员工发展计划中，是确保员工了解、理解并实践这些价值观的关键步骤。企业可以通过新员工入职培训、定期的团队建设活动和持续的职业发展计划，将价值观贯穿于员工的整个职业生涯。例如，某金融公司在新员工培训中专门设置了价值观模块，通过案例分析、角色扮演等方式，帮助新员工深刻理解公司的核心价值观。同时，公司还定期组织价值观相关的培训和研讨会，帮助现有员工不断提升对价值观的认识和实践能力。通过这种方式，企业能够确保价值观在员工中得到广泛传播和深入实践，成为推动企业发展的强大动力。

三、企业团队价值观建设的六步法

（一）明确团队价值观建设的目标和愿景

企业需要明确团队文化的目标，例如建立积极向上的工作氛围、提高团队凝聚力、促进团队成员之间的沟通和合作等。这些目标需要与团队成员共同讨论和确定，确保每个人都理解和认同。共同愿景是解决团队是什么、要成为什么的基本问题。共同愿景能够激发出强大的力量，使团队成员对团队目标保持一致，提升团队士气。例如，某科技公司在成立初期，通过多次团队会议和工作坊，与员工共同制定了"创新引领未来，团队共创辉煌"的愿景。这一愿景不仅明确了公司的方向，还激发了员工的激情和创造力，使大家在日常工作中更有动力和方向感。

（二）制定团队价值观建设计划

企业需要分析团队现状，了解团队成员的工作习惯、沟通方式、团队氛围等情况。这可以通过问卷调查、一对一访谈和团队会议等方式实现。在此基础上，设计团队文化建设活动，如团队建设活动、团队文化培训、设立团队文化激励机制等，并制定团队文化建设时间表和预算。例如，某金融公司在进行团队文化建设计划时，首先通过问卷调查了解员工对当前团队文化的看法，然后制定详细的建设计划，包括每月一次的团队建设活动、每季度一次的文化培训和年终的团队奖励制度。通过这些具体的活动和措施，企业能够逐步改善团队氛围，提升团队凝聚力和工作效率。

（三）选好优秀的团队领导

团队的领导在价值观建设中起着至关重要的作用。优秀的领导人需要具备优秀的表达能力、善于倾听他人、卓越的组织能力和果断的决策能力。领导人的素质对团队的长期发展有着决定性的影响。例如，某跨国公司在选拔团队领导时，不仅看重候选人的专业能力，还特别考察其领导风格和团队管理能力。公司通过多轮面试和情景模拟，最终选出了一位具有高度责任感和亲和力的领导者。这位领导人在上任后，通过定期的团队会议和一对一辅导，迅速赢得了团队成员的信任和支持，推动了团队文化的建设和发展。

（四）组织团队价值观建设活动

企业需要定期组织团队建设活动，如团队旅行、团队座谈会等，增进团队成员之间的情感交流和团队凝聚力。这些活动不仅能够缓解工作压力，还能增强团队成员之间的信任和合作。例如，某互联网公司每年都会组织一次团队旅行，通过户外拓展和团队游戏，让员工在轻松愉快的氛围中加深彼此的了解和信任。此外，企业还可以进行团队文化培训，包括领导力培训、团队合作培训、沟通技巧培训等。例如，某制造公司定期邀请外部专家进行团队合作培训，帮助员工提升沟通和协作能力。设立团队文化激励机制，如表彰优秀团队成员、设立团队奖励制度等，也是增强团队凝聚力的有效手段。例如，某零售公司设立了"月度最佳团队奖"和"年度最佳员工奖"，通过表彰和奖励，激发员工的积极性和创造力。

（五）进行团队价值观建设评估

企业需要定期跟进团队文化建设计划的执行情况，及时调整和改进。这可以通过员工满意度调查、团队氛围调查等方式实现。例如，某科技公司每季度进行一次员工满意度调查，了解员工对团队文化的看法和建议，并根据反馈进行相应的调整和完善。通过这些调查，企业可以及时发现和解决团队文化建设中的问题，确保各项措施得到有效落实。此外，企业还可以通过定期的团队会议和管理层评审，评估团队文化建设的进展和效果。例如，某金融公司每半年召开一次团队文化建设评审会，总结过去一段时间的工作成果，讨论下一步的改进措施。通过持续的跟进和评估，企业可以确保团队文化建设始终符合实际需求，不断提升团队的凝聚力和战斗力。

（六）建立有效的沟通渠道

建立畅通的内部沟通渠道是确保团队文化建设顺利进行的重要保障。企业需要通过多种方式，确保员工能够及时获取信息、表达意见和反馈建议。例如，某科技公司通过内部社交平台、定期的员工大会和意见箱等多种渠道，收集员工的反馈和建议。这些沟通渠道不仅能够增强员工的参与感和归属感，还能帮助企业及时了解和解决员工的实际问题。此外，企业还可以通过定期的团队会议和工作坊，促进团队成员之间的沟通和协作。例如，某制造公司每周举行一次团队会议，讨论工作进展和团队文化建设的情况，通过这种定期的沟通机制，企业能够及时发现和解决团队中的问题，提升团队的整体表现。通过建立有效的沟通渠道，企业可以确保团队文化建设的各项措施得到有效落实，促进团队的持续发展和进步。

参考文献

[1] 程淑华.小微企业文化建设研究[M].杭州：浙江大学出版社，2021.

[2] 周斌.企业文化建设要素框架[M].杭州：浙江大学出版社，2020.

[3] 何建湘.企业文化建设实务[M].北京：中国人民大学出版社，2019.

[4] 张强.企业价值观体系的构建[M].北京：社会科学文献出版社，2018.

[5] 夏楠.HR企业文化经典管理案例[M].北京：中国法制出版社，2018.

[6] 叶坪鑫，何建湘，冷元红.企业文化建设实务[M].北京：中国人民大学出版社，2014.

[7] 邓可人.A公司企业文化建设策略研究[D].云南师范大学，2023.

[8] 李春欢.数字化转型背景下Y通信企业文化管理案例研究[D].云南师范大学，2023.

[9] 李成亮.山西天然气有限公司企业文化优化研究[D].山西财经大学，2023.

[10] 张源之.BQ镇江公司企业文化建设研究[D].江苏大学，2023.

[11] 史月.W公司企业文化建设策略优化研究[D].浙江理工大学，2023.

[12] 马新月.企业文化视角下内部控制环境案例研究[D].内蒙古财经大学.

[13] 罗庆雯.K公司企业文化建设研究[D].电子科技大学，2023.

[14] 王轩.HW集团企业文化建设优化研究[D].西北农林科技大学，2022.

[15] 屠云峰.儒家思想嵌入企业文化管理的内涵、机理与路径[D].山东大学，2022.

[16] 齐冲.基于组织文化的R&D团队绩效管理研究[D].中南民族大学，2008.

[17] 许新.大庆油田DY采油厂企业文化建设优化研究[D].东北石油大学，2019.

[18] 阎子昌.基于SWOT原理的民营企业文化改进研究[D].兰州大学，2006.

[19] 陈迎春.让党员名片在志愿服务中亮起来[J].中国教育学刊，2021.(S1):22-24.

[20] 姜岩.中外企业文化的交流、冲突与协调——以中外合资企业文化建设为

例[J].决策借鉴,2000.

[21] 邓伟明.企业文化是企业第一核心竞争力[J].沿海企业与科技,2002.

[22] 隋静.以企业文化为导向的平衡计分卡[J].中国集体经济,2010.

[23] 曹淑娟.乡村振兴背景下高校实践育人体系构建研究[J].智慧农业导刊,2024(20):124-127.

[24] 董斌;刘慧.企业腐败文化与不当行为:效应与机制[J].经济评论,2020.

[25] 林玲.浅议企业文化[J].科技风,2008.

[26] 邓伟明.企业文化是企业第一核心竞争力[J].沿海企业与科技,2002.

[27] 王文.中国企业文化建设的特点和误区[J].经理日报,2009.

[28] 徐利民、仇海南.企业文化决定企业核心竞争力[J].苏盐科技,2010.

[29] 高金超.浅议建设先进企业文化的重要性[J].理论学习与探索,2012.

[30] 梁晶.企业文化对企业战略的影响[J].企业经济,2007.

[31] 秦颖.辛广茜企业战略选择与企业文化的关系[J].内蒙古社会科学（汉文版）,2001.

[32] 武家政.企业文化与儒家思想[J].内蒙古财经学院学报,2007.

[33] 彭彦青.浅谈中国特色企业文化的构建[J].煤炭经济研究,2007.

[34] 姚永康.浅析企业文化与企业战略[J].现代商业,2012.

[35] 康舰.企业文化来自哪里[J].现代企业文化（上旬）,2013.

[36] 杭润娥.企业文化与和谐企业的关系[J].今日科苑,2013.

[37] 周子云.打造企业文化氛围的通路[J].现代企业文化,2012.

[38] 赤心木.企业文化师:企业灵魂的塑造者[J].劳动保障世界,2012.

[39] 严峰.老字号餐饮品牌的提升策略[J].餐饮世界,2012.

后　记

什么是管理？企业为什么这么重视管理？

管理的目的是提升效率，是解决效率的问题。

企业文化是解决共识的问题。企业有了共识，就会产生更大的动力，在效率方面发挥出更大的能量。

在当今充满不确定性的大变革背景下，企业比以往任何时候更需要文化的力量，来支撑企业转型升级和组织变革。一旦找到开启未来文化构建模式的密钥，企业将被注入巨大的文化力量，强力推动转型和变革走向成功。

因此，在当今竞争激烈的商业环境中，企业文化的构建与传承显得尤为重要。它不仅影响着企业的内部管理、员工士气，还直接关系到企业在市场中的形象和竞争力。正是在企业咨询服务过程中，我们发现许多企业对企业文化如何建设存在误区，还有些企业重视企业文化建设，但不知如何去实施。市场上也有很多企业文化相关的书籍，但要么注重理念的提炼，要么重视企业文化应用的工具，缺少对企业文化建设体系化的思考，正是基于对企业文化深刻理解的重要性，本书应运而生。

本书由深圳市华升管理咨询有限公司和高校联合出品，有高校学者，也有实践中的资深专家。冯南石博士曾任华为公司产品总监、中兴通讯资深项目总监、管理咨询师；他还是香港大学、清华大学、中山大学、华南理工大学等高校的特聘讲师；代表华为总部长期为全球客户交付《华为企业文化建设》课程，在企业文化建设和领导力提升方面有着丰富的经验。叶云峰副教授是东莞高校教师，从事企业文化、企业品牌研究工作15年，在创作本书的过程中，结合了在咨询服务企业过程中的实战经验。

全书围绕"组织觉醒"展开，包括八个章节，前四章由叶云峰撰写，第五—第八章由冯南石撰写。该书以小节采用设问的形式，以问题引入，然后一步步提供解答，希望本书能成为打造卓越企业文化的得力助手。

在书稿的创作过程中，获得深圳华升管理咨询有限公司以及多位国际认证管理咨询师，如刘善武教授、刘彪老师、梁玉叶老师、吴震源老师、彭楚凤老师、邹灵生老师、牟敏老师、汪茜茜老师的帮助，他们提供的理论、方法和经验对该书的编写给予了很大的启发。在此，一并表示感谢！

唯有文化，生生不息！

愿中国的企业，把管理文化与中国传统文化相融合，不断创新实践，让中国企业不断地生长与发展，积淀走向世界的力量。